「十三五」国家重点图书出版规划项目

教育部人文社会科学重点研究基地兰州大学敦煌学研究所项目

敦煌与丝绸之路研究丛书

郑炳林 主编

敦煌佛经音义语言研究

张　颖 —— 著

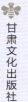

甘肃文化出版社

图书在版编目（ＣＩＰ）数据

敦煌佛经音义语言研究 / 张颖著. -- 兰州：甘肃
文化出版社，2023.11
（敦煌与丝绸之路研究丛书 / 郑炳林主编）
ISBN 978-7-5490-2692-0

Ⅰ．①敦… Ⅱ．①张… Ⅲ．①敦煌学—佛经—训诂—
研究 Ⅳ．①B942.1②H131.6

中国国家版本馆CIP数据核字（2023）第211257号

敦煌佛经音义语言研究
DUNHUANG FOJING YINYI YUYAN YANJIU

张颖 | 著

策　　划 | 郎军涛
项目负责 | 甄惠娟
责任编辑 | 史春燕
封面设计 | 马吉庆

出版发行 | 甘肃文化出版社
网　　址 | http://www.gswenhua.cn
投稿邮箱 | gswenhuapress@163.com
地　　址 | 兰州市城关区曹家巷 1 号 | 730030（邮编）

营销中心 | 贾　莉　王　俊
电　　话 | 0931-2131306

印　　刷 | 甘肃发展印刷公司
开　　本 | 787 毫米 × 1092 毫米　1/16
字　　数 | 296 千
印　　张 | 25　　插　页 | 2
版　　次 | 2023 年 11 月第 1 版
印　　次 | 2023 年 11 月第 1 次
书　　号 | ISBN 978-7-5490-2692-0
定　　价 | 86.00 元

国家科技支撑计划国家文化科技创新工程项目"丝绸之路文化主题创意关键技术研究"

（项目编号：2013BAH40F01)

教育部人文社会科学研究青年基金项目"敦煌释音与唐五代译经研究"

（项目编号：11YJCZH238）

兰州大学中央高校基本科研业务费专项资金重点研究基地建设项目"甘肃石窟与历史文化研究"

（项目编号：2022jbkyjd006）

总　序

　　丝绸之路是东西方文明之间碰撞、交融、接纳的通道，丝绸之路沿线产生了很多大大小小的文明，丝绸之路文明是这些文明的总汇。敦煌是丝绸之路上的一个明珠，它是丝绸之路文明最高水平的体现，敦煌的出现是丝绸之路开通的结果，而丝绸之路的发展结晶又在敦煌得到了充分的体现。

　　敦煌学，是一门以敦煌文献和敦煌石窟为研究对象的学科，由于敦煌学的外缘和内涵并不清楚，学术界至今仍然有相当一部分学者否认它的存在。有的学者根据敦煌学研究的进度和现状，将敦煌学分为狭义的敦煌学和广义的敦煌学。所谓狭义的敦煌学也称之为纯粹的敦煌学，即以敦煌藏经洞出土文献和敦煌石窟为研究对象的学术研究。而广义的敦煌学是以敦煌出土文献为主，包括敦煌汉简，及其相邻地区出土文献，如吐鲁番文书、黑水城出土文书为研究对象的文献研究；以敦煌石窟为主，包括河西石窟群、炳灵寺麦积山陇中石窟群、南北石窟为主的陇东石窟群等丝绸之路石窟群，以及关中石窟、龙门、云冈、大足等中原石窟，高昌石窟、龟兹石窟以及中亚印度石窟的石窟艺术与石窟考古研究；以敦煌历史地理为主，包括河西西域地区的历史地理研究，以及中古时期中外关系史研究等。严格意义上说，凡利用敦煌文献和敦煌石窟及其相关资料进行的一切学术研究，都可以称之为敦煌学研究的范畴。

　　敦煌学研究是随着敦煌文献的发现而兴起的一门学科，敦煌文献经斯坦因、伯希和、奥登堡、大谷探险队等先后劫掠，王道士及敦煌乡绅等人为流散，现分别收藏于英国、法国、俄罗斯、日本、瑞典、丹麦、印度、韩国、美国等国家博物馆和图书馆中，因此作为研究敦煌文献的敦煌学一开始兴起就是一门国际性的学术研究。留存中国的敦煌文献除了国家图书馆之外，还有十余省份的图书馆、博物馆、档案馆都收藏有敦煌文献，其次台北图书馆、台北故宫博物院、台湾中央研究院及香港也收藏有敦煌文献，敦煌文献的具体数量没有一个准确的数字，估计在五万卷号左右。敦煌学的研究随着敦煌文献的流散开始兴起，敦煌学一词随着敦煌学研究开始在学术界使用。

敦煌学的研究一般认为是从甘肃学政叶昌炽开始，这是中国学者的一般看法。而20世纪的敦煌学的发展，中国学者将其分为三个阶段：1949年前为敦煌学发展初期，主要是刊布敦煌文献资料；1979年中国敦煌吐鲁番学会成立之前，敦煌学研究停滞不前；1979年之后，由于中国敦煌吐鲁番学会的成立，中国学术界有计划地进行敦煌学研究，也是敦煌学发展最快、成绩最大的阶段。目前随着国家"一带一路"倡议的提出，作为丝路明珠的敦煌必将焕发出新的光彩。新时期的敦煌学在学术视野、研究内容拓展、学科交叉、研究方法和人才培养等诸多方面都面临一系列问题，我们将之归纳如下：

第一，敦煌文献资料的刊布和研究稳步进行。目前完成了俄藏、英藏、法藏以及甘肃藏、上博藏、天津艺博藏敦煌文献的刊布，展开了敦煌藏文文献的整理研究，再一次掀起了敦煌文献研究的热潮，推动了敦煌学研究的新进展。敦煌文献整理研究上，郝春文的英藏敦煌文献汉文非佛经部分辑录校勘工作已经出版了十五册，尽管敦煌学界对其录文格式提出不同看法，但不可否认这是敦煌学界水平最高的校勘，对敦煌学的研究起了很大的作用。其次有敦煌经部、史部、子部文献整理和俄藏敦煌文献的整理正在有序进行。专题文献整理研究工作也出现成果，如关于敦煌写本解梦书、相书的整理研究，郑炳林、王晶波在黄正建先生的研究基础上已经有了很大进展，即将整理完成的还有敦煌占卜文献合集、敦煌类书合集等。文献编目工作有了很大进展，编撰《海内外所藏敦煌文献联合总目》也有了初步的可能。施萍婷先生的《敦煌遗书总目索引新编》在王重民先生目录的基础上，增补了许多内容。荣新江先生的《海外敦煌吐鲁番文献知见录》《英国国家图书馆藏敦煌汉文非佛经文献残卷目录（6981—13624)》为进一步编撰联合总目做了基础性工作。在已有可能全面认识藏经洞所藏敦煌文献的基础上，学术界对藏经洞性质的讨论也趋于理性和全面，基本上认为它是三界寺的藏书库。特别应当引起我们注意的是，甘肃藏敦煌藏文文献的整理研究工作逐渐开展起来，甘肃藏敦煌藏文文献一万余卷，分别收藏于甘肃省图书馆、甘肃省博物馆、酒泉市博物馆、敦煌市博物馆、敦煌研究院等单位，对这些单位收藏的敦煌藏文文献的编目定名工作已经有了一些新的进展，刊布了敦煌市档案局、甘肃省博物馆藏品，即将刊布的有敦煌市博物馆、甘肃省博物馆藏品目录，这些成果会对敦煌学研究产生很大推动作用。在少数民族文献的整理研究上还有杨富学《回鹘文献与回鹘文化》，这一研究成果填补了回鹘历史文化研究的空白，推动了敦煌民族史研究的进展。在敦煌文献的整理研究中有很多新成果和新发现，如唐代著名佛经翻译家义净和尚的《西方记》残卷，就收藏在俄藏敦煌文献中，由此我们可以知道义净和尚在印度巡礼的情况和遗迹；其次对《张议潮处置凉州进表》拼接复原的研究，证实敦煌文献的残缺不但是在流散中形成的，而且在唐五代的收藏中为修补佛经就已经对其进行分割，这个研究引起了日本著名敦煌学家池田温先生的高度重视。应当说敦煌各类文献的整理研究都有类似的发现和研究成果。敦煌学论著的出版出现了一种新的动向，试图对敦煌学进行总结性的出版计划正在实施，如 2000 年甘肃文化出版社出版的《敦煌学百年文库》、甘肃教育出版社出版的"敦煌学研究"丛书，但都没有达到应有的目的，所以目前还没有一部研究丛书能够反映敦煌学研究的整个进展情况。随着敦煌文献的全部影印刊布和陆续进行的释录工作，将敦煌文献研究与西域出土文献、敦煌汉简、黑水城文献及丝绸之路石窟等有机结合起来，进一步拓展敦煌学研究的领域，才能促生标志性的研究成果。

第二，敦煌史地研究成果突出。敦煌文献主要是归义军时期的文献档案，反映当时敦煌政治经济文化宗教状况，因此研究敦煌学首先是对敦煌历史特别是归义军历史的研究。前辈学者围绕这一领域做了大量工作，20世纪的最后二十年间成果很多，如荣新江的《归义军史研究》等。近年来敦煌历史研究围绕归义军史研究推出了一批显著的研究成果。在政治关系方面有冯培红、荣新江同志关于曹氏归义军族属研究，以往认为曹氏归义军政权是汉族所建，经过他们的详细考证认为曹议金属于敦煌粟特人的后裔，这是目前归义军史研究的最大进展。在敦煌粟特人研究方面，池田温先生认为敦煌地区的粟特人从吐蕃占领之后大部分闯到粟特和回鹘地区，少部分成为寺院的寺户，经过兰州大学各位学者的研究，认为归义军时期敦煌地区的粟特人并没有外迁，还生活在敦煌地区，吐蕃时期属于丝棉部落和行人部落，归义军时期保留有粟特人建立的村庄聚落，祆教赛神非常流行并逐渐成为官府行为，由蕃部落使来集中管理，粟特人与敦煌地区汉族大姓结成婚姻联盟，联合推翻吐蕃统治并建立归义军政权，担任了归义军政权的各级官吏。这一研究成果得到学术界的普遍认同。归义军职官制度是唐代藩镇缩影，归义军职官制度的研究实际上是唐代藩镇个案研究范例，我们对归义军职官制度的探讨，有益于这个问题的解决。归义军的妇女和婚姻问题研究交织在一起，归义军政权是在四面六蕃围的情况下建立的一个区域性政权，因此从一开始建立就注意将敦煌各个民族及大姓团结起来，借助的方式就是婚姻关系，婚姻与归义军政治关系密切，处理好婚姻关系归义军政权发展就顺利，反之就衰落。所以，归义军政权不但通过联姻加强了与粟特人的关系，得到了敦煌粟特人的全力支持，而且用多妻制的方式建立了与各个大姓之间的血缘关系，得到他们的扶持。在敦煌区域经济与历史地理研究上，搞清楚了归义军疆域政区演变以及市场外来商品和交换中的等价物，探讨出晚唐五代敦煌是一个国际性的商业都会城市，商品来自于内地及其中亚南亚和东罗马等地，商人以粟特人为主并有印度、波斯等世界各地的商人云集敦煌，货币以金银和丝绸为主，特别值得我们注意的是棉花种植问题，敦煌与高昌气候条件基本相同，民族成分相近，交往密切，高昌地区从汉代开始种植棉花，但是敦煌到五代时仍没有种植。经研究，晚唐五代敦煌地区已经开始种植棉花，并将棉花作为政府税收的对象加以征收，证实棉花北传路线进展虽然缓慢但并没有停止。归义军佛教史的研究逐渐展开，目前在归义军政权的佛教关系、晚唐五代敦煌佛教教团的清规戒律、科罚制度、藏经状况、发展特点、民间信仰等方面进行多方研究，出产了一批研究成果，得到学术界高度关注。这些研究成果主要体现在《敦煌归义军史专题研究续编》《敦煌归义军史专题研究三编》和《敦煌归义军史专题研究四编》中。如果今后归义军史的研究有新的突破，主要体现在佛教等研究点上。

第三，丝绸之路也可以称之为艺术之路，景教艺术因景教而传入，中世纪西方艺术风格随着中亚艺术风格一起传入中国，并影响了中古时期中国社会生活的方方面面。中国的汉文化和艺术也流传到西域地区，对西域地区产生巨大影响。如孝道思想和艺术、西王母和伏羲女娲传说和艺术等。通过这条道路，产生于印度的天竺乐和中亚的康国乐、安国乐和新疆地区龟兹乐、疏勒乐、高昌乐等音乐舞蹈也传入中国，迅速在中国传播开来。由外来音乐舞蹈和中国古代清乐融合而产生的西凉乐，成为中古中国乐舞的重要组成部分，推进了中国音乐舞蹈的发展。佛教艺术进入中原之后，形成自己的特色又回传到河西、敦煌及西域地区。丝绸之路上石窟众多，佛教艺术各有特色，著名的有麦积山石窟、北石窟、南石窟、大象山石窟、水帘洞石窟、炳灵寺石窟、天梯山石窟、马蹄寺石窟、金塔寺石窟、文殊山石窟、榆林窟、莫高窟、西千佛洞等。祆教艺术通过粟特人的墓葬石刻表现出来并保留下来，沿着丝绸之路和中原商业城市分布。所以将丝绸之路称之为艺术之路，一点也不为过，更能体现其特色。丝绸之路石窟艺术研究虽已经有近百年的历史，但是制约其发展的因素并没有多大改善，即石窟艺术资料刊布不足，除了敦煌石窟之外，其他石窟艺术资料没有完整系统地刊布，麦积山石窟、炳灵寺石窟、榆林窟等只有一册图版，北石窟、南石窟、拉梢寺石窟、马蹄寺石窟、文殊山石窟等几乎没有一个完整的介绍，所以刊布一个完整系统的图册是学术界迫切需要。敦煌是丝绸之路上的一颗明珠，敦煌石窟在中国石窟和世界石窟上也有着特殊的地位，敦煌石窟艺术是中外文化交融和碰撞的结果。在敦煌佛教艺术中有从西域传入的内容和风格，但更丰富的是从中原地区传入的佛教内容和风格。佛教进入中国之后，在中国化过程中产生很多新的内容，如报恩经经变和报父母恩重经变，以及十王经变图等，是佛教壁画的新增内容。对敦煌石窟进行深入的研究，必将对整个石窟佛教艺术的研究起到推动作用。20世纪敦煌石窟研究的专家特别是敦煌研究院的专家做了大量的工作，特别是在敦煌石窟基本资料的介绍、壁画内容的释读和分类研究等基本研究上，做出很大贡献，成果突出。佛教石窟是由彩塑、壁画和建筑三位一体构成的艺术组合整体，其内容和形式，深受当时、当地的佛教思想、佛教信仰、艺术传统和审美观的影响。过去对壁画内容释读研究较多，但对敦煌石窟整体进行综合研究以及石窟艺术同敦煌文献的结合研究还不够。关于这方面的研究工作，兰州大学敦煌学研究所编辑出版了一套"敦煌与丝绸之路石窟艺术"丛书，比较完整地刊布了这方面的研究成果，目前完成了第一辑20册。

第四，敦煌学研究领域的开拓。敦煌学是一门以地名命名的学科，研究对象以敦煌文献和敦煌壁画为主。随着敦煌学研究的不断深入，敦煌学与相邻研究领域的关系越来越密切，这就要求敦煌学将自身的研究领域不断扩大，以适应敦煌学发展的需要。从敦煌石窟艺术上看，敦煌学研究对象与中古丝绸之路石窟艺术密切相关，血肉相连。敦煌石窟艺术与中原地区石窟如云冈石窟、龙门石窟、大足石窟乃至中亚石窟等关系密切。因此敦煌学要取得新的突破性进展，就要和其他石窟艺术研究有机结合起来。敦煌石窟艺术与中古石窟艺术关系密切，但是研究显然很不平衡，如甘肃地区除了敦煌石窟外，其他石窟研究无论是深度还是广度都还不够，因此这些石窟的研究前景非常好，只要投入一定的人力物力就会取得很大的突破和成果。2000年以来敦煌学界召开了一系列学术会议，这些学术会议集中反映敦煌学界的未来发展趋势，一是石窟艺术研究与敦煌文献研究的有力结合，二是敦煌石窟艺术与其他石窟艺术研究的结合。敦煌学研究与西域史、中外关系史、中古民族关系史、唐史研究存在内在联系，因此敦煌学界在研究敦煌学时，在关注敦煌学新的突破性进展的同时，非常关注相邻学科研究的新进展和新发现。如考古学的新发现，近年来考古学界在西安、太原、固原等地发现很多粟特人墓葬，出土了很多珍贵的文物，对研究粟特人提供了新的资料，也提出了新问题。2004年、2014年两次"粟特人在中国"学术研讨会，反映了一个新的学术研究趋势，敦煌学已经形成多学科交叉研究的新局面。目前的丝绸之路研究，就是将敦煌学研究沿着丝绸之路推动到古代文明研究的各个领域，不仅仅是一个学术视野的拓展，而且是研究领域的拓展。

第五，敦煌学学科建设和人才培养得到新发展。敦煌学的发展关键是人才培养和学科建设，早在1983年中国敦煌吐鲁番学会成立初期，老一代敦煌学家季羡林、姜亮夫、唐长孺等就非常注意人才培养问题。在兰州大学和杭州大学举办两期敦煌学讲习班，并在兰州大学设立敦煌学硕士学位点。近年来，敦煌学学科建设得到了充分发展，1998年兰州大学与敦煌研究院联合共建敦煌学博士学位授予权点，1999年兰州大学与敦煌研究院共建成教育部敦煌学重点研究基地，2003年人事部博士后科研流动站设立，这些都是敦煌学人才建设中的突破性发展，特别是兰州大学将敦煌学重点研究列入国家985计划建设平台——敦煌学创新基地得到国家财政部、教育部和学校的1000万经费支持，将在资料建设和学术研究上以国际研究中心为目标进行重建，为敦煌学重点研究基地走向国际创造物质基础。同时国家也在敦煌研究院加大资金和人力投入，经过学术队伍的整合和科研项目带动，敦煌学研究呈现出一个新的发展态势。随着国家资助力度的加大，敦煌学发展的步伐也随之加大。甘肃敦煌学发展逐渐与东部地区研究拉平，部分领域超过东部地区，与国外交流合作不断加强，研究水平不断提高，研究领域逐渐得到拓展。研究生的培养由单一模式向复合型模式过渡，研究生从事领域也由以前的历史文献学逐渐向宗教学、文学、文字学、艺术史等研究领域拓展，特别是为国外培养的一批青年敦煌学家也崭露头角，成果显著。我们相信在国家和学校的支持下，敦煌学重点研究基地一定会成为敦煌学的人才培养、学术研究、信息资料和国际交流中心。在2008年兰州"中国敦煌吐鲁番学会"

年会上，马世长、徐自强提出在兰州大学建立中国石窟研究基地，因各种原因没有实现，但是这个建议是非常有意义的，很有前瞻性。当然敦煌学在学科建设和人才培养中也存在问题，如教材建设就远远跟不上需要，综合培养中缺乏一定的协调。在国家新的"双一流"建设中，敦煌学和民族学牵头的敦煌丝路文明与西北民族社会学科群成功入选，是兰州大学敦煌学研究发展遇到的又一个契机，相信敦煌学在这个机遇中会得到巨大的发展。

第六，敦煌是丝绸之路上的一颗明珠，敦煌与吐鲁番、龟兹、于阗、黑水城一样出土了大量的文物资料，留下了很多文化遗迹，对于我们了解古代丝绸之路文明非常珍贵。在张骞出使西域之前，敦煌就是丝绸之路必经之地，它同河西、罗布泊、昆仑山等因中外交通而名留史籍。汉唐以来敦煌出土简牍、文书，保留下来的石窟和遗迹，是我们研究和揭示古代文明交往的珍贵资料，通过研究我们可以得知丝绸之路上文明交往的轨迹和方式。因此无论从哪个角度分析，敦煌学研究就是丝绸之路文明的研究，而且是丝绸之路文明研究的核心。古代敦煌为中外文化交流做出了巨大的贡献，在今天也必将为"一带一路"的研究做出更大的贡献。

由兰州大学敦煌学研究所资助出版的《敦煌与丝绸之路研究丛书》，囊括了兰州大学敦煌学研究所这个群体二十年来的研究成果，尽管这个群体经历了很多磨难和洗礼，但仍然是敦煌学研究规模最大的群体，也是敦煌学研究成果最多的群体。目前，敦煌学研究所将研究领域往西域中亚与丝绸之路方面拓展，很多成果也展现了这方面的最新研究水平。我们将这些研究成果结集出版，一方面将这个研究群体介绍给学术界，引起学者关注；另一方面这个群体基本上都是我们培养出来的，我们有责任和义务督促他们不断进行研究，力争研究出新的成果，使他们成长为敦煌学界的优秀专家。

郑炳林

前　言

　　敦煌佛经音义内容丰富，篇目众多，可分为众经音义、单经音义和音注单经三类。学界对众经音义关注较多，对单经音义和音注单经涉及较少；对具体音义研究较多，对音义整体研究较少；对音义从语言、文献角度分析较多，从文化角度着眼较少。有鉴于此，对敦煌佛经音义进行整体性研究，探讨其与中古汉语在语音、文字、训诂等方面的异同，探寻中古语言向近代发展过程中的特色和规律显得尤为必要。

　　敦煌佛经音义的语音系统，经我们考察与《切韵》系韵书不同，符合长安语音系统，但部分地体现了中原雅言的语音特点，同时也带有西北方音特色，是研究唐五代西北方音的重要参考资料。其对俗字、古今字、异体字的抄录，对前代训诂术语的沿用和推广，对前代古籍尤其是失佚古籍的引用，既与传世音义相融，又涵盖了敦煌特有的内容，体现了重要的学术价值。敦煌佛经音义不仅是语音、文字的集大成之作，也是训诂学的重要著作，其中所使用的训诂方法和训诂术语尤其是训诂术语种类繁多，经过梳理敦煌佛经音义整理出训诂术语4类23种，是研究中古时期训诂学发展情况的重要参考。

　　音义之作应佛经翻译而生，与译经者的身份、文化素养、语言习惯及政治环境等有着千丝万缕的联系。音义文献与敦煌佛教信仰联系密切，呈正比例发展，原典在敦煌乃至中原地区信众多，受欢迎程度高，音义数目就多，反之亦然。这点对于考证敦煌佛经音义的历史文化学价值具有重要意义，也是研究敦煌佛经音义与唐五代译经关系的重要组成部分。

目　录

绪 论

一、选题缘起

佛教传入中国，于是有佛经音义之作。郎景审《一切经音义序》"至于文字或难，偏旁有误，书籍之所不载，声韵之所未闻，或俗体无凭，或梵言存本，不有音义，诚难究诸。"

唐、五代佛经音义盛极一时。始有玄应撰《一切经音义》二十五卷，起于《华严》，终于《阿毗达摩顺正理论》。继有慧苑作《新华严音义》二卷，云公作《涅槃音义》二卷，大乘基作《法华经音训》一卷。后有慧琳集大成《一切经音义》一百卷，始于《大般若经》，终于《护命放生法》。郭逡《新定一切经类音》八卷，行瑫《大藏经音疏》五百卷，可洪《新集藏经音义随函录》三十卷等。随着岁月流逝，今传早已不多，除玄应、慧琳两部，余多已不存。虽如此，佛经音义类著作依然被学界视为训诂、校勘、辑佚之不可多得的宝藏，引用不已。[①]音义作者多生于唐、五代，大都为译经大师，"去古未远，能识古字，通古语，多见隋唐前旧籍"。译经时发现佛经，"其旨微，其趣深，其

---

① 张金泉：《敦煌佛经音义写卷述要》，《敦煌研究》1997年第2期，第112—122页。

事溥，其寄托也远，苟欲明其真实义者，必以通其词为始。"于是音义之作乃应运而生。丁福宝《重刊〈正续一切经音义〉序》认为"是书义有师承，语有依据，包罗群籍，羽翼六艺，周秦汉魏六朝之训诂，咸具于斯，固已极魁玮奇丽之观矣。"

音义，传统训诂学术语，辨音称"音"，释义叫"义"，合称"音义"。音义书专指解释字的读音和意义的书。古人为读懂某一部书而摘举其中的单字或单词并注出其读音和意义，这是中国古书特有的一种体例，一般称为"音义书"或"书音"。对古典文献的诠释，如果不注重辨音释义，则不能真正解决问题。

先秦两汉的训诂大家单把注意力放在辨析字形解释字义上面，以许慎《说文解字》为代表。随着音韵学逐步发展，人们发现字的形、义与音密不可分。随后在注解时，逐渐从偏重字形、字义转向以注音为主，通过字音来考辨字义。音义不再只是为了正音，而是逐渐发展为以辨析字音、因音释义为主，同时还兼顾疏通文理、辨明句读、校勘异文、解释古今词义及当代词语等传注体式训诂。

由此可知，音义虽源自传统训诂学，但又有很大不同，系传注体的发展结果。因此，音义还有许多别名：音训、音诂、音注、音解等，如《汉书音训》《周易音诂》《周易音注》《太玄经音解》等。一般认为，最早的音义著作为《尔雅音义》，此后共有十三家十四篇。令人遗憾的是，这些音义书均不够完善，无《说文》《尔雅》《方言》等传世性宏作流传后世。稍后，唐代陆德明承担起统一纷繁音义训解的任务，《经典释文》可谓音义集大成之作。

音义这一体式虽曾大为流行，但因受其"注音亦所以辨义"释义方法的局限，语音及语言习惯的改变，使得后人阅读起来非常困难。

特别是后代虽曾大兴，产生过《汉书集注》《史记正义》等著作，但体例基本仿《经典释文》，没有多少新义。宋以后，音义之学日渐式微。

在"外典"开始走下坡路之时，"内典"音义——佛经音义开始兴起，形成中国佛教著述的一个主要类别。究其原因是魏晋音义著作盛行，为佛典著述音义，为解读佛教典籍带来极大方便，特别是《经典释文》的体例方法都为佛经音义产生及兴盛奠定了基础。

佛教史上颇有一些僧人精心研治小学，如五胡十六国竺佛念，他被认为是最早从事此事的僧人。此后，从事文字训诂之学的僧侣代有其人。"佛经音义"的作者们，如唐代玄应、慧苑、慧琳，辽希麟、行均，后晋可洪等均是善于文字训诂的大家，受魏晋音义影响，为解读佛典难字难音而撰写佛经音义，亦时之必然。

佛教作为一个完全不同质素的语言、文化系统，以表音见长的梵音和以表义为主的汉语最大区别是文化异域现象。佛经不仅义理深奥、名相浩繁，而且梵汉交错、字义多变。且真经来源多而不一，参与译经者更是番汉不同，其学问修养、语言造诣皆不一样，译经水平也有相当差异。所以仅把佛经直译成汉文远远不够，汉文佛典并非是汉人就能看明白，要弘法，就必须使更多人读懂佛经，需要小学为治经服务，即所谓借儒术以自释。魏晋南北朝时期，佛典注疏流行，几乎所有重要经典都有注疏，有的甚至有多部注疏。

借儒术以自释还突出体现在对佛经文字、词语进行辨音释义的工作上，如《玄应音义》，最终目的是为宣传教义服务。因音辨义本就是音义一体，由此途径才能"千经万论如指诸掌"，才能使广大信徒真正领会佛的深奥旨意，同时使佛教经典得到更广泛传播。

最初人们在注释佛典中难字、难词时，往往采用夹注音义的方法，即在佛典正文中，将字音与释义用小字直接注在该字词下面。夹注音义受训诂学影响，自有佛典以来，历代都有延续。为了检验方便，人们就将这些字音与字义汇聚抄写在一起，佛经音义便从此诞生了。

佛经音义，多是经师在译经过程中，发现前代对佛典解释有偏讹，为后人研经时能更准确理解和掌握佛经经义而创作，即专为译经而作，内容主要是对佛典字词的注解。多广引《说文》《尔雅》《方言》《释名》《声类》等传统典籍，从音韵、文字、训诂、方言等多角度分析佛典词语。研究佛经音义有利于考察中古语音、文字、词汇等方面特色，尤其是对方俗字词和方音的考察。有利于推动佛经语言研究的发展，有利于考察汉语从上古向中古、中古向近代演变过程中的特色和规律。同时，还可从音义与译经的关系出发，考证唐五代译经语言习惯和文化背景。为佛经音义和译经研究补充新的内容，提供新的思路，使两者互相促进，共同进步。

敦煌地处丝路要冲，又是佛教胜地，佛经汇聚，音义咸具。据张金泉、许建平、张涌泉、徐时仪等先生钩沉、比堪，得敦煌佛经音义九十余卷。依据众经音义、单经音义、音注单经的标准，可分为三类：

1.众经音义写卷，有唐玄应《一切经音义》、后晋可洪《新集藏经音义随函录》、郭迻《大藏随函广释经音序》，以佛经中困惑之字词作为词目，注音于下，并广引字书传说以证之。训释所资，释典之外，征引群籍百数十种。

2.单经音义写卷，分为音和难字。

音义类：《大般涅槃经音》《大佛顶如来密因修正了义诸菩萨万行首楞严经音义》《金光明最胜王经音》《大方广佛华严经音》《贤护菩萨所问经音》《不空羂索神咒经音》《根本萨婆多部律摄第十三卷音》《大佛顶

大宝积经难字音》《大方广十轮难字音》《诸星母陀罗尼经音》等，属对具体某一部佛教典籍字词的释读，重在以音释义。

难字类：《大般若波罗蜜多经难字音》《大宝积经难字》《大方等大积经难字》《大般涅槃经难字》《妙法莲华经难字》《〈月光童子经〉》等佛经难字》《大佛顶经难字》《大庄严论难字》《正法念处经难字》《佛本行集经难字》《鼻奈耶难字》等，这类难字类著作亦属对具体佛教经典字词的解读，重在以形释义。

3.音注单经写卷，多散在经文行间或末尾。有《佛经音义三种》《难字音义两种》《音义残片》《诸杂难字》《佛经难字音七种》《佛经难字及韵字抄》《难字音三种》《难字摘抄两种》等。此类音义著作，虽然散在，但缀合成篇，依然可成音义专书，可作为我们识古音、通古义，从事音韵、文字、训诂、方言、校勘、辑佚研究的重要参考。

本人博士阶段主要从事佛经音义方面的学习和研究，在导师指导下，读了许多佛教研究方面的论著和典籍，深为佛教语言研究吸引。结合硕士阶段汉语言文字及古代文献专业所学，最终把佛经音义作为研究方向。由于敦煌文献数目众多，且又散落在世界各地，查找比勘已是不易，想要穷尽更是困难。虽前期已开始搜集工作，但仍有未收集的资料需继续查找，对已经找到的则进行再次比对，选择较好的本子进行研究。此外，收集资料时我们发现，有些写卷在索引中有提到，但具体文献却不见踪影，尤其是那些比较重要却又不知所踪的资料，更是需要花费更多精力去搜集。

二、学术史回顾

佛经音义研究是语言学研究的重要方面，是佛经语言研究的重要组成部分。特别自二十世纪八九十年代开始，形成了佛经语言研究的高潮，诸多专家学者纷纷投入其中，而佛经语言研究的成果也如雨后春笋般不断涌现。这些成果主要以专著和论文的形式呈现，内容包括：对具体佛经词汇的研究，例如朱庆之《佛典与中古汉语词汇》、颜洽茂《魏晋南北朝词汇研究》、梁晓虹《佛教词语的构造与汉语词汇的发展》、龙国富《姚秦译经助词研究》等，均是从佛典翻译与中古汉语词汇发展关系入手，对佛经词语逐一考证，探讨它们在中古词汇史研究中的作用和地位。此外，还包括对佛典语言及其对汉语史发展作用等方面著作，如俞理明《佛经文献语言》，梁晓虹《佛教与汉语史研究》等。

佛经音义研究渊源留长，从专著说起，大致介绍如下。

1.音义或佛经语言类

张金泉、许建平《敦煌音义汇考》是较早对敦煌佛经音义进行全面整理的文章。张涌泉《敦煌经部文献合集十、十一小学类佛经音义之属》将佛经音义材料按《众经音义》《可洪音义》与其他音注单经及佛经难字分类编排，并加以定名、校勘，并对部分字词注音释义提出自己的见解和研究心得。梁晓虹、徐时仪、陈五云《佛经音义与汉语词汇研究》《佛经音义与汉字研究》，将佛经音义与词汇研究相结合，从佛典翻译与中古汉语词汇发展关系入手，对佛经词语逐一考证，探讨它们在中古词汇史上的作用和地位。《佛经音义与汉字研究》立足佛典与汉字前沿深入透视，条例详明，剖析精到，使汉字与佛经音义研究相得益彰。徐时仪《慧琳音义研究》《玄应音义研究》《希麟续一切经音义研究》，是中古时期佛经音义著作的集大成之作。全书广泛收集汉译佛经中的词语，所引古代文献及字书、韵书甚多，对佚书及校勘亦有重要价值。

郑贤章《龙龛手镜研究》《新集藏经音义随函录研究》，对《新集藏经音义随函录》中俗字作了细致梳理，结合《一切经音义》《龙龛手镜》对俗字的各个俗体及其来龙去脉和发展演变作了区分，是对大型字典的重要补充。韩小荆《〈可洪音义〉研究——以文字为中心》《〈可洪音义〉研究——以引书考为中心》，从近代汉字研究、大型字典编纂、佛典文献校读、中古词汇研究几个方面论述《可洪音义》的价值。把可洪所引韵书与《切韵》系韵书进行全面比较，发现异同、梳理关系、总结特色。

姚永明《慧琳一切经音义研究》，全面、深入地对《慧琳音义》作了系统研究，从不同角度对《慧琳音义》的内容和价值作了分析，广引文献来证明观点，论证可靠。黄仁瑄《慧琳〈一切经音义〉中的转注字》等对慧琳音义中的转注字和会意字作了专门分析研究，探讨其价值。

朱庆之《佛典与中古汉语词汇研究》揭示汉文佛典对中古汉语词汇史研究重要意义，并探讨翻译佛典对中古汉语词汇发展的巨大影响。俞理明《佛经文献语言》介绍了汉魏六朝佛经文献的概貌，并从汉语史研究的角度对此作了分析。颜洽茂《佛教语言阐释——中古佛经词汇研究》《魏晋南北朝佛经词汇研究》，以魏晋南北朝时期的译经词汇为语料，透过共时描写与历时分析的方法，静态地描写这批译经词汇在构词与构义上的形式，分析他们承古及影响后世的一面，剖析特殊词汇现象对汉语词汇演变所造成的深远影响。王邵峰《初唐佛典词汇研究》，对以义净译经为中心的初唐佛典作了系统翔实的考论，填补了该领域的研究空白，在汉语词汇史研究方面做出了成绩。

上述著作都是音义或佛经语言研究方面的翘楚之作，通过比勘异文互注，重在解词汇、明俗字、辨字音、释字义，以其搜集齐备、题解精彩、校记渊博得到学界好评。

2.佛经翻译类

季羡林《大唐西域记校注》《原始佛教的语言问题》、金克木《梵汉探·怎样读汉译佛典》、蓝吉富《佛教史料学》、辛岛静志《正法华经词典》等都是译经类的典范之作，翻译莫不详备，释语莫不精到。这些论文从译经的历史角度对佛典翻译展开论证，探讨佛经翻译的发展过程，及文化背景对经师译经风格和特点的影响。马祖毅《中国翻译简史》，提到了十六国及北朝民歌、医学、历数、景教、摩尼教经典的翻译，为佛经翻译和后代翻译活动提供了借鉴和范例，可互相参证。

此外李维琦《佛经词语汇释》、陈文杰《早期汉译佛典语言研究》、卢巧琴《东汉魏晋南北朝译经语料整理研究》、季琴《三国支谦译经词汇研究》等，也从各方面对汉唐以来佛经语言作了细致钻研，开阔了后世学者的思路。还有中古语音、词汇、语法方面的研究论著多部，空间所限，不能一一列举。杭州大学古籍研究所《敦煌语言文学论文集》、商务印书馆《21世纪的中国语言学》、丁福宝《佛学大辞典》、慈怡《佛光大辞典》，及《大正新修大藏经》《敦煌吐鲁番研究论集》等著作中涉及的音义和译经研究也是重要参考。

研究佛经音义的论文更是卷帙浩繁，论证赅博。

1.音义或佛经语言类：周祖谟《校读玄应〈一切经音义〉后记》、许端容《可洪〈新集藏经音义随函录〉敦煌写卷考》、陈垣《慧琳希麟两音义合论》、严北溟《谈谈一部古佛教词典》、丁福宝《重刊〈正续一切经音义〉序》、施俊民《慧琳音义与说文的校勘》等。此外还有张涌泉、徐时仪、方一新、郑贤章、姚永明、梁晓虹、汪维辉等学者的系列论文，篇幅所限，兹不赘述。

2.译经类有梁启超《翻译文学与佛典》、张建木《玄奘法师的翻译事业》、刘壮《宋高僧传译经篇所涉译学问题初探》、董琨《"同经异译"与佛经语言特点管窥》、张云江《古代汉语与佛教渊源简论》、陈士强《汉译佛经发生论》、王飞虹《宗教文献翻译与外来宗教文化在中国》等。

敦煌佛经音义文献浩杂，尤其是单篇音义和音注单经数目众多，学界多注重众经音义研究，对单篇音义和音注单经研究较少，本书重点从后两种着手，加以校勘比对。同时，音义之作应佛经翻译而生，与译经有千丝万缕的联系，学界对此较少涉及。从二者关系入手，探讨释音所采用的梵汉对音系统，分析译经师的语言特点和唐代译经文化，以期为佛经音义和译经研究提供新的视角。

三、 研究目标、内容、方法

（一） 研究目标

第一，从整体上对敦煌佛经音义进行研究。从语音、文字、训诂、文献整理等多角度入手，探寻音义与中古汉语在语音、文字、训诂等方面的异同，探讨中古语言向近代发展过程中的特色和规律。第二，对敦煌佛经音义，尤其是单篇音义和音注单经进行校勘和整理。第三，从佛经翻译角度入手，探讨敦煌佛经音义与译经的关系，寻找二者之间的联系。

佛经音义作者，其身份大都是译经僧。《众经音义》作者玄应为唐"大慈恩寺翻经沙门"。《新华严音义》作者慧苑，唐代僧人，随贤首法藏学习译经。《法华音训》作者窥基，唐代僧人，从玄奘学习梵文和佛教经纶，参加玄奘译经道场。这些作者除具有译经师的身份外，还都"博闻强记，通古今之正体，能雠校源流，堪阅时代，删雅古之野素，削浇薄之浮杂，悟通俗而显教，举集略而胜美。"皆"精通佛典及各类古籍"，对释家经典和传统古籍都有精深的认识和著述。于是"综经正纬，资为实录，因译寻阅，捃拾藏经为之音义。注释训解，援引群籍，证据卓明，焕然可领。"因"前代所出经纶，诸音依字，直反曾无追，顾致失教义，寔迷匡俗。"故"今所作者，全异恒论，随字删定，随音征引，并显唐梵方言，翻度雅郑，推十代之纰，定一朝之风。"① 此是音义作者作是类书之缘由，也是音义诸作之来源。

学界对佛经音义的研究较多，主要著作有张金泉《敦煌音义汇考》，张涌泉《敦煌经部文献合集第十、十一册小学类佛经音义之属》，徐时仪《玄应〈众经音义〉研究》，姚永明《慧琳音义研究》等。这些著作对敦煌音义书作了系统全面的整理和校勘，可以说是研究敦煌音义书的集大成之作。此外还有张涌泉《敦煌本〈楞严经音义〉研究》《〈金光明最胜王经音〉研究》、蒋绍愚《惠琳〈一切经音义〉中的口语词》等系列论文，方广錩《藏外佛教资料》对此也有涉及。这些文章从版本、方音、口语词、外来词，以及辞书编纂等方面对敦煌音义书做了系统研究，主要集中在语言学和文献学两个领域。

佛经音义是作者对佛经的注释，重点在于解决难字难词，是为了方便读者更好地理解佛教教义，从而扩大佛教影响。敦煌出土了很多佛经音义书，包括众经音义和单经音义，尤其是单经音义较多，这种情况在其他地区并不多见。

---

① ［唐］玄应:《一切经音义》卷一,台北:新文丰出版有限公司,1973年,第1页。

（二）研究内容

本书试图从语音、词汇、文字、训诂、文献整理等方面对敦煌佛经音义做比较全面系统的研究，同时在此基础上探寻佛经音义和唐五代佛教信仰之间的关系。如有余力，也希望对某些前人未涉及或较少涉及的佛经音义进行校注考证。具体内容如下：

第一，对敦煌佛经音义的整体性研究。从语音、文字、词汇、训诂、文献整理及辞书编纂等方面，对音义做全面细致的研究，探讨其语言学价值。分析其与传统韵书、字书、辞书在解释音、字、词方面的异同，考察其所表现的语音系统与中古音的继承和发展关系；研究其作为语音从上古向中古、中古向近古发展的过程中所起的作用、以及其与古代西北方音的关系等方面内容。从中得出上古音向中古、中古向近代音演变的特色和规律，进而得出古代西北方音的某些特点。

第二，对敦煌佛经音义和唐五代佛教信仰关系的研究。音义的创作过程与作者对佛典经义的理解、作者的身份、作者的语言习惯，以及大的译经文化背景都有非常密切的联系。研究佛经音义与佛教信仰的关系，可推论唐五代译经的语言和文化特色。同类课题，曾有人研究过汉魏时期，但隋唐五代较少涉及，几乎是个空白。本书从这方面着手，对二者从语音、词汇、语法及译经学的角度进行比对，寻找共通之处，对敦煌佛经音义和译经研究均有所突破。

（三）研究方法

本书涉及语言学、文献学、宗教学、翻译学等学科，以语言学为主是对敦煌佛经音义语音、词汇、训诂、文字的综合研究，采用的研究方法有三种。

首先是文献分析法，通过各种途径收集与敦煌佛经音义研究有关的资料，尤其是第一手佛经音义原卷，尽可能做到穷尽赅博。以资料为基础，发现问题，分析、解决问题。敦煌佛经音义因其存在形式不同，可分为音义专著、音注单经及散在音义三大类。音义专著由于呈单本或单篇存在，虽然散在，但相对比较容易收集。而音注单经和散在音义，有的放在某经末尾，有的散见于经文中间。这三类都是我们研究的重要资料，缺一不可。在整理时，为了避免遗漏，就需要对敦煌文献，尤其是佛教文献做穷尽式的搜集。

同时，本人在整理资料时发现，敦煌索引（如《黄永武索引》）与实际文献并不能一一对应，有些写卷在索引中有提到，但具体文献中却不见其踪影。而某些文献实际存在，却找不到相应的索引，查阅时需要判断文献的作者和具体年代。

佛经音义研究是语言学、文献学、版本校勘等多学科互相融合的过程，涉及语音、文字、词汇、训诂、方言、版本、校勘等多种学科。

其次是历史比较语言研究法。比较语言研究法是运用历史比较的方法研究语言亲属关系及其历史发展的科学，是确定语言亲属关系，探究各种语言和方言的历史，并揭示其发展规律的一套系统方法。本书从纵横两个角度出发，通过对敦煌佛经音义共时和历时比较，找出其与唐五代语音、文字、词汇、训诂、校勘、辑佚等方面的关系。同时，寻找唐五代语言，即中古汉语向近代汉语发展过程中在语音、词汇、文字、训诂等方面的特色和规律。

敦煌佛经音义受敦煌特定历史时期文化与地域因素的影响，表现出不同于中原地区的语言和文化风貌，这些特征都体现在佛经音义文献中，如出现的唐五代时期敦煌特有的方音、俗字和口语词等。这些都对研究敦煌，及唐五代西北方音与长安雅言的发展具有重要意义。

最后从文献整理的角度入手，对敦煌佛经音义所引文献从经史子集诸部分别整理，梳理出四大类四十五种文献。对每种文献所引用条目分别分析，并用图标和数据一一展示。此举对古代文献的整理，尤其是对失佚文献的辑佚有重要作用，也可为还原古文献原貌提供佐证。

四、研究重点和突破点

（一）研究重点

第一，对敦煌佛经音义的整理、叙录，即文献整理。判定敦煌佛经音义的版本年代、流传情况，及与传世《玄应音义》《可洪音义》等的异同。

第二，对敦煌佛经音义的语言学研究。从语音、词汇、文字、训诂四个方面入手，分析其在声母、韵母、词类、词义范围、异体字、正俗体、经文、训诂方法、训诂术语方面的特色。探究其与上古、中古音系、西北方音及近代语音的关系，及与异体字、俗字、外来词、俗语、语源学研究的关系。

第三，对敦煌佛经音义所引文献的考察。敦煌佛经音义共引文献四十五种，这些文献的搭配使用不仅有助于更好地注解字词，在音义注释方面更是助益良多，使人能够更多地了解唐以前各种字词的读音与释义，对语言从上古向中古转变过程中所依据的规律和存在的特殊情况有全面的掌握。同时，在文献的保存和整理、特别是对后世残缺不全或失传文献的辑佚与考证方面具有重要参考价值。

（二）突破点

第一，比较全面系统的对敦煌佛经音义做整体性语言研究。此前，有张金泉、张涌泉、徐时仪等人的著作，包括：《敦煌音义汇考》《敦煌经部文献合集——小学类佛经音义之属》第十、十一册，《玄应〈众经音义〉研究》等，对敦煌佛经音义的字词和部分音义作了校勘和考证。作为佛经音义研究领域的重要著作，上述著作都注解精到，校勘细致，且侧重点各有不同，但都没有对敦煌佛经音义从语音、词汇、文字、训诂等方面作整体研究。基于此，本书选择对敦煌佛经音义做整体性语言研究，以补学界之缺漏。

第二，对敦煌佛经音义所引文献的系统整理。文献的搭配使用不仅有助于更好地注解字词，更能使人更多地了解唐以前各种字词的读音与释义。敦煌佛经音义虽多是残卷，但从其为数不少的引文来看，依稀能够窥见先秦至唐时期文献保存和流传的概貌。特别是对后世，尤其是对早已残缺不全或失传的文献具有重要参考价值。同时，敦煌佛经音义还引用了部分比较罕见或已失传的文献，所幸敦煌佛经音义引用了其部分条目，我们亦可从中了解其行文体例及注音释义特色，虽不能还原其全貌，但也可推究大概。

五、研究思路

首先从敦煌佛经音义文献入手，按照音义专著、单篇音义和音注单经三个方面，对所辑出的资料进行分类。

其次，把经过分类的资料按照统一的名称再进行归类，便于以后研究。比如，敦煌佛经音义中有关可洪《新集藏经音义随函录》的写卷众多，缀合在一起可以形成一部《新集藏经音义随函录》的定本。由于某些经音的写卷较多，通常根据它们的完缺情况，找出一些文字比较完整、字迹比较清晰的底本作为研究样本。对于那些没有名称和作者的断片，先暂归一类，以待日后进行校勘比对。

再次，对底本进行校录研究。分别从语言学和译经学的角度分析研究。对底本的版本、体例、内容等先做详细介绍，指出各底本的独特之处。再对底本的作者（有时指抄写者）和年代加以考证，找出在大的译经背景下，音义作者所采用的梵汉对音系统，以及对于词语、文字的选用规律、特点，等等。

最后，从经文注音、所释词汇、异体字、正俗体源流演变、训诂方法、术语，及引用文献与传世佛经音义进行比对，找出两者的异同之处，以此来论证敦煌佛经音义在语音、词汇、文字、训诂方面的特色，探究其在语言学和文献学中的价值。

第一章　敦煌佛经音义叙录

敦煌地处丝路要冲，为东西方僧侣和商人行经传法与货运经商的必经之路，也是东西方文化，特别是佛教文化传播和发扬的重要地区。境内许多寺庙都收有从中原地区传来的佛教经典，而于唐五代就开始传写和兴盛的佛经音义亦在这里得到了广泛收集和传抄。

敦煌出土佛经音义文献共九十余卷，据前辈学人整理、钩沉，共分为三大类：众经音义、单经音义、音注单经。本书沿用前人分类方法，亦对敦煌佛经音义做了搜集和整理，因时间和精力有限，仅找到一百三十余件。这些虽只是敦煌佛经音义的一部分，但亦能体现敦煌佛经音义分类的标准，具体列举如下：

第一，众经音义写卷。有玄应《一切经音义》、后晋可洪《新集藏经音义随函录》《大藏随函广释经音序》。

第二，单经音义写卷。有《大般涅槃经音》《大佛顶如来密因修证了义诸菩萨万行首楞严经音义》《金光明最胜王经音》《大方广佛华严经音》《贤护菩萨所问经音》《不空胃索神咒经音》《根本萨婆多部律摄第十三卷音》《诸星母陀罗尼经音》《大般若波罗蜜多经难字音》《大宝积经难字》《大方等大积经难字》《大方广十轮难字音》《大般涅槃经难字》《妙法莲华经难字》《〈月光童子经〉等佛经难字》《大佛顶经难字》《大佛顶大宝积经难字音》《大庄严论难字》《正法念处经难字》《佛本行集经难字》《鼻奈耶难字》等。

第三，音注单经。有《佛经音义三种》《难字音义两种》《音义残片》《诸杂难字》《佛经难字音七种》《佛经难字及韵字抄》《难字音三种》《难字摘抄两种》等。

一、众经音义写卷

（一）玄应《一切经音义》

敦煌保存最早、内容最多的佛经音义也是现存最早的佛经音义为唐释玄应的《一切经音义》。玄应音义原名《大唐众经音义》，后因收入慧琳《一切经音义》，遂改为《一切经音义》。与其他佛教术语"一切众生""一切万物""一切智""一切众生"的"一切"相同，都表示全体，有包揽宇宙万物之意。"一切经"意为官修的佛书，是早期佛教经书的总称，即后来的《大藏经》。《隋书》："开皇元年，高祖普诏天下，任听出家，仍令计口出钱，营造经像。而京师及并州、相州、洛州等诸大都邑之处，并官写一切经，置于寺内；而又别写，藏于秘阁。天下之人，从风而靡，竞相景慕，民间佛经，多于六经数十百倍。大业时，又令沙门智果，于东都内道场，撰诸经目，分别条贯，以佛所说经为三部：一曰大乘，二曰小乘，三曰杂经。"①敦煌玄应《一切经音义》正是佛经在官方和民间都极为盛行的条件下产生的，是用于解释佛经词语、审音辨形的工具书。

---

① ［唐］魏征等撰：《隋书·经籍志四》，北京：中华书局，1973年，第1099页。

玄应的生平查唐道宣《续高僧传》没有找到相关记录，兹引用徐时仪先生《玄应〈众经音义〉研究》对其介绍。徐先生据《中国佛教人名大辞典》记载其"隋开皇初，住京师"。又据慧立《慈恩法师传》："夏六月戊戌，证义大德谙解大小乘经论为时辈所推者一十二人至。""又有字学大德一人至，即京大总持寺沙门玄应。"得出玄应曾参与玄奘译场，并驻京师大总持寺。① 因玄奘所译多部经典之后都有"沙门玄应正字"字样，可推知玄应以其精于字学，且知晓梵语，在唐贞观年间得到重用，并参与玄奘的译经道场，对玄奘所译佛经进行文字方面的校注工作。而《一切经音义》也是他在此时于大慈恩寺中撰成，唐道宣《大唐内典录》对此事有明确记载："《大唐众经音义》一部，十五卷……右一部，京师大慈恩寺沙门释玄应所造。"并称其"博学字书，统通林苑，周涉古今，括究儒释。昔高齐沙门道慧为《一切经音》，不显名目，但明字类，及至临机，搜访多惑。应愤斯事，遂作此音。徵妖本据，务存实录。即万代之宗师，亦当朝之难偶也"。对玄应作《一切经音义》给予高度评价。玄应作为唯一参与玄奘译经道场的字学大师，不但订正汉魏以来佛经翻译的错误，也为后代树立新的学术典范。

玄应释字"字者，文字之总名。无尽是字，字在纸墨，可得不灭，借此不灭以譬常住……字之为义，可以譬道"。其于译经之余，批阅数百部佛经，逐部收词，逐词音义，以求一字一词的确切出处。其所著之《众经音义》广征博引、包罗儒释，上至天文、下至地理，综合自然人伦，出入经史百家。其所引用书籍包括《诗》《书》《论语》《孟子》《尔雅》《史记》《汉书》《庄子》《墨子》《山海经》《风俗通》《楚辞》无所不包。

① 徐时仪：《玄应〈众经音义〉研究》，北京：中华书局，2004年，第22页。

② 徐时仪：《玄应〈众经音义〉研究》，北京：中华书局，2004年，第25页。

而小学类著作《说文解字》《尔雅》《方言》《字略》《字书》《韵集》等更是频繁出现于其对字词的解释中。①

关于玄应《一切经音义》的成书年代，《中国字典史略》和《中国辞书编纂史略》都认为是在唐贞观末年，周祖谟先生认为是在唐永徽六年（655年），日本学者神田喜一郎认为是在唐龙朔元年至三年间（661—663年）。②

据道宣《大唐众经音义序》载："有大慈恩寺玄应法师，博闻强记，镜林苑之宏标；穷讨本支，通古今之互体，故能雠校源流，堪阅时代，删雅古之野素，削浇薄之浮杂，悟通俗而显教，举集略而腾美。贞观末历，敕召参传，综经正纬，资为实录。因译寻阅，捃拾藏经为之音义，注释训解，援引群籍，证据卓明，焕然可领，结成三帙……前代所出经纶，诸音依字，直反曾无追，顾致失教义，寔迷匡俗。今所作者，全异恒论，随字删定，随音征引，并显唐梵方言，翻度雅郑，推十代之纯紊，定一朝之风法。"可见，玄应曾于"贞观末历，敕召参传"，最初只是校正字词，后"因译寻阅，捃拾藏经为之音义"。因感于"前代所出经纶，诸音依字，直反曾无追，顾致失教义，寔迷匡俗"，故"征核本据，务存实录"，"随字删定，随音征引，并显唐梵方言，翻度雅郑，推十代之纯紊，定一朝之风法"。可以说玄应《一切经音义》是一部迥异于前代而开盛唐风气之先的著作。

玄应最初只是奉召参与译经，并未撰写音义，后来在译经基础上才慢慢撰成了《一切经音义》。那寺，后身份又变为大慈恩寺沙门玄应。又据《一切经音义》所收录的佛经译成年代，如第二十一卷《说无

①　徐时仪：《玄应〈众经音义〉研究》，北京：中华书局，2004年，第27页。
②　［唐］玄应：《一切经音义》卷一，台北：新文丰出版有限公司，1973年，第1页。

垢等经》《分别缘起经》《称赞净土经》译成于唐永徽元年（650年），《大方等十轮经》译成于永徽二年（651年），《记法住经》译成于永徽三年（652年）；第二十三卷《广百论》译成于永徽元年（650年），《大乘成业论》译成于永徽二年（651年）；第二十四卷《阿毗达摩俱舍论》和第二十五卷《阿毗达摩顺正理论》译成于永徽五年（654年）。这些译经后均有"玄应正字"字样。而译成于唐显庆元年（656年）的《大毗婆沙论》卷一后亦记有"玄应正字"，但其音义中却未见《大毗婆沙论》。译成于唐龙朔三年（663年）的《大般若经》，玄应曾著有部分《大慧度经音义》，即《大般若经音义》，而玄应《一切经音义》中亦未见收录。①

由上可知，玄应参与了玄奘译经的大部分，但尚未能对玄奘译经全部注解音义就已圆寂，时间应在唐显庆五年之后，龙朔三年之前，即660至663年间。而《一切经音义》据道宣《大唐内典录》记载："龙朔四年（664年）春正月于西明寺出之。"其成书年代也应该与玄应卒年相近。而此书的最初容貌也非我们今天看到的二十五卷，应该多于这个数字，如玄应对《大毗婆沙论》和《大般若经》所做的音义均未收录其中。或者说此书只是《玄应音义》的一个初稿，因作者时间有限尚未完成，"恨叙缀才了，未及覆疏，遂从物故，惜哉！"②

关于《玄应音义》的定名，《大唐内典录》因其注解佛经"仅得其半"故称为《众经音义》；后《开元释教录》改为《一切经音义》二十五卷，陈垣先生认为欠妥。我们这里不讨论其是否欠妥，只考虑其出现在敦煌的时间。因敦煌出土的《玄应音义》几乎都定名为《一切经

---

①② 徐时仪：《玄应〈众经音义〉研究》，北京：中华书局，2004年，第30页。

音义》，由此可以推断，其出现时间当在《开元释教录》之后。随着敦煌佛教信仰的兴盛，以及译经、写经事业的发达，而逐步从中原地区流传过去，并在实际传播及运用中加入了许多当地的字、词、音，从而具有了不同于传世《玄应音义》的地域特色。其对当时敦煌方音、俗字、俗词的保存，可为我们探讨唐五代西北方音和汉语由上古向中古、中古向近代转化过程中的共时和历时规律提供重要参考。同时，因为其与传世《玄应音义》在内容上的不同，也可以成为我们校勘和补充传世佛经音义并进行对比研究的重要依据。

《玄应音义》全书共二十五卷，约四十万字，注释四百多部佛经，解释词语约八千条。在每卷前，先列出本卷注释各经的名目，然后按佛经书目及卷次注释其中的词语。其所释词语一般由词目、正形、注音、释义四项组成。敦煌玄应《一切经音义》虽多为残卷，但也遵循这一特点。

词目一般为普通词，兼有梵语音译词，多以两音节形式出现。例如：

　　Dx.583《一切经音义》：评论，皮柄反，《字书》：评，订也；订，平议也。订音唐顶反。铁嘴，今作𠲥，又作觜，同，子累反，《方言》：嘴，鸟喙也。鹠侯，许牛反，鹠鹠也，亦名训侯，昼伏夜鸣者。从窠，又作料，同，苦和反，《小尔疋》云：□□□谓之窠。

　　S.3469《一切经音义》：颇梨，力私反，又作黎，力奚反，西国宝名也。梵言塞颇（祗）迦，亦言颇（祗），此云水玉，或云白珠，《大论》云：此宝出山石窟中，过千年冰化为颇梨珠，此或有也。案西域暑热无冰，仍多饶此宝，非冰所化，但石之类耳。

Dx.583所释词语"评论、铁鹰、鸺侯、从窠"均为双音节词，这一特征符合汉语词汇在中古时期双音化特色，而这一变化规律正是从佛教词语开始的。S.3469所释词语"颇梨"为梵语音译词，乃"西国宝名"。原为四音词"塞颇（祇）迦"，后经双音化成为"颇（祇）"，并最终经过音译成为"颇梨"。可见，双音化是汉语词汇发展的方向，同时也是渐变的过程。

正形主要是辨析字形，同时指出古字、异体字、通假字，或者辨析经文用字的正俗等，例如：

> Dx.583《一切经音义》：铁鹰，今作唻，又作觜，同。从窠，又作莃。
>
> Dx.256《一切经音义》：善驭，今作御，同。笽吹，或作葭，同，古遐。
>
> S.3469《一切经音义》：哽噎，古文鲠、嗄二形，又作鲠，同。
>
> P.3095背《一切经音义》：乳哺，经文作餔字，与晡同。
>
> P.3095背《一切经音义》：创皰，古文戗、叉（刃）二形，同。经文作疮，近字耳。皰，又作疱，同。

上述例子"鹰，今作唻""驭，今作御""哽，古文鲠嗄""创，古文戗、叉（刃）""笽，古遐"五例均指出古今字。"鹰，又作觜""笽，或作葭""哽，又作鲠""疮，又作疱"四例均指出异体字。"哺，经文作餔""创经文作疮，近字""皰，经文作疱，俗字"指出所用字的各种来源和书写特征，如经文、近字、正俗。

敦煌《一切经音义》注音大多用反切法，有时也用直音，例如：

Dx.583《一切经音义》：鸺侯，许牛反。从窠，苦和反。

Dx.256《一切经音义》：阿兰挐，女加反。翱翔，五高反。无垛，徒果反。

Dx.583《一切经音义》：评，订也；订音唐顶反。

S.3469《一切经音义》：为作，于危反，下兹贺、子各二反。又音于伪反，二音通用。

S.3469《一切经音义》：战掉，徒吊反，经文作挑，敕聊反，挑，抶也。又作恌字，与愮同，音遥。

P.3095背《一切经音义》：欓音叉衔反，枪叉行反。

上述例子中，"鸺，许牛反""窠，苦和反""挐，女加反""翱，五高反""垛，徒果反""为作，于危反，下兹贺、子各二反，又音于伪反""掉，徒吊反""挑，敕聊反""欓，叉衔反""枪，叉行反"都是用反切法给被释字词注音。"恌音遥"用直音法给被释字词注音。

释义主要采取引经据典并加以己意的方式，有时并有案语。例如：

S.3469《一切经音义》：号哭，胡刀反，《尔雅》：号，呼也。大呼也。《释名》云：以其善恶呼名之也。号亦哭也，字从号，虎声。经文作嗥，《说文》：嗥，咆也。《左传》豺狼所嗥，是也。嗥非此义。又从口作呺，俗伪字耳。

S.3469《一切经音义》：卜筮，时世反，《礼记》：龟为卜，著为筮，卜筮者所以决嫌疑，定犹豫，故疑即筮之。宇体从竹从巫，筮者，揲筮取卦，折竹为爻，故字从竹也。

P.3095背《一切经音义》：月蚀，神䗁反，《周易》云：月盈即蚀。《释名》云：日月薄曰蚀。稍稍侵亏，如虫食草木叶也。《汉书》云『日月薄蚀』，韦昭曰：气往迫之曰薄，毁曰蚀也。

P.3095背《一切经音义》：彗星，苏醉反，《字林》囚芮反，《释名》云：彗星，星光稍稍似慧（彗）也。《尔疋》彗星欃枪，孙炎曰：妖星也。四曰慧（彗）。郭璞曰：亦谓之索（孛）。《释名》云：言其似扫慧（彗）也。

S.3469"号哭"引用《尔雅》《释名》《说文》《左传》解释"号哭"。S.3469"卜筮"引用《礼记》解释"卜筮"，说明其用途形式等。P.3095背"月蚀"引用《周易》《释名》《汉书》解释"月蚀"，并使用比喻手法"如虫食草木叶"来说明"月蚀""稍稍侵亏"的具体含义，并说明其得名由来，即"气往迫之曰薄，毁曰蚀"。P.3095背"彗星"引用《字林》《释名》《尔疋》来解释"彗星"，并说明其得名由来，即"其似扫慧（彗）"，同时注明古人对"彗星"的评价即"妖星"。

玄应《一切经音义》成书后存于释藏，并有传抄本流行。敦煌遗书残卷中也有数种传抄的写本。例如S.3469、S.3538、S.5895、P.2271、P.2901、P.3095、P.3734、P.4788、Φ.230、Φ.367、Dx.5226＋Dx.586A＋Dx.368＋Dx.585、北临631等。S.5895"《一切经音义》卷第一、第三、第九、第十二、第二十三、第二十四，以上六卷见在，余欠。"P.4788"《一切论音义》第十七、第十八、第十九、第二十、第□#□、第二，已上六卷今藏见在，余者并欠。题虽称《经音》，并是《论音义》。"北临631"《一切经音义》卷第一、第十七、第□#□已上肆卷，并依次剩，重出。"三件文书字体完全相同，形制都似签条，方广锠先生认为其均为九、十世纪写本，且为一人所书①。

S.3469内容为玄应《一切经音义》卷二《大般涅槃经》第一卷文，存三十四行；S.3538内容为玄应《一切经音义》卷七《等集众德三昧经》上卷末至《胜思惟梵天所问经》第六卷的一部分，共计五种经，二十余行。②

P.2271和P.3765为玄应《一切经音义》的摘字节录，主要是卷七、卷十二、卷十六中的字，注音与玄应原本有出入，主要保存了当时敦煌地区口音，与罗常培先生《唐五代西北方音》中对字的注音大致相同。P.3734引玄应《一切经音义》卷十六《优婆塞五戒威仪经》至《戒消灾经》的内容，共保存三种经，记二十九行。③

P.2901系敦煌遗书中保存玄应《一切经音义》最多的写本，内含《玄应音义》第一卷六经四十三条、第三卷六经二十五条、第四卷十二经三十六条、第五卷十三经十四条、第七卷三经三条、第十卷六经十三条、第十一卷三经三十二条、第十二卷八经三十一条、第十三卷六经三十二条、第十四卷一经三条、第十七卷五经三十六条、第十八卷八经十二条、第十九卷一经二十条、第二十卷三经五条、第二十一卷二经十六条，共计一百零三种佛经三百二十一条音义。写本内容与传

<hr>

① 方广锠：《敦煌佛教经录辑校》下册第四部分点勘录十四《一切经音义点堪录》，南京：江苏古籍出版社，1997年，第639—641页。
②③ 徐时仪：《玄应〈众经音义〉研究》，北京：中华书局，2004年，第40—41页。

世本玄应《一切经音义》大致相当，但文字比较简单，注解词条亦有所选择，数目远少于传世本。①

Φ.230引玄应《一切经音义》卷二《大般涅槃经》第十卷至第四十卷内容，其中卷十至卷十九属节录，卷二十至卷四十属抄录。Φ.367保存了玄应《一切经音义》第六卷《妙法莲华经》内容。Φ.368保存了玄应《一切经音义》第三卷《放光般若经》卷二至卷四的部分内容。②

玄应《一切经音义》自《开元释教录》以后分为北藏和南藏，北藏为二十六卷本，南藏为二十五卷本。"南本第三卷，北本析为二，故北本二十六卷，南本二十五卷。乾嘉诸老引证记卷，悉是南本，益知北本不足据也。"③

敦煌遗书因无完整藏本，保存最多的P.2901号写本亦只有二十四卷，注释内容亦较传世本简略，因从定名《一切经音义》来看，书写时间当在《开元释教录》以后。此时已有了南北两个版本，故需要分清其究竟为北本还是南本。因其注解词条简单，符合北本"疏"之特点，故由此判定应北本。且系玄应《一切经音义》之较早传本，即唐代古本，与玄应最初所著音义内容相近，体例、行款亦相同。

尽管敦煌所存玄应《一切经音义》皆是残卷，但依然能从中窥见其版本与流传情况，以及与其他传世版本的关系。考察传世玄应《一切经音义》各本，我们发现其与《开宝藏》年代相近，为容体例大致相当。而S.3469、S.3538、P.3734号三件敦煌玄应《一切经音义》，每件词条都单列一行，注文亦单行排列于下，与高丽藏和金藏本所存之《玄应音义》行款相同。此外，P.2901号词条连写不断，注文用双行小

---

① ② 徐时仪：《玄应〈众经音义〉研究》，北京：中华书局，2004年，第40—41页。

③《中国古籍善本数目》子部卷二十《释家类》，上海：上海古籍出版社，1996年，第981—982页。

字排列于下，与清莊刻本和碛砂藏行款相同，收释佛经与注解的词语与碛砂藏同，而与高丽藏异。因为高丽藏与碛砂藏所收玄应《一切经音义》在收录佛经和注解词条方面存在较大不同，且是后来南北玄应《一切经音义》差异之所据。① 究其源流，二者的这些差异主要源自唐代古写本的不同，敦煌玄应《一切经音义》正是对这些古写本的保存。由此可见，敦煌玄应《一切经音义》在最初的写本时期就已经存在不同抄本，这种不同延续到后来的刻本时期，就形成了不同的传世本，同时造成南北的差异。会引起这种差异的一个很重要原因是源于语言文字，这不仅与文献学有关，亦与语言学研究有关，值得从语言学史的角度深究下去。

下面是对部分敦煌玄应《一切经音义》的叙录：

1.Dx.583、Dx.256

Dx.583存七行，拟题为《一切经音义大威德陀罗尼经》，为玄应《一切经音义》卷一《大威德陀罗尼经》第十六卷音义及第十七卷卷题。Dx.256存十二行，每行下部均有残缺，拟题为《一切经音义卷第四十二法炬陀罗尼经》，为玄应《一切经音义》卷一《法炬陀罗尼经》第一、二卷的部分内容。该二卷抄写格式字体均相同，内容前后相承，应为同一写卷的残片。每条词目与注文字体相同，提行顶格书写，注文换行低两格接抄，内容较今本玄应《一切经音义》简单，与慧琳《一切经音义》所收同。②

---

① 徐时仪：《玄应〈众经音义〉研究》，北京：中华书局，2004年，第86页。

② 张涌泉：《敦煌经部文献合集》第十册，北京：中华书局，2008年，第4784—4785页。

第十六卷

评论，皮柄反，《字书》：评，订也；订，平议也。订音唐顶反。铁味，今作嘴，又作觜，同，子累反，《方言》：鸟喙也。鸺侯，许牛反，鸺鹠也，亦名训侯，昼伏夜鸣者。从窠，又作窼，同，苦和反，《小尔疋》云：□谓之窠。

第十七卷

（中缺）

笳吹，或作葭，同，古遐□

第二卷

阿兰拏，女加反，（或）□言轻重耳。此云空寂，□善驭，今作御，同，鱼据□炉锅，字体作鬲，（又）□翱翔，五高反，迴□埻的，之允、之□无垛，徒果反，□非此义。堋□億，力计反，□米，□

2.S.3469

S.3469存三十四行，有残缺。拟题为《经音义》或《一切经音义》，内容为玄应《一切经音义》卷二《大般涅槃经》第一卷音义。每条词目与注文字体相同，提行顶格书写，注文换行低一格接抄。日本学者石塚晴通《玄应〈一切经音义〉的西域写本》认为此件文书系八世纪前半期到中期写本。[①]

（罗睺，胡钩反，正言曷罗怙）罗，此译云障月，但此人是罗

① 张涌泉：《敦煌经部文献合集》第十册，北京：中华书局，2008年，第4789—4791页。

怙阿脩罗以手捉月时生，因以为名也。为作，于危反，下兹贺、子各二反，为，作也。又音于伪反，二音通用。晨朝，食仁反，《尔雅》：晨，早也。《释名》云：晨，伸也，言其清旦日光复伸见也。颇梨，力私反，又作黎，力奚反，西国宝名也。梵言塞颇（胝）迦，亦言颇（胝），此云水玉，或云白珠，《大论》云：此宝出山石窟中，过千年冰化为颇梨珠，此或有也。案西域暑热无冰，仍多饶此宝，非冰所化，但石之类耳。（祇）音竹尸反。马脑，梵言摩婆罗伽隶，或言目娑逻伽罗婆，此译云马脑。案此宝或色如马脑，因以为名，但诸字书旁皆从石作碼硇二字，谓石之次玉者，是也。号哭，胡刀反，《尔雅》：号，呼也。大呼也。《释名》云：以其善恶呼名之也。号亦哭也，字从号，虎声。经文作嗥，《说文》：嗥，咆也。《左传》豺狼所嗥，是也。嗥非此义。又从口作呺，俗伪字耳。涕泣，他礼反，《字林》：涕，泣也。无声而泪曰泣。哽噎，古文骾、嚘二形，又作鲠，同，古杏反，哽，噎也。《声类》云：哽，食骨留嗌中也。今取其义。下于结反，《说文》：噎，饭窒也。《诗》云中心如噎，传曰：忧不能息也。嗌音益。窒，竹栗反。经文多作咽，于见、于贤二反，咽，吞也，咽喉也。咽非字体。震动，之刃反，《公羊传》曰：地震者何？地动也。《周易》：震，动也。经文有从手作振，掉也。掉亦动也。二形通用。战掉，徒吊反，《字林》：掉，摇也。《广（雅）：掉，振动也。经）文作挑，敕聊反，挑，抉也。□□□□□□□（又作恌字，与愮同），音遥。《诗》云□□□□□□□□□□□□（忧心愮愮，是也。二形并非此义）。抉音（于）□□□□（穴反也）。逮得，（徒）□□□□（中缺）能以手投之也。

卜筮，时世反，《礼记》：龟为卜，蓍为筮，卜筮者所以决嫌疑，定犹豫，故疑即筮之。字体从竹从巫，筮者，揲筮取卦，折竹为爻，故字从竹也。揲音食列、余列二反。遍耳，经文有作身字，恐传写□□□□

第十二卷

腦胲，依字《说文》古才反，足大（指）□□□□□

3. P.3095背

P.3095背，有说明"背为玄应一切经音义，朱书。"内容为玄应《一切经音义》第二卷《大般涅槃经》卷八部分音义。每条词目与注文字体大小相同，提行顶格书写，注文换行低一格接抄。因不避唐讳，判断其为五代时抄本，年代较早，可以用来校勘传世刻本。①

月蚀，神䑛反，《周易》云：月盈即蚀。《释名》云：日月薄曰蚀。（稍稍侵亏），如（虫食草）木叶也。《汉书》云："日月薄蚀"，韦昭曰：气往迫之曰薄，毁曰蚀也。彗星，苏醉反，《字林》囚芮反，《释名》云：彗星，星光稍稍似慧（彗）也。《尔疋》彗星欃枪，孙炎曰：妖星也。四曰慧（彗）。郭璞曰：亦谓之索（孛）。《释名》云：言其□似扫慧（彗）也。欃音叉衔反，枪叉行反。

第九卷

厮下，又作，同，思移反，《广疋》：厮谓命使也。《字书》：

厮，役也。谓贱役者也。《汉书》："厮舆之卒"，张晏曰："厮，微也。"韦昭曰："析薪曰厮，炊烹曰养。"怖遽，渠庶反，《广雅》：遽，畏惧也。疾急也。经文有作憷，书史所（无）。唯郭璞注《尔疋·释言》中"凌，憷也"作此字，二形通用。咄善，《字林》丁兀反，《说文》：咄，相谓也。《字书》：咄，叱也。蜜（密）致，又作緻，同，驰致反，致亦蜜（密）也。欝烝，于物反，《尔疋》：欝，气也。李巡曰：欝，盛气也。烝，之膝反，《说文》：烝，火气上行也。乳哺，蒲路反，哺，含食也，谓口中嚼食也。经文作餔字，与晡同，补胡反，谓申时食也。创皰，古文戗、乂（刃）二形，同，楚良反，《说文》：创，伤也。经文作疮，近字耳。又音□□□（楚恨反，创）始也，非今所取。皰，又作皰，同，辅孝反，《说文》：皰，面生气也。经文作疱，俗（字耳）。滕下，〔又〕作瘵，《字林》同，竹世反，滕，赤利也。瘵中多音滞，《三苍》：瘵，下病也。《释名》：下重而赤白曰瘵，言厉而难差也。经文作蛰字，与蛆同，知列反，虫螫也；又作哲，了也，智也，二形并非经旨。著后，中庶反，著之言处也。《广疋》：著，补□□□（也。亦立也。）

第十养（卷）

祠礼（祀），徐理反，祭无已也，谓年常祭祀洁□（敬无已也）。□□□□（《尔疋》"祭祀也"舍）人曰：祀，地祭。《礼记》：王为群姓立七祀，诸侯五祀，大夫三祀，士二祀，庶人一祀，或灶。郑玄曰：此非大神所祈大事者，小神居民间、伺小过、作谴告者也。轻躁，又〔作〕趮，同，子到反。《周易》震为躁。躁犹动也；躁，扰也。《论语》曰：〔言〕未□□（及而）言谓之躁。郑玄曰：谓不安静也。口爽，败也。楚人名败曰爽。肴馔，又作籑，同士眷反，《说文》：馔，具饮食也。怅怏，于亮反，《说文》：怏，心不服也。《苍颉篇》：怏，怼也。唐损（捐），徒郎、以专反，案：唐，徒也；徒，空也。《说文》：损（捐），弃也。怡悦，古文媐同，弋之反，《尔雅》：怡，乐也。《方言》：怡，喜也。《说文》：怡，和也。姝太（大），充朱反，《说文》：姝，好也。色美。《方言》：赵魏燕代之间谓好（为）姝。瓌异，又作傀，同，古回反，傀，美也；《方言》：傀，盛也。《说文》：傀，伟也；伟，奇也。《广雅》：傀伟，奇玩也。溉灌，哥赉反，《说文》：溉，灌也。谓灌注也。诊之，《说文》丈刃反，诊视之也。《三苍》：诊，候也。《声类》：诊，验也。恕己，尸预反，《苍颉篇》：恕，如也。《声类》：以心度物曰恕。综习，子宋反，《三苍》：综，理经也。谓机缕持丝文者。屈绳制经，令得开和也。羸瘠，古文瘦、臞、藆三形，同，才亦反，《说文》：瘦，瘦也。

第十一卷

习习，经文从疒作瘤，书无此字，近人加之耳。哕噎，于越反，《说文》：哕，气悟（牾）也。《通俗文》气逆曰哕。瘷痳，力金反，《声类》：瘷，（小）便数也。经文作淋，《说文》：水沃也。《广疋》：淋，渍也。淋非此用。怼恨，古文讟，《字林》同，丈涙反，《尔疋》：怼，怨也。欠欥，又作呿，同，丘庶反，《通俗文》：张口运气谓之欥。

不御，鱼据反，御，侍（也），（进）也。《广疋》：御，使也。蟠龙，蒲寒反，《方言》：未升天龙谓之蟠龙。《广疋》：蟠，曲也。（蟠，委）也。经文有［作］槃，古字通用也。劈裂，匹狄反，《说文》：劈，破也。《广疋》：劈，裂也。亦中分也。麒麟，渠之、理真反，《公羊传》：麒麟，仁兽也。《说文》：麕身牛尾，一角，头有□（肉）。（经）文作骐，《说文》马文如綦文；驎，力（振）反，《尔雅》白马黑唇曰驎，二形并非（字义）。僧坊，甫房反，《字林》：坊，别屋也。脱能，吐活、他外反，《广雅》：脱，可也。脱，尔也。□□谓不定之辞也。坐肆，相利反，肆，陈也，陈物处也；肆，列也，谓列其货贿于市也。氍毹，渠俱反，下山于反，《通俗文》：织毛蓐曰毹，细者谓之氍毹。经文（作氀，力于）反，氀，毹也，氀非字体。毹，他盍反，《释名》云：施之大床前小榻上，所以□（登上床）者，曰（因）以为名焉。鞂衣，《三苍》而用反，《说文》：鞂，鞶鞈饰也。或作緛，而容反，谓古具垂毛也。或作毦，人志反，《广雅》：毦，（罽）也。织毛曰（罽）。三形通取，于义无□□□（失。经文）作茸，而容反，《说文》：茸，草茸也。茸非此义。（棣）子，姊葉反，案《字诂》交棣，今作接，谓接木之子也。经律中棣种子是也。《大威德经》中作接子，故南经本皆作接字，但旧译本中接多作棣，如上文中节头相棣是也。字体从又作（从）止、中声。经文从聿作逮，非体也。又音才妾反，《说文》云：逮，疾也。非今所取。今有经本改作蔕字，音都计反，取《尔雅》枣李（曰蔕）之、削瓜者蔕之为证，此乃并是治择之名，非言种也。故郑玄（注）《礼》云：蔕谓□（横去其）蔕也。又检诸经律中，并无蔕种，宜从初读为正。丹枕，案天竺无木枕，皆以赤皮叠布为枕，贮以兜罗绵及毛，□□□□（枕而且倚，丹）言其赤色也。六簙，《说文》：局戏（戏），六箸十二棊也，古者乌□□□□之棊，或谓之曲道，吴楚之间或谓之箭，或谓之博（簙）。［博（簙）］亦箸名也。拍毱，古文作毬，今作鞠，《字林》巨六反，郭璞注《三苍》云：毛丸可蹋（戏）者曰（鞠）。□□□（蹋鞠，兵）势也。起战国时，讬云黄帝。

掷石，案《汉书》，甘延寿投石（拔距），□□□□（张晏注云）：飞石重十二斤，为机发，行三百步。延寿有力，能以手投之也。卜筮，时世反。《礼记》：龟为卜，蓍为筮。卜筮者，所以决嫌疑，定犹豫，疑（即筮之。字）体从竹从巫。筮者揲蓍取卦，折竹为爻，故字从竹也，揲音食列、□□□（余列二反）。遍耳，经文有作身字，恐传写误也。

第十二卷

腦胲，依字《说文》古才反，足大指也，恐非今用。案字义宜作□□□（解，胡卖）反，谓脑解也。按无上依经，解，卅二中二，如来顶骨无解是也。（诸经）□□□□（中作顶骨坚实），同一义也。或古字耳。腨骨或作，同，时兖反。□□□□（《说文》：腨，腓肠也。字从肉，耑声）。柱髀，古文蹕，同，蒲米反，北人行此音。又必尔反，江（南行此音。《释名》）：髀，卑也，在下称也。经文作跓脿二形，此并俗字，非其体。

髋骨，或作臗，同，口九反，《埤苍》：臗，尻也，《说文》：髋髀上也。颔骨，胡感反，《方言》：颔，颐也。郭璞云：颔，车也，南楚之外谓之外□□□晋谓之颔颐，今亦通语耳。《释名》云：正名辅车，言其骨姿态，古文傂字，同，他代反，意姿也，谓能度人情兒也。（视瞚，《列子》）□□□□同，尸闰反，《说文》：瞚，目开閤数摇也。服虔云：目动曰眴也。曰（因）的，古文玓，《说文》作旳，同，都狄反，的，明也。《诗》云『彼发有的』，传曰：的，□□□（射质也。谓的然）明见也。今射埒中珠子是也。箭中，知仲反。《礼记》：射中即得□□□（为诸侯，不中不得为诸）侯是也。槌打，又作箠，同，竹爪反，槌，挞也。字体从木、过声。楚（挞），□□□（楚，一名荆也。挞，古）文遾，同，他达反，撻其背也。《广雅》：挞，击也。欬逆，枯戴反，《说文》：欬，逆气也。□□□（《字林》云：欬），瘶也。经文多作咳，胡来反，咳谓婴儿也，咳非今用。（艾）白，□□□（五盖反，《尒雅》云：艾，冰台），言其色似艾也。赧然，奴盏反，《方言》：赧，块（愧）也。《小尔雅》云：（面愧曰赧）。（《说文》云：赧，面惭赤也）。背偻，力矩反，《广雅》：偻，曲也。《通俗文》：曲脊谓之伛偻。经文有作瘘，音陋，□□□（瘘非字义）。挑其，他尧反，《说文》：挑，抉也。以手抉挑出物也。螺王，古文蠃，同，力□□□（戈反，螺，蚌也。经文作蚤），力西、力底二反，借音耳。发撤，除列反，撤，去也；（撤，坏也；撤，除也）。敷在，古文専（尃），同，匹于反。敷，遍也。《小尔雅》：颁、赋、敷，布也。开剖，普厚反，剖犹破也。《苍颉篇》：剖，析也。《说文》：剖，判也。髦尾，古文髳，同，莫高反，□（《说文》：髦，发也。）谓毛中之发也。经□□□□（文作鬉，子公反）。聪叡，古文睿，□□（籀文作壡，）同，夷岁反，《说文》：睿，深明也，通也。《广（雅）》：□□□□□（睿，智也。字从耳（取）其穿也；目取明也，从谷省，取響应不穷也。音在安反。挠大，许高反，《说文》：挠，扰也。经文作捄，俗字也。往讨，□□□（古文訋，同，耻老反，《汉书音义》）曰：讨，除。《礼记注》云：讨，诛也。

第十三卷

（耽）湎，古文媅、妉二形，诸书作（酖）、［沈］二形，同，都含反，（《说文》：媅，乐也。《国语》云：耽，嗜也）。湎，古文酏，同，亡善反，《说文》：湎，沈于酒也。谓酒乐也。瘜肉，《方言》作膍，同，思力反，《说文》肉奇也，《三苍》：恶肉（也）。虫蛆，《字林》千余反，《通俗文》：肉中虫谓之蛆。《三苍》：蛆，蝇乳肉中蟲（也）。□□□□（经文作蛆，子余反，唧蛆）也；又作疽，久癃也，二形并非此义。疮痍，羊之反，《三苍》：痍，伤也。（《通俗文》：体）□□□□（疮曰痍，头疮曰疬）。《左传》曰：生伤于头。欝特，梵云欝特迦，此水之一异名也。特音徒得反。

第十四卷

矬人，才戈反，《广雅》：矬，短也。《通俗文》：侏儒曰（矬）。（经）□□□（文作痤，《说文》小肿）也。痤非经义。生涎，诸书作（渷、傑、次）三形，（同），□□□□（详延反，《字林》慕欲口液；《三苍》作）涎，小儿唾也。

曰（因）燧，正作鐆，同，辞醉反，火母也。《廿（世本）》□□□□（曰：造火者燧人，因以为名）。曰（因）鑽，子丸反，又音子乱反，《说文》所以用穿物者也。曰（因）桴，□□□□（案《诏定古文官书》枹）、桴二字同体，扶鸠反，谓鼓槌也。道检，居俨反，《苍颉篇》：检，法度也。检亦□（摄也）。顾（顾眄），亡见反，《说文》邪视也。《方言》：□□□□（自关而西秦晋之间曰眄）。船舫，甫妄（妄）反，《通俗文》连舟曰舫，併两舟也。

4. Φ.230

Φ.230，内容为玄应《一切经音义》第二卷《大般涅槃经》卷十至卷四十之音义，末署"一切经音义卷第二。"分为两部分，前一部分，词目用大字书写，注文用单行小字书写，注解内容较传世本《一切经音义》简单，属节略性质。其中"世"写作"卅"，避唐讳，但"旦"字依旧作原貌，故判断其为唐睿宗登基前的抄本。后一部分字体与前面不同，词目提行顶格书写，注文换行低一格接抄，字体与词目大小一致，注解内容与传世本《一切经音义》大致相同，不避唐讳，判断其为五代或以后之抄本。①

第十卷

轻躁又作趡，同，子□□□□（到反，躁，扰）动也。口爽所两反，爽，败也。肴馔又作篹，同，士眷反，《说文》云：馔，□食也。怅怏于亮反，怏，心不伏也。唐捐以专反，《说文》云：唐，徒也；徒，空也。捐，弃也。怡悦古文嫛同，弋之反，《说文》云：怡，和也。又喜也。姝大充朱反，姝，好也。瓌异又作傀，同，古回反，瑰，美也；傀，盛也。溉灌上哥赖反。诊之之刃反，《三苍》云：诊，候也。《声类》：诊，验也。□□（恕己）尸预反，以心度物曰恕。综习上子宋反，《三苍》云：综，理经也。谓机缕持丝文者。羸瘠古文作瘘、藥、羸三形，同，才亦反，瘦，瘦也。

第十一卷

---

① 张涌泉：《敦煌经部文献合集》第十册，北京：中华书局，2008年，第4817—4829页。

习习经文作，无此字，近人加之耳。哕噎于越反，《通俗文》云：气逆曰哕。痳，力金反，小便数也。经文作淋，淋，沃也，非此用。怼恨古文作憝，同，丈泪反，怼，怨也。欠又作呿，同，丘庶反，《通俗文》云：张口运气也。不御鱼据反，御，侍也，进也。蟠龙蒲寒反，蟠，屈也，未升天龙谓之蟠龙。经文有作盘，古字通。劈裂上（匹狄）反，劈，裂、中分也。麒麟经文或作騏驎，驎，白马黑唇也，非字义。僧坊甫房反，坊，别（屋）也。脱能上吐活反，脱，不定之辞也。坐肆相利反，肆，陈也，列也，谓陈列货贿于市也。又肆者陈物处也。氍毹上渠俱反，下山于反，织毛蓐也。经（文）作氀，力于反，氀，毲也，毲非字体。毾㲪上他合反，下音登。氍毹细者谓之毲。鞧衣《三苍》云而用反，又而容反，《说文》云：窜聶饰也。或作緌，而容反，谓古具（贝）垂毛也。或作毦，人志反，织毛扈也。三形通取，于义无失。经文作茸，而容反，茸，草茸也。非此义。椄子姊业反，按《字诂》，古作椄，今作接，谓接木之子也。旧译本接多作椄，如上文中节头相接是也。经文或作枾作椄，非体也。丹枕天竺无木枕，皆以赤皮叠布为枕，贮以兜罗绵及毛，枕而且倚也。六簙《说文》云：局戏，六箸十二棊也，古者乌曹作博。《方言》云：博或谓之棊，或谓之曲道，吴楚之间或谓之箭，或谓之簙。簙亦箸名也。拍毱古文作毬，今作鞠，局六反，鞠，毛丸可蹋戏者。掷石谓以手投石也。卜筮时（世）反。遍耳挽剌经文有作遍身，误也。

第十二卷

脑胲依字古才反，足大指也，恐非今用。按字义宜作解，胡卖反，谓脑解也。按无上依经云，解，卅二相中之二也。如来顶骨无解是也。诸经中作顶骨坚实，同一义也。胲或古解字也。脯骨或作，同，时兖反。拄髀古文作，同，蒲米反。上知主反。经文或作跰胜二形，（并）俗字，非其体。髋骨上或作膇，同，口丸反，膇，尻也，一曰髀上也。颔骨上胡感反。姿态古作能，同，他代反。视瞤又作瞬作（眴），同，尸闰反，目动曰眴。因的古作旳，《说文》作旳，同，都狄反，的，明也。箭中上知仲反。挞打上又作搨，同，竹爪反，挞，挞也。欬（逆）上枯（载）反，《说文》云：欬，（逆）气也。《字林》云：欬，癞也。经文多作咳，非今用。艾白五盖反，《尔雅》云：艾，冰台。言其色似艾也。赧然上奴盖反，面惭赤也。背偻力矩反，偻，曲也。曲脊曰伛偻。经文有作瘘，瘘音陋，非（字）义。挑其上他尧反，手挑抉也。抉，乌玦反。螺王古文作蠃，同，力戈反，螺，蚌也。经文有作蚕，力底反，借音耳。发撤除列反，撤，坏□（也）。敷在古作勇，同，匹于反。髦尾古作髦，同，莫高反，谓毛中之发也。经文有作鬃，子公反。聪叡古作睿，籀文作壡，同，夷岁反，叡，智也，明也，通也。挠大上许高反，挠，扰也。经有作捄，俗字也。往讨古作討，同，耻老反，讨，诛也，除也。

第十三卷

耽湎古作媅、妉二形，又作酖、沈二形，都含反，《说文》：媅，乐也。《国语》云：耽，嗜也。湎，古作酳，同，亡善反，湎，耽于酒也。瘜肉《方言》□（作）腮，同，思力反，《三苍》云：疮中恶肉也。虫蛆千余反，《三苍》云：蝇生肉（中）□□有作蛆，蛆，子余反，即唧蛆也；又作疽，疽，久癞也，并非此义。疮痍羊之反，《通俗文》云：体疮曰痍，头疮曰疡。嚩特梵云嚩

□（特）迦，此水之一异名也。特音徒得反。

第十四卷

矬人上才戈反，短也。经有作痤，痤，小肿也。非经义。生涎诸书作渿、倢、次三形，同，详延反，《三苍》云：小儿唾也。曰（因）燧正字作鐆，同，辞醉反，火母也。《廿（世）本》曰：造火者曰燧人，曰（因）以（为）名也。曰（因）鑽子丸反，又子乱反，《说文》云：鑽，可以用穿物。经多作攒，非义也。曰（因）桴按《诏□（定）古文官书》，桴、枹二字同，扶鸠反，谓皷（鼓）槌也。道捡捡，法度也。居俨反，捡亦摄也。顾（顾眄）亡见反。邪视也。舫舫甫妄反，《通俗文》连舟曰舫，并两舟也。炎旱上于廉反，炎，熏也。谓旱气熏（灼）人也。薄祜胡古反，祜，福也。

第十五卷

儴佉上尔羊反，梵云饷佉，此译云贝，亦云珂异名也。水渧丁计反，渧犹滴也。趋走上且榆反，与趋同。性戾力计反，乖也。敦喻古作惇，同，都昆反，敦，勉也，谓相劝勉也。豌豆上一九反，经有作宛，又作登，登，一月反，二形并非字体。其镞子木反。觉悟上劲反，悟亦觉也。经文以觉为悟，文字所无。又以寤为悟，悟即解悟字也。非眠后之觉寤也。

第十六卷

天竺或言身毒或言贤豆，皆讹也，正言印度。印度名月，月有千名，斯一称也。以彼土贤圣开悟群生，照临如月，曰（因）以为名也。又贤豆者，本名曰（因）陀罗婆他那，此云主处，谓天帝也，以彼土天帝所护，故曰（因）名耳。私咤古作哆，同，竹嫁反，依字，咤，喷也，服虔云痛惜曰咤，是。四衢《尔雅》云：四达谓之衢。郭璞注曰：交道四出也。《释名》曰：齐鲁谓四齿杷为櫌，以櫌杷地，即有四处，此道似之，曰（因）以为名。为臁呼各反，王逸注《楚辞》云：有菜曰羹，无菜曰臁。蚕嘴今作唻，又作觜，同，子累反，鸟喙也。经有作嘴，检诸经史，都无此字，非经义。熊黑上胡弓反，下彼宜反，熊如豕，黑似熊，黄白色，头如马。一名猳，猳音加。唯仰语向反，仰，恃也，亦望也。编橡上卑绵反，编，织也，谓取棘刺编橡而卧也。甦毹上力于反，毛布也。茹菜上攘举反，《广雅》云：茹，食也。

第十七卷

畏省思井反。讵有上渠据反，讵犹何也，未也。

第十八卷

良佑古作迶，同，胡救反，祐。助也。挠浊上乃饱反，又（乃）教反，《说文》云：挠，扰也。又曰：挠，乱也。

第十九卷

流恻古作愬，同，楚力反，恻，痛也。胝子又作脈、胅同，竹尸反，母名也。髡树上口昆反，《广雅》云：髡，截也。自在王领王，于放反。深窄古作阱、葇二形，同，慈性反，谓穿地为堑，以取兽也。三百攒攒宜作錾，欑，錠也。子算反。润渍在赐反，水浸物。（怨）仇视周反。在弽渠向反，施臂于道谓之弽，其形似弓。经文作搔，俗字也。而弑今作弒，同，尸至反，下煞上曰弑，弑，伺也，伺闲然后施便也。淫愍上以针反，男女不以礼交曰婬。下他则反，愍，秽也，又邪也。邲垣上邲曼反，下直饥反，垣古作坻，同，邲垣，梵言也，正云阿那他摈荼陁。阿那他者，此云无依；摈茶陁者，此云团施；言此长者好施贫独，曰（因）以名（焉），本名须达多也。判合古作胖，又作牉。同，普旦反，胖，半体也，言此半体得偶尔合曰牉合。经有作泮，冰释也，非此义。鄙悼上补美反，鄙，耻也，陋也；下（徒）到反，悼，伤也。名间间上居览反，下古闲反，依上音，《尔雅》云：间，代也。谓（间）错相代也。又隔也。依下音，间犹处所也；间，中也。

第廿卷

奎星，口携反，《尔雅》：降娄也。李巡曰：降娄，白虎宿也。经文有作金星，太白星也。宜从字读。圊厕，《字林》七情反，《广雅》：圊、圂、屏，厕也。皆厕之别名也。《释名》云：或曰清，言至秽之处宜修治使洁清也。或曰圊，言溷浊也。罪戾，力计反，《尔雅》：戾，罪也。《汉书》：有功无其意曰戾，有其功有意曰罪。戾，定也。逆津，子隣反，《论语》云：子路问津焉。郑玄曰：津，济渡之处也。

坐此，慈卧反，案，坐，罪也，谓相缘罪也。《苍颉篇》：坐，（辠）也。《盐（铁）论》曰：什伍相连，亲戚相坐，若引根本，而及花叶，伤小指而累四体。是也。

第廿一卷

（谶）记，楚荫反，《说文》：（谶），验也。谓占候有效验也。《释名》：谶，［纤］也，其义纤微而有效验也。不登，都恒反，登，升也。《周礼》：以岁时登。郑玄曰：登，成也。《汉书》云：再登曰平。

第廿二卷

恃怙，胡古反，《尔雅》：怙，恃也。《韩诗》云：无父何怙，怙，（赖）也；无母何恃，恃，负也。儭身，且吝、又觐二反，儭，至也，近。坌之，蒲顿反，《通俗文》：礚土曰坌。《说文》：坌，尘也。迴复，《三苍》作洄，水转也。《宣帝纪》作澓，迴水也，深也。船筏，扶月反，栰，编竹木也，大者曰筏，小者曰桴，音匹于反，江南名泭，父往（佳）反，经文从木作栰，非体也。

第廿三卷

连缀，张卫反，亦连也。《说文》曰：缀，合着也。难冀，又作觊，同，居至反，冀也。《说文》：觊，幸也。餧飤，石经今作食，同，囚恣反，《声类》：飤，哺也。《说文》：飤，粮也。从人，仰食也，谓以食供设与人也，故字从食从人意也。经文作饲，俗字也。瓨器，下江反，《说文》：似罂，长颈，受十升也。手抱，《说文》作捊，捊或作抱，同，步交反，捊，引取也。《通俗文》作掊，蒲交反，手把曰掊。駃河，《三苍》：古文使字，或作駛，同，山吏反，《苍颉篇》：駛，疾也。字从史。经文从夬作駃，古穴反，駃騠，骏马也。《列女传》曰生三日超其母，是也。駃非字义。夬音古快反。迦迦罗，脚佉反，是鸟声也。迦迦此云鸟。究究罗，居求反，此是鸡声也。鸠鸠咤此云鸡。呾呾罗，都达反，此是雉声也。或言鹎鹑，依梵音帝栗反。

第廿四卷

怡怿，意怡，乐也。郭璞曰：怡，心之乐也；怿，意解之乐也。

庭燎，力烧反，《周礼》：供坟烛庭燎。郑玄曰：坟，大也，树于门外曰大烛，于内曰庭燎。

第廿六卷

逐块，古文凷，同，苦对反，结土也，土块也。虪胶，敇之反，《广雅》：虪，黏也。《字书》：木胶也，谓黏物者也。温故，乌昆反，《论语》：温故而知新。何晏曰：温，寻也。《礼记》郑玄注云：后时习之谓之温。经文作愠，于问反，愠，恚也、怨也、恨也。同；愠非字义。

第廿七卷

我适，〔□〕赤反，《广雅》：塥，适也，谓适近也，始也。锋芒，古文秏，同，无方反，《字林》：禾秒也，谓其刃绵利如芒也。哮吼，古文獢，同，呼交、呼挍二反，《通俗文》：虎声谓之哮唬。《埤苍》：哮吓，大怒声也。唬音呼家反。毳衣，尺锐反，《三苍》：羊细毛也。《说文》：兽细毛也。

第廿八卷

立拒，其吕反，此外道瓶圆如瓠，无足，以三杖交之，举于瓶也。诸经中或言执三奇立拒，或言三叉立拒，皆是也。酵煏，案《韵集》：音古孝反，酒酵也，谓起麵酒也。经文多作醪，音劳，《三苍》《说文》皆云有滓酒也。醪非字体。云表，碑矫反，《三苍》：表，外也。言此星在云外也。炉冶，余者反，《说文》：冶，销也。《三苍》：冶，销铄也。遭热即流，遇冷即合，〔与〕冰同意，故字从冰也。

第廿九卷

（网）缦，借音莫盘反，谓肉缦其指间也。傭满，勒龙反，《尔雅》：佣，均也，齐等也。经文作簯，俗字也。粗自，在古反，粗，略也；粗，麁也。赋给，古文賮，同，甫务反，《说文》：赋，敛也。《广雅》：赋，税也。《方言》：赋，动也。谓赋敛所以扰动也。《尔雅》：赋，量也。郭璞曰：赋税所以平量也。奁底，今作奁，同，力占反，《苍颉篇》：盛镜器名也，谓方底者也。憩驾，《说文》作愒，《苍颉篇》作睍，同，却厉反，《尔雅》憩，息也。注云：憩，止之息也。苟能，公厚反，《广雅》：苟，诚也；苟，且也。《韩诗》：苟，得也。婚（姻），今作昏，《说文》：妇家也。礼云：取妇以昏时入，故曰昏。《尔雅》：妇之父为昏也。（姻），古文嫺、（姻）二形，今作曰（因），《说文》（壻）家也，女之所曰（因），故曰曰（因）。《尔雅》：（壻）之父为（姻）。（壻）音细。

第卅卷

骏马，子闰反，马之美称也。《说文》：骏，马之才良者也。殡敛，古文殓，同，力艳反，衣尸也。《释名》云：敛者，敛也，藏不复见也。小敛户内，大敛于阼阶，是也。孚乳，《通俗文》：卵化曰孚。音匹付反。《方言》：鸡伏卵而未孚。《字林》匹于反。《广雅》：孚，生也。谓子之出于卵也。《说文》：卵孚也。或曰：孚，伏也。谓育养也。乳，而注反，《苍颉篇》：乳，字也，字养也，谓养子也。和液，夷石反，《说文》：液，津津润也。《广雅》：酒（酼）、滋，液也。

第卅一卷

得衷，知冲反，《左传》：楚辟我衷。杜预曰：衷，正也。衷，中、当也。《尚书》：衷，善也。《苍颉篇》：别内外之辞也。经文作中，平也。随作无在。遗烬，正字作焌，同，似进反，《说文》：火之余木也。菅草，古颜反，《尔雅》：菅，茅属也。《诗传》曰：

白华，野菅也。经文作蓀，《字书》与蕳字同，蓀，兰也。《说文》：蓀，香草也。蓀非此用。甘锅，字体作銟，古和反，《方言》：秦云土釜也。字体从鬲、声。今皆作锅。挠搅，古卯反，《说文》：搅，乱也。《诗》云祇搅我心，是也。嘲调，正字作啁，同，竹包反。下徒吊反，《苍颉篇》云：啁，调也。谓相调戏也。经文有作蓺，相承音艺，未详何出。或作譺，五戒反，《字林》：欺调也。亦大啁曰譺也。贾客，公户反，《周礼》商贾郑玄曰：行曰商，处曰贾。《白虎通》曰：贾之言固也，固其物待民来以求其利者也。又音古雅反。刖足，古文跀、鑬二形，同，五刮、鱼厥二反，刖，断足也。周改体（髌）作刖。《广雅》：刖，危也。谓断足即危也。髌音扶忍反。盲瞽，公户反，无目谓之瞽。《释名》云：瞽，目眠眠然目平和如鼓皮也。

第卅二卷

如驼食蜜，徒多反，驼也；蜜，刺蜜也。罗耗，仁志反，《通俗文》：毛饰曰耗。稍上垂毛亦曰耗。纴婆，古文梛，同，女林、如深二反，树名也，叶苦，可煮为饮，治头痛也。如此间苦楝树也。言此虫甘之耳。楝音力见反。瑕疵，古文瘥，《字林》才雌反，《说文》：疵，病也。磁石，徂兹反，《埤苍》：磁，石也。谓召铁者也。罐綆，或作攉，同，古乱反，汲器也。綆，格杏反，《说文》汲井绳也。《方言》：韩、魏之间谓之綆。罜罜，又作罪，同，胡卦反，《字书》：网毛也。芦菔，《字林》力何反，下蒲北反，似菘紫花者谓之芦菔。

第卅三卷

粟床，字体作穈、糜二形，同，亡皮反，禾穄也。关西谓之床，冀州谓之稼。线塼，字体作甎，同，脂缘反，又音舩。《毛诗》载弄之瓦，注云纺塼也。《诗》中作专，此由古字通用耳。剜身，乌官反，《字林》：剜，削也。削音一玄反。削，挑也。明彭，《字书》作㱿，同，口角反，吴会间音口木反，卵外坚也。案凡物皮皆曰㱿，是也。婬佚，今作妷，同，与一反，佚，乐也。《苍颉篇》：佚，惕也。惕音荡。

第卅六卷

巴吒，百麻反，案《阿含经》，此长者曰（因）国为名也。经文作杷，比雅反，亦是梵音讹转耳。坦弥，《三苍》音伍（低），下音迷，律中坦弥皆作迷字，应言帝弥祇罗，谓大身鱼也。其类有四种，此第四最小者也。《法炬经》中伍（低）迷宜罗，即第三鱼也。皆次第互相吞嗷也。鲭鱼，且各反，薛珝《异物志》云：鲭鱼有横骨在鼻前，状如斧斤，江东呼斧斤为镨，故谓之镨鲭也。此类有廿种，各异名，如锯鲭等，齿利如锯，即名锯鲭也。镨音府烦反，珝音虚矩反。刀长，都尧反，人姓也，或可曰（因）事立名耳。行般，乎庚反，此人利根无待勤行自能得灭，《成实论》中不行灭人是也。

第卅七卷

霑汙，致廉反，霑，濡也。《三苍》：霑，渍也。（魍）魉，《说文》蝄蜽，从虫。《字书》从鬼，同，亡强、力掌反，《通俗文》：木石怪谓之（魍）魉，言木石之精也。淮南说状如三岁小儿，赤黑色，赤目赤爪，长耳美发也。

第卅八卷

炜烨，于匪、为猎反，《方言》：炜烨，盛儿也。《三苍》：光华也。虎（兕），又作兕，同，徐里反，《尔雅》：兕，似牛。郭璞曰：一角，青色，重千斤。抟食，徒官反，《说文》：抟，圜也。《三苍》：抟饭也。经文作揣，丁果、初委二反，揣，量也，揣非字义。法厉，古文砺，同，力制反，磨也，砥（砥）细于砺，皆可以磨刀刃也。

麂犷，古猛反，犷，强也。《说文》：犷，犬不可附也。经文作穬，穀芒也，穬非字体。蚩笑，充之反，《苍颉篇》：蚩，轻侮也。笑，私妙反，《字林》：笑，喜也，字从竹从天声，竹为乐器，君子乐然后笑。铇须，蒲交反，案：铇文字无，宜作抱，又作培。齰啮，古文齰，又作咋，同，士白反，《通俗之（文）》：齧啖曰齰。

弟卅九卷

祢瞿，又作你，同，女履反，祢犹汝也，谓尔汝如来姓氏也。榛木，仕巾反，《广雅》云：木丛生曰榛，草丛生曰薄。

弟卌卷

车舆，与诸反，《说文》：车，舆也。亦捴称车曰舆，一曰车无轮曰舆。钩铒，正作蚵，同，如志反，服虔云：钩鱼曰铒。欶乳，又作嗽，同，所角反，《三苍》云：欶，吮也。《通俗文》：含吸曰嗽。经文作嗽，此俗字也。户关，古文鑰，同，余酌反，《方言》：关东谓之键，关西谓之关。经文作籥，《字林》书僮笘也。《纂文》云：关西以书籥为书籥。籥非此义。笘，赤占反。婆岚，力含反，案诸字部无如字，唯应璩诗云：岚山寒折骨作此字。頼（赖）缔，徒计反，依字，《说文》：缔，结不解也。

玄应《众经音义》自《开元释教录》以后分为北藏和南藏，北藏为二十六卷本，南藏为二十五卷本。"南本第三卷，北本析为二，故北本二十六卷，南本二十五卷。乾嘉诸老引证记卷，悉是南本，益知北本不足据也。"

敦煌遗书因无完整藏本，保存最多的P.2901号写本也只有二十四卷，注释内容亦较传世本简略，因其定名《一切经音义》来看，书写时间当在《开元释教录》以后。此时已有了南北版本的不同，故需要我们分清其究竟为北本还是南本。因其注解词条简单，符合北本"疏"的特点，又未为乾嘉学者所能见到，故应确定为北本。且系玄应《众经音义》之较早传本，即唐代古本。与玄应最初所著音义内容相近，体例、行款亦相同。

二、《新集藏经音义随函录》

《新集藏经音义随函录》在明代前后就已不传，今天所见到的版本均来自高丽藏三十卷本，且前后序都在，首尾俱全，书中避唐、宋讳。敦煌本《新集藏经音义随函录》据前辈学者考证，有P.3971、S.5508、李39（北8722）、P.2948、S.3553、S.6189、Дх11196等，皆为残卷。

1. P.3971

P.3971，《藏经音义随函录》，存两片，正面一片七行，第一行题《仁王护国般若波罗蜜经两卷》，第七行题《金刚般若波罗蜜经》；背面一片存五行，第一行仅存下半，无题。①

---

① 张涌泉：《敦煌经部文献合集》第十册，北京：中华书局，2008年，第5008—5013页。

《仁王护国般若波罗蜜经》两卷

金然，上七廉反。昧勾，俱遇反，正作句也。《字样》云无著厶者。一渧，音的。城堑，七焰反。铧楯，上音牟，下音顺。

杻械，上勑酉反，下胡戒反。乹（干）巛，苦昆反。古文坤字也。乹者天也，坤者地也。灰杨，上呼回反。丧，丁聊反，下桑浪反。尚殒，于愍反。疮疣，于求反。蠢蠢，春尹反。憺怕，上徒敢反，下普白反。日蚀，时力反。彗星，上祥岁反，妖星也。又音遂。漂没，上匹遥反，水吹也。正作漂。礔礰，上普击反，下郎击反。阳上苦浪反。玉葙，息羊反，正作箱。鸠睒，失染反，国名。罽宾，上居例反，正作罽。健拏，奴加反。涕出，上他礼反，目泪也。

《金刚般若波罗蜜经》

□□□垂者□□□□□形。怀妊，而甚反。炫曜，上音县，明也。鸱吻，尺夷反，下文粉反。藻饰，上子老反。眺望，上他叫反。轩，胡黯反。终殁，音没。彫牵，自遂反。轻躁，子告反。嬴瘦，上力垂反，正作嬴也。垢，音翰。嚄破，上斯兮反。遗沥，音历。母胜，步米反。雌黄，上此斯又反，药名。龛室，上苦含反。秔稻，上古盲反，下徒老反。寮亮，上力条反，远声也，正作嘹。亦作嵺嵺。吟啸，先反。讙会，上一句反。嬉游，上许之反。中天，上知仲反，下于小反。迦潭后缺

2.S.5508

S.5508，《藏经音义随函录》(二)。本件底卷有界栏，存九行，拟

题为《大乘律音义第二》。①

　　大乘律二十六部，五十四卷，五帙。

　　大乘律音义第二

　　《菩萨地持经》一部，十卷，一帙。

　　第一卷

　　勘任，上苦含反，胜也，尅也，正作堪勘二形。为，于真反，讹也，正作因。捍，上丁礼反，下互岸反。含咲，音笑。问訙，音信。毁咨，音紫。农商，音伤。勘耐，上苦含反，下奴代反。愦乱，上古内反。顽钝，上五还反。淬污，上而陕反，又七内反，非。苦皁，音触。他，奴老反，女尧也，亦作嫐。不惚，上音亦，下音恼。摁说，上子孔反。悕望，上许衣反。

　　第二卷

　　固铠，苦改反。俞更，上羊朱反，益也；下古硬反。慊恨，上音嫌；又苦點反，非。讪大，上所奸、所谏二反。若廋，所右反，正作瘦。障弊，必袂反。能步觅反。诗语，上丘依反。雷庭定二音。鸜鹆，上具于反，下逾玉反。舞，上郎贡反，下文甫反。完过，上户官反。

3.北8722（李39）

　　北8722（李39），《藏经音义随函录》（三）。由五件纸卷合在一起连缀而成，第一件二十八行，为佛经残叶。后四件为佛经音义，其中

---

① 张涌泉：《敦煌经部文献合集》第十册，北京：中华书局，2008年，第5008—5013页。

第二件为《大庄严论》，第三件为《菩萨璎珞本业经》两卷；第四件为无题，第五件首行有"第一帙第一卷序文"字样。经张涌泉先生考证，拟题为《藏经音义随函录》，本文引用。①

　　《菩萨璎珞本业经》等六经十卷同帙
　　《菩萨璎珞本业经》两卷
　　上卷
　　洴力中反。瑕疵，才斯反。觊示，上音官，正作观也，上方经作观；又《玉篇》音现，非义也。不搞，音墙，诸经作不墙乐天也。只罗，上支纸二音，梵言度只罗，秦言无瞋恨。弗陁音陁。须陁同上。斯陁合音含。蹬道，上之剩反，正作证。无奇，音狗，正作垢，又音祢，非也。㒼体上力赏反，二也，正作两也，下卷云：有二法身，一果极法身，二应化法身。捡摄，深涉反。煥观，上奴管反。五阴，于今反。乐猗，衣绮反。捡尸涉反，正作摄。

　　《佛藏经》四卷
　　第一卷
　　嚼咽下一见反。爲，扶月反。梯橙上，他兮反，下都邓反。藕丝，上五口反，下息慈反。手承，是陵反，正作承。雨渧，音的，又音帝，非。杂糅，女又反。如拼，先擎反。淳浓，上常伦反。糟粕，上子曹反，下普各反。
　　第二卷

────────────
① 张涌泉：《敦煌经部文献合集》第十册，北京：中华书局，2008年，第5016—5020页。

抹撝上助庄反，下他盍反。秕糠上卑屡反，下苦郎反。蝙蝠上布玄反，下方伏反。欲捕蒲故反。布拖音陁。囤溺上尸旨反，下奴吊反。轻躁子告反。孪躃补益反，正作躄。以跨苦化反，正作跨。屎尿上尸旨反，下奴吊反。毁倅疾遂反。佷戾上侯垦反，下力计反。怨郡丘逆反，怨也，正作隟。瘕疵上尸加反，下力斯反，上又加嫁二音，非本用。冒受上莫报反，涉也；又童墨于也。援助。

《大庄严论》

第十一卷褊背上博登反，下蒲昧反。还彭音净。樞打上陟花反。口剿啮上音逝，正作噬；又郭氏音制。下五结反。蟒虵上莫朗反，大虵也。班驳补角反。恶鞭卑连反。打扑普木反。佇劣上女耕反。骍烧上扶文反，正作焚。棠鯎上宅耕反，下昌玉反。禁制之世反，止也断也。靫勒上兵媚反，马靫也，正作绋，或作靲；又毗必反，车革也，非。禁剕之世反，正作制；又端、剌二音，非也。蛆螫上知列反，下尸亦反。截刖音月，又五骨、五刮二反。抚衡上口浪反，下音行。枷罗上音加。罗鶡莫颜反。轻撡子告反，正作躁。婬女上羊林反，又苦耕、五耕、户经三反，非。謫之上之忍、直忍二反，候脉也。鄙褻上悲美反，下私列反。今丑忍、丑刃二音。人跌田结反。笼戾上力董反，正作憹。毬多上求掬反。毬多同上。微咲私妙反。毬多上求掬反，长者名也，尸利鞠多，或云掘多。扰羹上呼高反，搅也，正作挠；下音庚。愁懆七感反，又章草。洿曲上恶胡反，窊下也，正作圬、洿二形也。右眄普觅反，顾眄也，视也，美目，正作盼也。又诣、乎二音，非也。麀玃古猛反。或泄音薛。即閟音闭，又音汗，俣。蚩嗼上处之反。嬴瘠上力垂反，下秦昔反。

第十二卷泋没上所荫反，液也，水没入也，正作湺。謦…

音羊。波私愿女力反，正作匲也，唐言胜军王。金胝所绮反。不觚音俱，正作拘，郭氏音狗，非。鱻明上音仙，生鱼也。不矫居小反。洿淫上乌悟反，染也。劳佅上郎告反，下郎代反。扫帚之手反。脀辥上卑吉反，经意是必，必，审也，诚也，实也；又音佛，佛，理也；并正作臂也。应和尚以勇字替之，余肿反，非也。又《玉篇》音掮，王勿反，非也。经意不是勇字，今定作必字。劳问上郎告反，慰也。怖惵之摄反。喑咋上于今反，极啼无声也；下助迮反，口夭咋多声也。应和尚以喑喈替之，上于禁反，下子夜反，叹也。或从上必、佛二音，义如前释也。辥亦同上。此盖谓译主率意用字，致乖经义也，今定取必字呼。电踵上音身，正作申也。毁指上力奋反，收也，聚也。地上他合反，着地也，正作踏也。《诸经要集》云"愚者足踏地"，《六度集》云"愚者足筑"。

三、其他音义

1.P.4057

P.4057，首全尾缺，首题《大藏随函广释经音序》。此序他书不载，作者不详，《大藏随函广释经音》亦未见古书收录。据张涌泉先生考证，底卷《大藏随函广释经音》与《郭迻音》《郭迻音义》《新定一切经音类》《经音类决》《郭迻音决》乃同一书。郭迻俗姓郭，号全璞上人，家本泉州，出家于永安禅院。[1]

---

[1] 张涌泉：《敦煌经部文献合集》第十册，北京：中华书局，2008年，第5005—5006页。

《大藏随函广释经音序》

大雄立教，正觉垂文，八万门众妙横开，十二部真经广设。洎昙花西谢，贝（叶）东来，用苍颉之遗文，初更梵字；听象胥之重译，遂正唐言。然而八体既分，四声或异，云露改崩垂之状，宫商变清浊之音。后学之徒，罕能兼识，将祛未悟，允属当仁。永安禅院全璞上人者，家本泉州，俗姓郭氏，道惟天纵，学本生知，探（龙）成功，诣虎溪而得法解。衣获宝韫，□□□□□；鳌水逢（逢）泥，讨深源□□□□□□鳌苦心二十周星□□□□之波澜尽括其细也□□□□之书，同助三乘之教□□□□函奥谛之踪；金口微言，□□□□深之义大哉，善诱之功备矣。聊（疏序）□□□□□□□□

2.北8431

北8431（字74），《大般若波罗蜜多经难字音》。本件卷首有"丁卯年正月七日开经《大般若》"字样，背面为《妙法莲华经》卷八马鸣菩萨品第三十词句抄，体例、字体与正面同。本件所抄难字主要为唐玄奘所译《大般若波罗蜜多经》。部分难字下标有直音或通行字，没有标注的字词下留有空格，可能系留待注音所用。经卷中"初""年""臣""授""月"字为武周新字，故推断本件系武周时抄本。文中注音有止摄字与遇摄字互注现象，从中可体现唐代西北方音的特色。据张涌泉先生考证，将此卷拟题为《大般若波罗蜜多经难字音》，本文引用此名。①

---

① 张涌泉：《敦煌经部文献合集》第十册，北京：中华书局，2008年，第5047—5049页。

丁卯年正月七日开经

《大般若》第一袟第一卷：熙怡。轹。颈领。暇。险。狂。适。迵。曤。铎。怡悦。爆。諠。扰乱。纷纶。了。第三袟第二卷内：日煞。出页。第三卷内：珎奇（珍奇）。糠糩。抚。扰。掷。害。

十三袟：谴为。讀会。

第四袟内弟九卷：块快。了。

第五袟第一卷内　第二卷内：眴。鼆。健。了。

第六袟第三卷内：月宁。国爪革。齚掣。糜烂。腐。娜。石可字门。矫叫秒。多页字门。绰雀。欲。风立。嗑。键。撅。镗。

七卷内：缥表。了。

第七袟内七卷内：烬。

第十一袟弟一卷内：辈。拒。耆。　第五卷：悖。殀殁。谴会。呫。了。

第十三袟八卷内：絮。篙灭戾。眩。涠。了。

三十二□弟三卷：薑惠。阜富。撰。

卅一袟第三卷内：馐月。　第三卷内：愤会闹。了。

卅一袟弟四卷内：孚力。

卅三袟第二卷内：际。怒生死苦。自在罤羽翔。拘碍。笞。迟钝。廉俭。

卅一袟第三卷内：诈。搂摸。　第四卷内：俭食。　第六卷内：諠（杂）。　第八卷：纯。

三百一十二袟：风飘扬。　第五卷：鷙卵。

卅百卅袠第六卷内：撰集。 不徇。 誉。 暴。 第七卷内：
訾。 虚予损。 第八卷内：矫诈。 卅卷内：堆阜。 拳。 杵。
块。

卅百卅十四袠内第二卷：廉俭。

卅百卅十九袠第二卷内：鞔纲。 足跟。 双腨。 懂泥邪仙。 月
庸圆。 摩缯。 掌中。 颈。 髀腋。 颔臆。 锋利。 沉浮延缩。 津
液。 杂脉。 婉约。 眼目庚。 眼睛绀青鲜白红环。 如花赤鋼。
月肤直柔软。 舠脉。 无隙。 敦肃。 黳。 不窊不凸。 皮肤。 疥
癣。 瑊点疣赘。 月戾。 稠密。 白致。 诸窍清净。 逶迤。

第七卷内：鶏鸡。 旋。 侍。 怙户。 第八卷内：雉助堞。
间厕。 泛漾游戏。 堑。 众鸟：孔雀、鹦鹉、兔扶鹭映、鸿弘璠
眼、黄鹂窈曲、鸽鹏、青鸷、白鹄、春莺晏、鸷秋鹭路、鸳鸯、鶏
交鹊青、镐、精卫、鹍鸡、属鸟足璂玉、鶏员鹏居、鸥昆凤奉、妙
翅、鵁鶄。 妙苑。 周寰还。 了。 一一池滨有阶。

3. P.3025

P.3025，《大般涅槃经音义》。共十四行，前缺，每行上部缺一至
六字，引用内容、所注难字为北凉昙无谶译《大般涅槃经》经文第一、
二卷。本件内容主要是注音和标注异文，间或夹杂释义。据张涌泉先
生考证拟题为《大般涅槃经音义》，本文引用。①

　　纵广上跾。 诣艺。 诸天玉女旧本淫（婬），五茎反。今改作淫

① 张涌泉：《敦煌经部文献合集》第十册，北京：中华书局，2008年，第5150—5151页。

女、彩女，错，合取旧字。□云雨神诸本错作主，合是主。鴈象。捷干。婆嘻下希。《易》云：父子嘻嘻。嘉陵频伽□□□反，此鸟出雪山中，在□□□声和雅，翻美音鸟。墙坑上钩，或作；［下］口茎反，或作石形。荫蔽日月蔽由犹当也，掩也。今或安藗，大，即弊字，不扶（符）经义。□□昌，今改昌，不及倡。熙连河上希。白鹄下多作斛白鹤亦通。栏楯上兰，下盾，横曰揯（楯）。迦扴下居止反。诸天□□□□。（铠）仗上恺。牟稍上矛，或鉾；下朔，或槊。羂绢；或胃，或眹，并通。钺斧上曰，下付。啤扴咤咤罗上摘；只（扴），居至反；咤，咤。□或论。一渧水有本作一搹水。摩酰下乌奚反。枯燥下嫂。香饼下饭。殄灭上徒显反。□□□□坼岸。酚馥上芬，下房六反。为肩古萤反，门外閈开者。又有作向。玫瑰上牧（枚），下回。次玉石。埵梯上方奚反，下髀。□（檀金）为芭蕉树此是西域河名，其河近树，此阎浮木柰树，其金出彼河中，染石其色赤黄紫焰气。间无空缺上谏。针针，二同。铄石上历。荆棘上京，下纪力反。洒地上庄雅反。华花。

无趣七句反。卤鲁。株诛。杌兀。悕希。拯及上取蒸之上声。法雨雨下于遇反，雨犹□□（下也）。□□（乳糜）下。蠋除上涓。惟破诸本作摧（摧）破，合是惟。目肿下種（腫）。霪见。扼缚上厄。纫（幼）年□□。□□下土。观行上古觐反。水泡匹交反。促七玉反。篾（蔑）莫□□□结反。策册。封方用反。任壬。□□□□（下盖）。蜂豊（丰）。螫郝，或释，或蛰。善覆下赴。鼋元。憔悴（悴）上撨，下炧。坏布灰反。□□□□卵坏段字。失阴下宄。涸鹳。魁脍上恢，下古兑反。闭閇。囹圄上零，下语。忽涩。难奴干反。

4.P.3406

P.3406，《妙法莲华经难字音》。本件文书主要摘录《妙法莲华经》序品第一至普贤菩萨劝发品第二十八的品名及所在卷数。所列品名、卷数、字句及先后顺序与今天所传的七卷本《妙法莲华经》相同。大多数难字下有注，无注文的难字下留有空格以备补注。注文以注音为主，间或标注常用异体字或正字，同时夹杂个别释义。注音以直音为主，反切较少。其中有清浊音互注的现象，如见系与影系、精系与照系互注，庚摄与蟹摄、止摄与遇摄互注，具有唐五代时期西北方音的特色。①

《妙法莲华经·序品第一》 蹉。沤沟。骞牢。韦为。狠儿。轩袄。楯唇。有八王子，一名有意，二名善意。三名无量意。四名寶意。五名增意。六名除疑意。七名响意。八名法意。

《妙法莲华经·方便品第二》 呗贝。

《妙法莲华经·譬喻品第三》 豫巳。玩 。綩宛。縱延。税岁。内有智性，名声闻乘。深知诸法因缘，是名辟支佛乘。无量众生，利益天人，度脱一切，是名大乘。杞（圻）拆也。咀至。龇锄陌反，窄。啮。喔厓。喋。嘷号。孚。蹲尊。踞居。埵垛。窥埚。牖由。爆抱。臯丑。烟音烟。烽。悖孛。蔓华（万）。恓面。茵曰（因）。吠。疛。

《妙法莲华经·信解品第四》佣容充。赁雇，壬。玲。踔。呰紫。券卷。案发眇。煨为火色。

<hr>

① 张涌泉：《敦煌经部文献合集》第十册,北京:中华书局,2008年,第5275—5278页。

《妙法莲华经·药草喻品第五》 三　云爱爱。云逮大。邎。

《妙法莲华经·授记品第六》　土追堆。埠富。悚。栗栗音。卒子聿反。

《妙法莲华经·化城喻品第七》　东方作佛，一名阿閦，在欢喜国；二名须弥顶。东南方二佛，一名师子音，二名师子相。南方二佛，一名虚空住，二名长灭。西南二佛，一名帝相，二名梵相。西方二佛，一名阿弥陀，二名度一切世间苦恼。西北方二佛，一名多摩罗跋栴檀香神通，二名须弥相。北方二佛，一名云自在，二名云自在王。东北方二佛名坏一切世间怖畏。第十六我释迦牟尼佛。是人若闻此经，则便信受。譬如五百由旬险难恶道，旷绝无人。

《妙法莲华经·五百弟子授记品第八》　火夆�也。贸莫侯反。

《妙法莲华经·授学无学记品第九》　蹈沓。

《妙法莲华经·法师品第十》　善男子、善女人，入如来室，着如来衣，坐如来座。如来室者，一切众生中大慈悲心是；如来衣者，柔和忍辱心是；如来座者，一切法空是。安住是。若说此经时，有人恶口骂，加刀杖瓦石，念佛故应忍。

《妙法莲华经·见宝塔品第十一》

《妙法莲华经·提婆达多品第十二》

《妙法莲华经·劝持品第十三》

《妙法莲华经·安乐行品第十四》　权钗。

《妙法莲华经·从地涌出品第十五》　中有四道（导）师，一名上行，二名无边行，四名安立行。是四菩萨。

《妙法莲华经·如来寿量品第十六》　谬牟九反。

《妙法莲华经·分别功德品第十七》　呰。呗贝。

《妙法莲华经·随喜功德品第十八》 第六　褰牵。缩宿。

《妙法莲华经·法师品第十九》 螺力过。

《妙法莲华经·常不轻菩萨品第二十》

《妙法莲华经·如来神力品第二十一》

《妙法莲华经·嘱累品第二十二》

《妙法莲华经·药王菩萨本事品第二十三》 熏。胶交。甄烟。淳唇。一切穿流之水中，海为第一；一切十宝山中，须弥山为第一；一切经中，《法华》为冣（最）上。

《妙法莲华经·妙音菩萨品第二十四》 第七

《妙法莲华经·观世音菩萨品第二十五》

《妙法莲华经·陀罗尼品第二十六》

《妙法莲华经·妙庄严王本事品第二十七》

《妙法莲华经·普贤菩萨劝发品第二十八》 韦。

第二章　敦煌佛经音义与中古语言研究

第一节　语音研究

一、敦煌佛经音义与中古音系研究

汉语中古音的研究，一般以《切韵》系统为标准，联系《切韵》，从而得出中古音系，实际运用的是《广韵》的反切系统。后来的研究开始利用《切韵》系统以外的语言材料来构拟中古音系统，如古书中注释的反切、梵汉对音系统、唐诗用韵等，而敦煌出土的语音文献材料更是为我们研究中古音系的演变提供了许多直接或间接的依据和佐证。

出自敦煌和吐鲁番的韵书卷子共有二十六种，都是唐五代时期《切韵》系韵书的写本和刻本，包括隋陆法言《切韵》，唐长孙讷言签注本《切韵》、唐王仁昫《刊谬补缺切韵》、唐孙愐《唐韵》和无著者的《增字加训本切韵》《五代刻本切韵》《韵书摘字》，及其他书名和作者都无从考证的韵书残卷等。依据韵目、韵次、收字、反切和注文等可将这些韵书分为六大类。分别是：第一类，陆法言《切韵》传写本，主要保存平声韵和上声韵，去声韵很少，无入声韵；第二类，以《切韵》为底本，保存了平、上、入三声，在收字和注释方面有增加，并有案语来解释字体和补充注释，案语主要以《说文》为依据；第三类，《增字加训本切韵》，韵部顺序与《切韵》相同，但收字和注释增加较多，重在增修，取材较广，不以《说文》为限；第四类，王仁昫《刊谬补缺切韵》，其中 P.2129 仅存序言部分，中有"陆词字法言撰《切韵》"一语，系对《切韵》作者的明确记载，每卷韵目都保存了陆法言对各家韵书的取舍意见。其余卷号旨在刊正谬误和增字加训，收字较前三类大增，每字有注释，详载异体，体例也与前三类不同，代表了唐代韵书新的发展；第五类，孙愐《唐韵》写本，仅存 P.2018 一件，保存了《唐韵》平声韵；第六类，五代韵书，多为刻本，主要特点为韵多、字广、注文繁复，有些韵部的韵目已与《广韵》相似，甚至比《广韵》更加苛细，这对研究《切韵》《广韵》的演变具有重要意义。同时，这些韵书在增修过程中收录了不少口语词，有些虽与现代写法不同，但词义几乎一致。因此，这些材料对研究近代汉语语音、词汇、文字是极其有用的。以上韵书后经姜亮夫先生考释，编成《瀛涯敦煌韵辑》、周祖谟先生《唐五代韵书集存》对上述每一种卷子都作了专文考释，并附上照片或摹、刻本。①

敦煌佛经音义包括玄应《众经音义》、后晋可洪《新集藏经音义随函录》《大般涅槃经音》《大佛顶如来密因修正了义诸菩萨万行首楞严经音义》《金光明最胜王经音》《佛本行集经难字》《妙法莲华经难字》《新译大方广佛华严经音义》，及其他一些音注单经写卷，但主体仍为玄应《一切经音义》。

---

① 季羡林：《敦煌学大辞典》"敦煌韵书"条，上海：上海辞书出版社，1998年，第512页。

　　玄应大约出生于隋大业年间，比《经典释文》作者陆德明（550—630年）和《切韵》作者陆法言（562—？年）稍晚。而玄应《一切经音义》成书年代据考证当在唐高宗李治龙朔元年至龙朔三年（661—663年）之间，与《经典释文》草创年代（583年）相差约七十八年，与《切韵》成书年代相差约六十年（601年）。陆德明、陆法言、玄应都可以说是隋唐时期的语言学大师，于音韵之学，各有造诣。在汉字注音方面，三家虽用字不同，但音韵系统基本一致。说明当时全国各地的书音、诗文押韵和经音都有共同的语言背景。究其原因，大概是因为三家所用语音系统都是来自传统的雅言，虽地域虽不同，但基本上都是同步发展，可以互相沟通。无论是系联还是逐个比较分析，都会发现玄应音系与二陆，尤其是陆法言《切韵》音系的差异不大，但二者又有些细微的差别。

　　首先，玄应音义虽较《切韵》稍后，且相差时间也不长，但在解释字词时却没有引用《切韵》。对小学类著作，玄应引用较多的有《说文》《尔雅》《小尔雅》《三苍》《方言》《字略》《字林》《字书》《字诂》《通俗文》《埤苍》《广雅》《释名》《声类》《韻集》《韵略》等。但纵观敦煌本玄应《一切经音义》，终未见《切韵》的只言片语。

　　其次，玄应音义反切用字在《切韵》的基础上逐渐规范和统一，注音常用同一条切语表示，且用字接近，主要集中在几个常用字上。例如：S.3469《一切经音义》：

　　　　为作，于危反，下兹贺、子各二反，为，作也。又音于伪反，二音通用。

　　　　颇梨，力私反，又作黎，力奚反，西国宝名也。

卜筮，时世反，字体从竹从巫，筮者，揲著取卦，折竹为爻。揲音食列、馀列二反。

第一例，"为，于危反"。反切上字"于"系喻（云）母遇摄合口平声虞韵字，反切下字"危"系疑母止摄合口平声支韵字。"为"的另一个音"于伪反"，反切上字"于" 系影母遇摄合口平声鱼韵字，反切下字"伪"系疑母止摄合口去声寘韵字。"之寘"属止摄内转，故"为"的两音"于危反"和"于伪反"可以通用。

"作，兹贺、子各二反"。"兹贺反"，反切上字"兹"系精母止摄开口平声之韵字，反切下字"贺"系匣母果摄开口去声歌韵字。"子各反"，反切上字"子"系精母止摄开口上声止韵字，反切下字"各"系清母宕摄开口入声铎韵字。反切上字"兹、子"均属精母字，声母相同。反切下字"贺"属果摄歌韵，"各"属宕摄铎韵，果摄与宕摄系旁对转关系，故两韵相通，韵母相同。声母相同，韵母相通，故两音相通。

第二例，"梨，力私反"。"黎，力奚反"。"梨，力私反"。反切上字"力"系来母曾摄开口入声职韵字，反切下字"私"系心母止摄开口平声脂韵字。"黎，力奚反"。反切上字"力"系来母曾摄开口入声职韵字，反切下字"奚"系匣母蟹摄开口平声脂韵字。两音的反切上字都是"力"，声母相同。反切下字"私"属止摄脂韵，"奚"属蟹摄脂韵，止摄与蟹摄系旁转关系，两韵相通，韵母相同，故"梨""黎"相通，互为异体字。

第三例，"揲，食列、馀列二反"。"揲，食列反"。反切上字"食"系床母曾摄开口入声职韵字，反切下字"列"系来母山摄开口入声薛韵字。"揲，馀列反。"反切上字"馀"系喻（以）母遇摄合口平声鱼韵字，反切下字"列"系来母山摄开口入声薛韵字。两音的反切上字"食"属床（船）母，"馀"属喻（以）母，床母系齿音，喻母系喉音，两者相通，属声母流转关系中的异类现象。两音的反切下字均为"列"，属山摄薛韵，韵母相同。声母异转，韵母相同，故两音相通。

《切韵》反切上下字较多，系联清楚，系统严密，是在洛阳雅言的基础上吸纳南北语音综合而成的，审音标准主要采纳了颜之推和萧该的意见，以金陵和洛阳两种语音为准，颜之推："共以帝王都邑，参校方俗，考覆古今，为之折中。权而量之，独金陵与洛下而。"①陆法言《切韵序》亦云："因论南北是非，古今通塞，欲更捃选精切，除削舒缓，萧颜多所决定。"②玄应《一切经音义》则是把长安音与佛典经音结合起来，并吸纳大量的梵文话语，通过比较，翻译出相应的汉语，再标注读音。他的注音基本上摆脱了儒家传统诗书押韵的藩篱，而活现了当时的语音系统。

二、敦煌佛经音义所属语音系统

关于玄应《一切经音义》反应的是何地音有两种不同说法。一种说法认为其以当时一种实际音为标准对字词进行注音，而这种实际音就是当时的长安音，而玄应《一切经音义》活现了当时的长安雅言。持这种观点的有葛毅卿先生和黄坤尧先生。他们从玄应批评旧译、反切注音特色与对偈咒的翻译三个方面，推断出这种实际读音就是玄应

① 王利器：《颜氏家训集解》，上海：上海古籍出版社，1980年，第529页。
② 林尹：《新校正切宋本广韵》，台北：黎明文化事业股份有限公司，1976年，第13页。

所在的长安音，即玄应《一切经音义》中所说的正言。他们还引用
《韵铨》的韵部与玄应《一切经音义》做对比，发现两者的韵类相合，
从而进一步确定玄应《一切经音义》所代表的是当时的长安音。另一
种观点认为，玄应《一切经音义》反应的不是一地的语音，而是当时
的一种读书音，持这种观点的主要是董志翘先生。他认为玄应《一切
经音义》中提到了"江南、山东、关中、关西、中国、巴蜀、幽州、
冀州"等方音。"若玄应在为佛经注音时采用的是长安音，则在方音
中不当再言关中，若以洛阳音为标准，则又不当再言中国。由此看来，
玄应《一切经音义》绝不可能是长安方音，而是一种近于当时读书音
的语音体系。"①

我们认为玄应《一切经音义》所代表的是当时的长安音。原因在于
此书主要是用来帮助大众阅读佛经，因佛经在当时盛于六经，官修和
民用都十分兴盛，尤其盛行于民间。为了读懂佛经，人们需要一部辞
书作为参考，而这部辞书在语言表达方面必定要求浅显易懂，接近当
时口语，即所谓的实际语音。如若其在字词解释方面接近读书音，讲
求韵律平仄，那么必定会影响使用面，不能很好地帮助人们理解佛经。
同时，我们认为玄应《一切经音义》所言的"关中""中国"都是指
同一个地方，即当时的长安。长安作为帝都，必然是全国的政治、经
济、文化中心，长安音作为一种共同语的雅言，必然能够辐射到全国。

敦煌佛经音义所代表的语音体系总体应属长安语音系统，其中包
括部分代表中原雅言的《切韵》《广韵》语音。同时，作为敦煌出土的文
献，其不可避免地打上了许多西北方音的烙印，如遇摄字与止摄字互

---

① 董志翘：《中古文献语言论集》，成都：巴蜀书社，2000年，第374页。

注、清音和浊音互注、梗摄字与止摄字互注、梗摄字与齐韵字互注等，都属于唐五代西北方音演变范畴。这些特征既与中古时期汉语语音发展的脉络、规律一致，又有其自身特色。本文主要从其反切用字入手，探寻其声母发展的特征与规律，并论述其与中古汉语语音发展一般规律的关系。

我们引用张金泉先生《敦煌佛经音义写卷述要》①四十四条佛经音义文献与《切韵》《广韵》进行比较。发现其注音与《切韵》和《广韵》相似、"相合"的有十六条，占总数的36.4%；与《切韵》和《广韵》相异的有二十四条，占总数的54.5%；与《切韵》和《广韵》"有异同"的四条，占总数的9.1%。

据统计，敦煌佛经音义与《切韵》和《广韵》音系呈有部分相同，但相似度较低，即其所代表的语音系统与《切韵》和《广韵》所代表的中原语音系统存在着一定的相似之处，但又仅仅是一小部分。这种相似大概是因为《切韵》和《广韵》所代表的中原语音自古以来就被作为雅言向全国各个地区推广，敦煌也不例外。同时，《切韵》和《广韵》所代表的中原语音向来是以读书音的身份出现在各种典籍、社会文书及人们的日常交流中。敦煌佛经音义无论是作者还是抄写者，应该都是具备一定的古籍与小学研究素养，有的甚至是这方面专家，比如玄应，故其中含有当时读书音也不足为奇。且敦煌佛经音义中数量最多的佛经音义文献是玄应《一切经音义》。如前文所论证的，玄应《一切经音义》与《切韵》《广韵》音系在反切用字、韵部整理和整个音韵系统方面都是基本一致的，仅有细微的差别。敦煌佛经音义中含有

① 张金泉：《敦煌佛经音义写卷述要》，《敦煌研究》，1997年第2期，第112—122页。

部分与《切韵》《广韵》音系相同或相近的反切用字和韵部，故注音相同。

如前文所说，敦煌佛经音义的主体是玄应《一切经音义》，故其所代表的音系不可避免地要受到玄应《一切经音义》的影响。我们在前面已经论证了，玄应《一切经音义》的语音系统是当时的长安方音，或者说叫作长安雅言。敦煌佛经音义受其影响，所属语音系统当与其一致，也应为长安雅言。另一方面，敦煌作为河西重镇，在唐代不仅是佛教圣地，也是西北地区重要的政治、经济、文化中心。作为大唐与周边少数民族地区使节、商旅往来的必经之地，政治、经济的交往也带来了文化语言的沟通、畅达，使得长安雅言能够顺利的推广到西北边陲的敦煌，从而体现在敦煌的文献经典中，佛经音义亦不能例外。

可见，敦煌佛经音义所代表的语音体系总体应属长安语音系统，其中包括了部分代表中原雅言的《切韵》和《广韵》语音。同时，作为敦煌出土的文献，其不可避免地打上了许多西北方音的烙印，如遇摄字与止摄字互注、清音和浊音互注、梗摄字与止摄字互注、梗摄字与齐韵字互注等，都是属于唐五代西北方音的语音特色。这一点，罗常培先生在《唐五代西北方音》里都有详细论证，这里就不赘述了。

三、敦煌佛经音义声母研究

（一）敦煌佛经音义声母演变特征

第一，轻重唇音开始分化，非、敷、奉为一母。唐五代时期，唇音分化为重唇音和轻唇音，即今天的双唇音和唇齿音。其中非母和敷母先经过分立：帮母分化为 [pf]，滂母分化为 [pf']，最后合流为

［f］　①。敦煌佛经音义中反切有以敷切非，以非切敷的例子。可以说非敷二母在五代已经合并为一个声母，与今天的［f］基本一致。

玄应轻唇音非、敷、奉、微四组自成一系，重唇音有以轻唇音反切注音的，轻唇音没有以重唇音作为反切用字的，两者已有较大分化。这种情况是一个渐变的过程，玄应《一切经音义》一度出现轻重唇混切的现象。如并纽：圯，莆美反、部美反、父美反；炮，父交反、白交反；蜱，蒲支反，音脾，扶卑反，音埤。明纽：蔑，莫结反、亡结反；弭，亡婢反、亡尔反、弥尔反、密尔反。这些混切现象出现的原因主要是玄应沿用前代反切用字造成的，如"父""扶""亡"三字，就是反切常用字，在敦煌佛经音义中出现多次。玄应受传统习惯影响，选择其作为反切上字，并非有意将轻重唇音混淆而造成注音失误。

敦煌佛经音义中轻重唇分化，非敷奉为一母的例子，如Дx.583《一切经音义》、P.3095背《一切经音义》：

（1）评论：皮柄反，《字书》："评，订也"。订音唐顶反。

（2）乳哺：蒲路反，经文作铺字，与晡同，补胡反，谓申时食也。

（3）创疱：疱，又作皰，同，辅孝反。

（4）脑胲，依字《说文》古才反。案字义宜作解，胡卖反，谓脑解也。

（5）柱髀，蒲米反，北人行此音。又必尔反，江南行此音。

---

① 王力：《汉语史稿》，北京：中华书局，2001年，第130页。

② 因玄应音义是敦煌佛经音义主体，且相对其他单经音义和音注单经内容更完整，利于比较，故本文所选主要是玄应《一切经音义》。同时，删去音义写卷中的□□□部分。

（6）曰（因）桴，案《诏定古文官书》枹、桴二字同体，扶鸠反。

（7）顾眄，亡见反，《方言》：自关而西秦晋之间曰眄。

（8）船舫，甫妄（妄）反，《通俗文》连舟曰舫，併两舟也。

表1　反切上、下字分析

音义用例	反切	反切上字	反切下字	所属声纽
（1）	抨:皮柄反。	帮母止摄之韵	帮母梗摄静韵	帮母,帮系重唇。
（2）	哺:蒲路反。 餔:补胡反。	并母遇摄模韵 帮母遇摄姥韵	无关,省	并母,帮系重唇。 帮母,帮系重唇。
（3）	鲍:辅孝反。	奉母遇摄虞韵	无关,省	奉母,非系轻唇音。
（4）	解,胡卖反。	无关,省	明母蟹摄卦韵	明母,帮系重唇。
（5）	足卑,蒲米反。	并母遇摄模韵	明母蟹摄荠韵	并母,帮系重唇。 明母,帮系重唇。
（6）	桴,扶鸠反。	奉母遇摄虞韵	无关,省	奉母,非系轻唇音。
（7）	眄,亡见反。	微母宕摄阳韵	无关,省	微母,非系轻唇音。
（8）	舫,甫妄反。	非母遇摄虞韵	微母宕摄漾韵	非母,非系轻唇音。 微母,非系轻唇音。

　　上述例子中，例（1）、（2）、（4）、（5）反切上下字的声母分别为帮、并、帮、明、并、明3母均属帮系重唇音。说明敦煌佛经音义的声母重唇"帮、旁、并、明"与轻唇"非、敷、奉、微"尚未分立，还处于混切状态。例（3）、（6）、（7）、（8）反切上下字声母分别为奉、奉、微、非、微三母，均属非系轻唇音。可用来说明轻唇音"非、敷、奉、微"已逐渐脱离重唇音"帮、旁、并、明"，而独立成一母这一上古语音向中古演变的特色，敦煌佛经音义的声母系统亦不例外。

这种演变符合西北方音"轻唇音非敷奉大多数变与滂母同音已然露了分化的痕迹"①的变化规律。

第二，全浊声母消失，渐次归入全清和次清两大声类。入声字逐渐消失，依次并入平、上、去三声中，但并未完全消失，依然存在许多入声字。表现在四个方面：1.塞音、塞擦音、擦音声母全部消失：并母并入帮滂两母，奉母并入非敷两母，从母并入精清两母，邪母并入心母，定母并入端透两母，澄母并入知彻两母，床母并入照穿两母，床审禅并入穿审两母，群母并入见溪两母，匣母并入晓母。2.舌叶音消失：庄母字一部分并入精母，一部分并入照母；初母字一部分并入清母，一部分并入穿母；山母字一部分并入心母，一部分并入审母。3.娘母并入泥母，无娘母。4.影母和喻母还未完全合并。体现在敦煌佛经音义中即非、奉代用，敷、奉代用，精、心代用，心、邪代用，审、书代用，晓匣、心匣、匣疑代用，帮、并代用，端、定代用，精、从代用，清、从代用，章、崇代用，见、群代用。有时亦有见、群代用，滂、并代用，穿、澄代用。敦煌佛经音义中具体的例子，如S.3469《一切经音义》、P.3095背《一切经音义》：

（9）乳哺，蒲路反，哺，谓口中嚼食也。经文作餔字，补胡反。

（10）疌（疌）子，姊叶反，案《字诂》交疌，接木之子。又音才妾反。

"哺，蒲路反。"反切上字"蒲"系并母遇摄模韵字，声母属并母；

---

① 罗常培：《唐五代西北方音》，北京：商务印书馆，2012年，第16页。

"铺，补胡反。"反切上字"补"系帮母遇摄姥韵字，声母属帮母，"哺、铺"互为异体字，读音相同，此系并母并入帮母的佐证。"评，姊叶反，才妾反。"反切上字"姊"系精母止摄开口上声旨韵，声母属精母；反切上字"才"系从母蟹摄咍韵字，声母属从母，两音相同，该例系从母并入精母的佐证。

（11）彗星，苏醉反，《字林》囚芮反，《释名》星光稍稍似（彗）也。

"彗，苏醉反，囚芮反。""苏醉反"反切上字"苏"系心母遇摄模韵字，声母属心母；"囚芮反"反切上字"囚"系邪母流摄尤韵字，声母属邪母，两音相同，此系心母与邪母互代。

（12）颇梨，力私反，又作黎，力奚反，西国宝名也。

（13）脱能，吐活、他外反，《广雅》：脱，可也。脱，尔也。

"梨，力私反。"反切下字"私"系心母止摄平声脂韵字，声母属心母。"黎，力奚反。"反切下字"奚"系匣母蟹摄平声齐韵。"梨""黎"互为异体字，读音相同，这里是心、匣代用。"脱，吐活反，他外反。"反切下字"活"系匣母山摄入声末韵，声母属匣母。反切下字"外"系疑母蟹摄去声泰韵，声母属疑母，此系匣疑互用。

（14）脑胲，《说文》古才反，足大指也。案字义宜作解，胡卖反。

"脑，古才反。""解，胡卖反。""古才反"反切上字"古"系见母遇摄上声姥韵字，声母属见母；"胡卖反"反切上字"胡"系匣母遇摄模韵字，声母属匣母，"脑、解"互为异体字，读音相同，声母相同或相近，此例系见母与匣母互代的佐证。

(15) 欬逆，枯戴反，《说文》：欬，逆气也。经文多作咳，胡来反。

"欬，枯戴反。"反切上字"枯"系溪母遇摄平声模韵字，声母属溪母；"咳，胡来反。"反切上字"胡"系匣母遇摄平声模韵字，声母属匣母，"欬、咳"互为异体字，读音相同或相近，声母亦然，故在该例中溪母和匣母可互用。

(16) 视瞤，《列子》同，尸闰反，《说文》：瞤，目开閤数摇也。

"瞤，尸闰反。"反切上字"尸"系审（书）母止摄平声脂韵字，声母属审（书）母，这里是审、书互代。

(17) 胆虫，《字林》千馀反。经文作蛆，子馀反，唧蛆也。

"胆，千馀反。""蛆，子馀反。"反切上字"千"系"清母山摄平声先韵"，声母属清母。反切上字"子"系精母止摄上声止韵，声母属精母。胆、蛆通用，读音相近，此系清、精互代。

（18）为作，于危反，下兹贺、子各二反，又音于伪反，二音
通用。

"为，于伪反。"反切上字"于"系影母遇摄平声鱼韵字，声母属
影母，说明影母在此时还没有完全并入喻母。

第三，部分舌音混用，齿音混用。三等韵的知、章两组声母逐渐分
化，三等韵与纯四等韵的精组声母与三等韵的知章两组声母不分。具
体表现为:知、澄代用，知、照代用，精、书代用，心、常代用，邪、
常代用，精、章代用、床、审代用，照母下章母与庄母已开始分化。

敦煌佛经音义中具体的例子，如Дx.583《一切经音义》、S.3469
《一切经音义》、P.3095背《一切经音义》:

（19）无垛，徒果反，非此义。

"垛，徒果反。"反切上字"徒"系定母过摄模韵字，反切下字
"果"系见母果摄果韵字，声母属定母和见母，此例可说明端系舌头音
混用的现象。

（20）卜筮，时世反，筮，揲著取卦，折竹为爻。揲音食列、
馀列二反。

"揲，食列反。"反切上字"食"系床（船）母曾摄入声职韵字，反
切下字"列"系来母山摄入声薛韵字，反切上字所体现的声母为床（船）
母，属齿音庄系，此例可用来说明齿音内部床母和船母混用的现象。

（21）肴馔，又作篹，同士眷反，《说文》：馔，具饮食也。

"馔，士眷反。"反切上字"士"系床母止摄止韵字，反切下字"眷"系见母山摄线韵字，反切上字所体现的声母为床母，属齿音庄系，此例可用来说明齿音内部床母和审母代用的情况。

（22）怼恨，古文譄，《字林》同，丈泪反，《尔疋》：怼，怨也。

"怼，丈泪反。"反切上字"丈"系澄母宕摄上声养韵字，反切下字"泪"系来母止摄去声至韵字，反切上字所体现的声母为澄母，属齿音庄系，该例可用来说明知母和澄母代用的情况。

（23）鞲衣，《三苍》而用反。或作氄，而容反。或作毦，人志反。

"毦，人志反。"反切上字"人"系日母臻摄平声真（臻）韵字，反切下字"志"系照（章）母止摄去声志韵字，反切下字声母为照（章）母，体现了照母下章、庄逐渐分化的现象。

（24）櫹打，竹爪反，櫹挞也。

"櫹，竹爪反。"反切上字"竹"系知母通摄入声屋韵字，反切下字"爪"系照（庄）母效摄上声巧韵字，反切下字的声母为照（庄）母，体现了照母下章、庄逐渐分化的现象。

（25）赧然，奴盏反，《方言》：赧，块（愧）也。

"赧，奴盏反。"反切上字"奴"系泥母遇摄平声模韵字，反切下字"盏"系照（庄）母山摄开口上声产韵字，反切下字的声母为照（庄）母，这又是一例证明照母下章、庄逐渐分化现象的佐证。

第四，喻母三四等不分，即云、以不分。敦煌佛经音义的异读数目众多，参照《唐五代西北方音》，可得出敦煌方音在唐五代时期喻三、喻四已经合为一母，云母和以母已互相代用，合二为一。

敦煌佛经音义中具体的例子，如S.3469《一切经音义》、P.3095背《一切经音义》：

（26）为作，于危反，下兹贺、子各二反，为，作也。又音于伪反，二音通用。

"为，于危反。"反切上字"于"系喻（云）母遇摄平声虞韵字，反切下字声母属喻（云）母，说明唐五代时期喻三、喻四已经合为一母，云母和以母可互相代用。

（27）聪叡，古文睿，籀文作壡，同，夷岁反，《说文》：睿，深明也。

（28）疮痍，羊之反，《三苍》：痍，伤也。

（29）腨骨或作，同，时兖反。

（30）疌子，姊叶反，案《字诂》交疌，谓接木之子也。又音才妾反。

（31）唐损（捐），徒郎、以专反，案：唐，徒也；徒，空也。

（32）羸瘠，古文膌、脤、胔三形，同，才亦反，《说文》：膌，瘦也。

（33）鞲衣，《三苍》而用反，或作氄，而容反。或作耗，人志反。

"叡，夷岁反。"反切上字"夷"系喻（以）母止摄平声脂母字，声母属喻（以）母。"疡，羊之反。"反切上字"羊"系喻（以）母宕摄平声阳韵字，声母属喻（以）母。"蹲，时兖反。"反切下字"兖"系喻（以）母山摄上声獮韵字，声母属喻（以）母。"泧，姊叶反。"反切下字"叶"系喻（以）母咸摄入声葉韵字，声母属喻（以）母。"氄，而用反。"反切下字"用"系喻（以）母通摄去声用韵字，声母属喻（以）母。"氄，而容反。"反切下字"容"系喻〔以）母通摄平声锺韵字，声母属喻（以）母，上述各例均可用于说咥喻三、喻四合为一母，即云母和以母合为一母喻（以）母，并可互相代用。

（二）敦煌佛经音义声母系统与中古语音演变关系

张金泉《敦煌佛经音义写卷述要》[①]选取了四十四件敦煌佛经音义文献，与《广韵》及《唐五代西北方音》的反切用字进行比较，得出其异同。

四十四条写卷中注音与《切韵》《广韵》相似或相合的有四十五 条，占总数的31.5%。与《切韵》《广韵》相异的有六十六条，占总数的46.2%。与《切韵》《广韵》有异同的十七条，占总数的11.9%，与《唐五代西北方音》中相同者十五条，占10.4%。

---

① 张金泉：《敦煌佛经音义写卷述要》，《敦煌研究》1997年第2期，第112—122页。

综上，由敦煌佛经音义字词的反切用字系联的其声母从上古向中古过渡过程中出现的轻重唇混切及分化，全浊声母归入全清和次清，影母和喻母未全部合并，知章两组声母分化与混用并存，喻母三四等云以互相代用。这些特征既与反映长安雅言的《玄应音义》一致，同时，作为敦煌出土的文献，其又不可避免地打上了西北方音及敦煌本地的方音色彩，为我们研究汉语从上古向中古演变的特征和规律提供了补充和佐证。

四、敦煌佛经音义韵母研究

唐五代时期，汉语语音韵部的发展主要表现为韵部的合流和韵部间的韵字转移。下面主要介绍敦煌佛经音义韵部的合流和韵字转移情况。敦煌佛经音义韵部系统的演变主要表现为以下几个方面：

第一，东、冬、钟三韵合并，以钟韵居多。不仅敦煌佛经音义，《经典释文》和《切韵》也是如此。王力先生认为这是方言现象，并不多见。但到了晚唐时期，可以肯定东韵与冬、钟二韵已合并。唐末李涪《刊误》已经在批评《切韵》"何须'东冬''中终'妄别声律"了。

敦煌佛经音义中相关的例子较少，我们粗找到一例，即P.3095背《一切经音义》：

（1）鞃衣，《三苍》而用反，或作毤，而容反。或作毦，人志反。

"鞃，而容反。"反切上字"而"系日母止摄平声之韵字，反切下字"容"系喻（以）母通摄平声钟韵字，反切下字的韵母系通摄钟韵。

在我们所找到的例子中，通摄字较多，如"用，通摄用韵。""六，通摄屋韵。"等，未发现东韵或冬韵。虽然钟韵的例子不太多，但尚可说明东、冬、钟三韵合并的现象。

第二，鱼、虞、模三韵有合并的趋势，但依然有很多分立的语音现象存在。王力先生认为这也是方言现象，但在朱翱反切中有许多这样的例子，《经典释文》也有此类例子，说明鱼韵与虞、模二韵混切并不是个别现象。同时，需注意的是尤侯的唇音字大部分，如部、妇转入了鱼、模二韵。

敦煌佛经音义中相关的例子，如S.3469《一切经音义》、P.3095背《一切经音义》：

（2）为作，于危反，下兹贺、子各二反。又音于伪反，二音通用。

（3）无垛，徒果反，非此义。

（4）战掉，徒吊反，《字林》：掉，摇也。《广雅》：掉，振动也。

（5）彗星，苏醉反，《字林》囚芮反，《释名》：星光稍稍似（彗）。

（6）怖遽，渠庶反，《广雅》：遽，畏惧也。

（7）乳哺，蒲路反，哺，口中嚼食也。经文作餔字，补胡反，申时食。

（8）脑胲，《说文》古才反，足大指也。案字义宜作解，胡卖反。

（9）颔骨，胡感反，《方言》：颔，颐也。

"为，于危反。"反切上字"于"系喻（以）母遇摄平声虞韵字，反切下字"危"系疑母止摄平声支韵字，反切上字的韵母属遇摄虞韵，可用来说明鱼、虞、模三韵尚处于分立状态的语言现象。"为,于伪反。"反切上字"于"系影母遇摄平声鱼韵字,反切下字"伪"系疑母止摄去声寘韵字,反切上字的韵母属遇摄鱼韵,可证明鱼、虞、模分立的语言现象。"垛,徒果反。"反切上字"徒"系定母遇摄模韵字,反切下字"果"系见母果摄果韵字,反切上字的韵母属遇摄模韵,此例可用于证明鱼、虞、模分立的语言现象。"掉,徒吊反。"反切上字"徒"系定母遇摄模韵字,反切下字"吊"系端母效摄啸韵字,反切上字的韵母属遇摄模韵,此例可用于证明鱼、虞、模分立的语言现象。"彗,苏醉反。"反切上字"苏"系心母遇摄模韵字,反切下字"醉"系精母止摄至韵字,反切上字的韵母属遇摄模韵,此例可用于证明鱼、虞、模分立的语言现象。"遽,渠庶反。"反切上字"渠"系群母遇摄鱼韵字,反切下字"庶"系审母遇摄御韵字,反切上字的韵母属遇摄鱼韵,该例也可用于证明鱼、虞、模分立的语言现象。"哺,蒲路反。"反切上字"蒲"系并母遇摄模韵字,反切下字"路"系来母遇摄暮韵字,反切上字的韵母属遇摄模韵,此例可用于说明鱼、虞、模三韵尚未合并的语言现象。"铺,补胡反。"反切上字"补"系帮母遇摄姥韵字,反切下字"胡"系匣母遇摄模韵字,反切下字的韵母属遇摄模韵,可用来说明鱼、虞、模分立的语言现象。"解,胡卖反。"反切上字"胡"系匣母遇摄模韵字,反切下字"卖"系明母蟹摄卦韵字,反切上字的韵母属遇摄模韵,可用来说明鱼、虞、模三韵尚未合并的语言现象。"颔,胡感反"反切上字"胡"系匣母遇摄模韵字,反切上字"感"系见母咸摄感韵字,反切上字的韵母属遇摄模韵,此例可用作说明鱼、虞、模三韵尚处于分立而未合并的语言现象。

第三,蟹摄灰咍分为两部,咍韵与泰韵开口归咍来,灰韵、废韵和泰韵合口归灰堆，但这种只是渐变的趋势，还未完全确立，依然存在部分独立的泰韵、废韵。佳皆、齐祭依然分立，尚未合为一部。

敦煌佛经音义中相关的例子，如 S.3469《一切经音义》、P.3095背《一切经音义》：

（10）颇梨，力私反，又作黎，力奚反，西国宝名也。

（11）彗星，苏醉反，《字林》囚芮反，《释名》星光稍稍似慧（彗）。

（12）羸瘠，古文膌、胰、㿪三形，同，才亦反，《说文》：膌，瘦也。

（13）脱能，吐活、他外反，《广雅》：脱，可也。谓不定之辞也。

（14）（疌）子，姊叶反。又音才妾反，《说文》云：疌，疾也。

（15）欬逆，枯戴反，《字林》云：欬，瘶也。经文多作咳，胡来反。

（16）螺王，古文蠃，同。力西、力底二反，借音耳。

（17）矬人，才戈反，《广雅》：矬，短也。

"梨，力奚反。"反切上字"力"系来母曾摄职韵字，反切下字"奚"系匣母蟹摄齐韵字，反切下字的韵母属蟹摄齐韵，此例可用于说明齐祭分立的语音现象。"慧，囚芮反。"反切上字"囚"系邪母流摄尤韵字，反切下字"芮"系日母蟹摄祭韵字，反切下字的韵母属蟹摄祭韵，该例也可用于说明齐祭分立的语音现象。"瘠，才亦反。"反切上字"才"系从母蟹摄咍韵字，反切下字"亦"系喻（以）母梗摄昔韵入声字，反切上字的韵母属蟹摄咍韵，此例可证明蟹摄内部灰咍分立的情况。"脱，他外反。"反切上字"他"系透母果摄歌韵，反切下字"外"系疑母蟹摄泰韵，反切下字的韵母属蟹摄泰韵，此例可说明尚有部分泰韵还未归入灰咍两韵。"洭，才妾反。"反切上字"才"系从母蟹摄咍韵字，反切下字"妾"系清母咸摄叶韵字，反切上字的韵母属蟹摄咍韵，此例也可用于证明蟹摄内部灰咍分为两部的情况。"咳，胡来反。"反切上字"胡"系匣母遇摄模韵字，反切下字"来"系来母蟹摄咍韵字，反切下字的韵母属蟹摄咍韵，该例也可用于说明蟹摄内部灰咍分为两部的佐证。"螺，力西反。"反切下字"西"系心母蟹摄齐韵字，韵母属蟹摄齐韵，此例也可用作说明蟹摄内部齐祭分立的佐证。"矬，才戈反。"反切上字"才"系从母蟹摄咍韵字，韵母属蟹摄咍韵，此例可用于说明蟹摄内部灰咍分为两部的语音现象。

第四，屋沃烛合部，以屋韵居多，且保留了部分入声字。如前文所列例子，敦煌音义中出现了屋沃混切的现象。王力先生指出这是与东冬钟韵字的反切相对应的，"法言平声以东农非韵，以东崇为切；上声以董勇非韵，以董动为切；去声以送种非韵，以送众为切；入声以屋烛非韵，以屋宿为切。"①

敦煌佛经音义中屋韵的例子较少，我们在Φ.230《一切经音义》中找到两例：

(18) 檛打，竹瓜反，檛，挞也。

(19) 拍毱，古文作毬，今作鞠，巨六反，毛丸可蹋戏者曰鞠。

---

① 王力：《汉语语音史》，北京：中国社会科学出版社，1998年，第215页。

"檍，竹爪反。"反切上字"竹"系知母通摄入声屋韵字，反切下字"爪"系照（庄）母效摄上声巧韵，反切上字的韵母属通摄入声屋韵，此例可用于说明通摄内部屋沃烛合部，主要并入屋韵的情况。此外，由于屋韵是入声字，该例也可用于说明入声字的保存情况。"鞠，巨六反。"反切上字"巨"系群母遇摄上声语韵字，反切下字"六"系来母通摄入声屋韵字，反切下字的韵母属通摄入声屋韵，与上一例一样，"鞠"字也可用来说明通摄内部屋沃烛合部并入屋韵及入声字的保存情况。

第五，庚青、脂微均合为一部，以青韵、脂韵居多。相应的真文、严盐的入声韵质物、业叶也分别合为一部。另外，欣当两部并入真韵。

敦煌佛经音义中相关的例子，如Φ.230《一切经音义》：

（20）颇梨，力私反，又作黎，力奚反，西国宝名也。

（21）咄善，《字林》丁兀反，《说文》：咄，相谓也。

（22）鞲衣，《三苍》而用反，或作𧝴，而容反。或作䎅，人志反。

（23）视瞚，《列子》同，尸闰反，《说文》：瞚，目开闭数摇也。

（24）聪叡，古文睿，籀文作壡，同，夷岁反，《说文》：睿，深明也。

"梨，力私反。"反切上字"力"系来母曾摄职韵字，反切下字"私"系心母止摄脂韵字，反切下字的韵母属止摄脂韵，可用于说明脂微合为一部的现象。"咄，丁兀反。"反切上字"丁"系端母梗摄青韵，反切上字韵母属梗摄青韵，此例可用于说明庚青合为一部的现象。

"耴，人志反。"反切上字"人"系日母臻摄平声真（臻）韵字，反切下字"志"系照（章）母止摄去声志韵字，反切上字的韵母属臻摄平声真（臻）韵，此例可用于说明真文两韵并入真韵的现象。"瞋，尸闰反。"反切上字"尸"系审（书）母止摄平声脂韵字，反切下字"闰"系日母臻摄去声稕韵字，反切上字的韵母属止摄脂韵，此例可用于说明脂微合部的语音现象。"䜴，夷岁反。"反切上字"夷"系喻（以）母止摄脂韵字，反切下字"岁"系心母蟹摄祭韵字，反切上字的韵母属止摄脂韵，可用于说明脂微合为一部的语音现象。

第六，职陌合部，是这个时代的新情况。据王力先生分析，这是梗曾两摄的入声脱离了平声的对应关系而独立发展的明证，因为这两摄的平声在这个时代还处于分立状态。

敦煌佛经音义中相关的例子，如Ф.230《一切经音义》：

（25）评论：皮柄反，《字书》："评，订也。订音唐顶反。

（26）哽噎，古文鲠、嗄二形，又作硬，同，古杏反，哽，噎也。

（27）卜筮，时世反，字体从竹从巫。揲音食列、馀列二反。

（28）羸瘠，古文膌、朘、胔三形，同，才亦反，《说文》：膌，瘦也。

"评，皮柄反，唐顶反。""皮柄反"，反切上字"皮"系帮母支韵止摄字，反切下字"柄"系帮母梗摄去声映韵字，反切下字的韵母属梗摄去声映韵；"唐顶反"反切上字"唐"系定母宕摄平声唐韵字，反切下字"顶"系端母梗摄上声迥韵字，反切下字的韵母属梗摄上声迥韵，根据平、上、去三声均可归入平声的原理，以上两例均可用于说明梗曾两摄的平声分立的情况。"哽，古杏反。"反切上字"古"系见母遇摄姥韵，反切下字"杏"系匣母梗摄梗韵，此例也可用于说明梗曾两摄分立的情况。"揲，食列反。"反切上字"食"系床（船）母曾摄入声职韵，反切下字"列"系来母山摄入声薛韵，反切上字的韵母属曾摄职韵，可用于证明梗曾两摄的入声脱离平声独立发展而形成职陌合部的语音现象。"瘠，才亦反。"反切上字"才"系从母蟹摄咍韵字，反切下字"亦"系喻（以）母梗摄入声昔韵字，反切下字的韵母属梗摄入声昔韵，此例也可用来说明，梗曾两摄的入声脱离平声独立发展而形成职陌合部的语音现象。

敦煌佛经音义所反映的韵部系统特点根据阴声韵、阳声韵的不同，分别表现为：

1.敦煌佛经音义韵部系统阴声韵特点

第一，止摄：支、脂、之、微、齐、纸、旨、止、尾、荠、寘、至、志、未、霁、祭16韵，与灰咍、鱼模通押，与少部分蟹摄字、遇摄字相押。在别字异文方面，鱼、虞和止摄各韵相混切，表现为：支、鱼代用，之、鱼代用，微、鱼代用，脂、虞代用。同时，鱼韵跟止摄开口的一部分字合并，相通。Φ.230《一切经音义》：

（20）颇梨，力私反，又作黎，力奚反，西国宝名也。

（10）（疌）子，姊葉反，案《字诂》交疌，今作接。又音才妾反。

"梨，力私反。黎，力奚反。""力私反"反切上字"力"系来母曾摄职韵字，反切下字"私"系心母止摄脂韵字，反切下字韵母属止摄脂韵。"力奚反"反切上字"力"系来母曾摄职韵字，反切下字"奚"系匣母蟹摄齐韵字，反切下字的韵母属蟹摄齐韵。"梨""黎"互为异体字，读音相同，韵母相通，故此处止摄与蟹摄相押。

"彗，姊棐反，又音才妾反。""姊棐反"反切上字"姊"系精母止摄旨韵字，反切下字"棐"系喻（以）母咸摄叶韵字，反切上字韵母属止摄旨韵。"才妾反"反切上字"才"系从母蟹摄咍韵字，反切下字"妾"系清母咸摄叶韵字，反切上字的韵母属蟹摄咍韵，两音相同，韵母相通，故止摄与蟹摄相押。

第二，遇摄：鱼、虞、模、语、麌、姥、御、遇、暮，9韵及尤侯韵的大部分唇音字。鱼、虞、模三韵在唐五代时期合并为一部，同时，遇摄字与止摄字相押。如S.5999《佛经难字》，"为"注"逾""居"注"羁"，系遇摄字与止摄字互注。P.2271玄应《一切经音义》摘字本。注文重注音，有些注音与玄应不同，主要表现为止摄字与遇摄字互注。此外，还出现了部分遇摄字与通摄字相押的情况。

第三，蟹摄：佳、皆、灰、咍、蟹、骇、贿、海、卦、怪、对、代、泰、夬，14韵。本摄字有跟止摄相押的例子，这种现象出现的原因"可能由于中唐以后西北河西一带的方音咍灰佳皆等韵的元音偏前，读为æ，uæi，或e，ue。"①例如Φ.230《一切经音义》：

（12）彗星，苏醉反，《字林》囚芮反，《释名》星光稍稍似慧。

"彗，苏醉反，囚芮反。""苏醉反"，反切上字"苏"系心母遇摄

---

① 周祖谟：《九世纪中叶至十一世纪初的敦煌方音与唐代语音》，《周祖谟学术论著自选集》，北京：北京师范学院出版社，1993年，第350页。

模韵字，反切下字"醉"系精母止摄至韵字，反切下字的韵母属止摄至韵字。"囚芮反"，反切上字"囚"系邪母流摄尤韵字，反切下字"芮"系日母蟹摄祭韵字，反切下字的韵母属蟹摄祭韵，两音相通，韵母相同，故蟹摄和止摄相押。

第四，果摄：根据韵部系联的结果，果摄包括6个韵：歌、戈、哿、果、个、过。果摄有部分字与假摄字相押。

第五，假摄：包括麻、马、祃3韵和从其他韵部转来的字，包括佳韵的崖、涯、佳、钗；夬韵的话；卦韵的画；蟹韵的罢；梗韵的打。王仁煦《刊谬补缺切韵》把整个佳韵（去声卦同）移到麻韵之前，说明转入家麻部的不仅限于佳韵牙音字（上、去声同），就连整个韵部都处在与家麻部合并的过程中。[1]罗常培先生《唐五代西北方音》中把歌、麻二韵的主要元音都构拟为［a］，说明唐五代西北方音中歌部字与麻部字有混押的情况。[2]

第六，效摄：萧、宵、肴、豪、筱、小、巧、皓、啸、笑、效、号，共12韵。查阅相关资料，未发现本摄与邻摄通押的情况。

第七，流摄：尤、侯、幽、有、厚、黝、宥、候、幼，共9韵。这一摄有少数字跟遇摄字相押。

2.敦煌佛经音义韵部系统阳声韵特点

第一，山摄：元、寒、桓、删、山、先、仙、阮、旱、缓、潸、产、铣、狝、愿、翰、换、谏、裥、霰、线，共21韵。元、阮、愿三韵脱离魂、痕诸韵与寒山合并。这与唐五代时元部的分化有关，元韵转

---

① 周祖谟：《敦煌变文与唐代语音》，《周祖谟学术论著自选集》，北京：北京师范学院出版社，1993年，第341页。

② 都兴宙：《敦煌变文韵部研究》，《敦煌学辑刊》1985年第1期，第49页。

入了先仙，与先仙合并，魂痕独立成部。山摄有与咸摄盐添两韵相押的情况。

第二，深摄：侵、寝、沁，共3韵。这一摄的韵部比较单纯，"仅限于《广韵》侵韵系字，不与其他闭口韵字相混。"深摄字与真文、庚青、蒸登、江阳、东钟通押，例子较少。

第三，臻摄：真、谆、臻、文、欣、魂、痕、轸、准、吻、隐、混、很、震、稕、问、焮、恩、恨，共19韵。在阳声韵中真文可以同庚青、蒸登、东钟、寒先通押。

第四，曾摄：蒸、登、拯、等、证、嶝，共6韵。曾摄字蒸登、庚青相通的情况较多，与臻摄通押。

第五，梗摄：庚、耕、清、青、梗、耿、静、迥、映、净、劲、径，共12韵。初唐时期，青韵与庚、清诸韵的合并已较为稳定，随着敦煌佛经音义的发展，不仅庚、耕、清、青合为一部，而且与蒸、登诸韵的读音也已经很相近。韵部系联，本摄韵字耕、皆代用，敬三等、霁代用，清、齐代用，青、齐代用。

第六，通摄：东、冬、钟、董、肿、送、宋、用，共8韵。通摄韵字与真文、江阳、庚青三韵部通押。此外，韵部系联的代用情况有：董一等、冬代用；东一等、东三等（包括送三等）代用；东三等、钟代用。

第七，宕摄：江、阳、唐、讲、养、荡、绛、漾、宕，共9韵。本摄各韵的合并，王力先生考证："南北朝第一、二两期（约公元四世纪至公元六世纪初）的江阳韵显然是划分的。到了第三期（约六世纪初至七世纪初），江阳在更大的地域里实际混合了：徐陵与庾信都属于这一派，尤其是庾信，他的江与阳唐、觉与约铎，都有许多同用的例子，绝对不会是偶然的和韵。江韵之离东钟而入阳唐，是在颇短的时间内发生的变迁，简文帝诸人的江、觉韵独用，正是已离东钟而未入阳唐的一个过渡时期。由此看来，江之归阳，并非在唐宋以后，而是在隋唐以前，《切韵》以江次于东冬钟之后显然是志在存古"① "江宕相合见于唐五代西北方音。故宫所藏王仁昫《刊谬补缺切韵》江与阳唐也相次。在《声音图》中，声二的第一、二位都是宕摄字，但在声四中，以觉韵的'岳'和铎韵的'霍'分开合，可见江已并入宕。"② 据王力先生提供的材料，庾信为南阳新野人，徐陵是山东郯人。这种情形似乎与敦煌佛经音义无关，但联系到永嘉之乱后中原人民的大迁徙，秉持"江入阳唐"观点，可以推测徐陵、庾信等人的方音与西北方音是有着同源关系。敦煌佛经音义所体现的唐五代时期西北方音，是继承并发展了更早时期的中原通语的一些语音特点。

第二节　词汇研究

一、词类研究

从汉代开始，我国就有对"语助"的研究，此后直至清，历代都有学者对语词的现象和特征加以描述和说明，但多夹杂在经学和小学研究中。唐孔颖达《五经正义》虽是经学训诂专著，但也兼及语法和词类的内容。《五经正义》将词分为义类和语助两大类，分别称为"全

---

① 王力：《南北朝诗人用韵考》，《王力语言学论文集》，北京：商务印书馆，2000年，第29页。
② 蒋绍愚：《近代汉语研究概括》，北京：北京大学出版社，2000年，第62页。

取以制义”和“假词以为助”。义类是有意义的，语助类则被认为无意义。区分两大类的标准是为义和不为义，即意义标准。义类包括指代事物名称、动作名称、性质状态、数量名称、象声词、人称代词等，即今天实词的主要部分。语助类称为“辞”“语辞”“语助”等，包括语气助词、连词、介词、副词、疑问代词、指示代词等，相当于今天的虚词，但与虚词的具体构成差异较大。

词类研究到元代有了长足发展，卢以纬《语助辞》对汉语虚词作了较为集中的论述。清代及以后出现了很多研究词类的专著，王筠《说文句读》、王引之《经传释词》将词分为动字、静字。杨树达《词诠》将虚词按语法进行了分类，将现代语法学与传统虚词研究相结合。《马氏文通》在前代研究成果基础上，开始了真正的词类研究，主要集中于文言词类。而此后黎锦熙《新著国语文法》根据词在句中的位置功能，将词分为实体词、述说词、区别词、关系词、情态词五大类，分类对象主要集中在白话文词类。

敦煌佛经音义对虚词的应用与解说尚不太多，主要集中于实词，包括名词、动词、形容词、拟声词等，我们主要整理了四类。

（一）名词

名词主要用于指称事物名称，文献中常用“某某名”“某某之名”来表示，如《郑风·将仲子》：“将仲子兮，无逾我里，无折我树杞。”《五经正义》：“里者，人所居之名。”“名”有时与“称”对举，如《左传·昭公十四年》：“三言而除三恶，加三利。”杜预注：“三恶，暴、虐、颇也。”《五经正义》：“暴是乱下之称，虐是杀害之名。”

三寒，古文諐、𠎝二形，籀文作諐，今作愆，同，去连反，

《说文》：愆，过也，失也。

《玉篇》："愆，籀文愆字。"愆同愆，过失之义，籀文写作愆。《诗·大雅》："不愆于仪。"形容举止谨慎行为美好，仪容端正有礼貌。愆，过失、过错。《礼记·缁衣》："引《诗》作愆。《郑注》过也。"①《缁衣》愆，过失之义。《汉书·刘辅传》："元首无失道之愆。"失道之愆，迷失大道的过错，愆，过错、失误之义。段注："愆，过也。过者，度也。凡人有所失，则如或梗之有不可径过处，故谓之过。"段注运用递训手法解释愆，愆释为过错，过度之义。人有过失就像梗有不能通过的地方，所以称为过。

芳羞，古文作膳，同，私由反，杂味为羞。羞，熟也。

芳羞，指美味的食品。《说文》："进献也。从羊，羊，所进也。"羞本义为进献，以手持羊进献。《周礼·天官·膳夫》："掌王之食饮膳羞。《注》羞，有滋味者。"食饮膳羞组成天子及其近臣膳食的四个方面，即主食、饮品、牲肉和庶羞。羞注为有味道的食物。"羞用百有二十品。《注》羞出于牲及禽兽，以备滋味，谓之庶羞。"庶羞有一百二十种，郑注言羞主要来自牲及禽类的肉，使味道更好，被称作庶羞。

仇匹，古文逑，同，渠牛反，谓相匹偶也。

---

① 胡平生等：《礼记》，北京：中华书局，2017年，第1075页。

仇，雔也，雔犹应也，巨鸠切。仇与逑古通用，《说文》"怨匹曰逑，即怨偶曰仇也。仇为怨匹，亦为嘉偶。"仇的本义包括两方面，怨匹和嘉偶。《周南》"君子好逑"，与公侯好仇义同。仇，匹也。匡衡引《诗》："君子好仇。同逑。"逑与仇同，都是匹之义。

仇还有仇敌义。《诗·秦风》："修我戈矛，与子同仇。"修整我的戈矛，跟你有共同的敌人或敌对目标。仇，仇敌之义。《左传·桓二年》："师服曰：嘉耦曰妃，怨耦曰仇。仇，怨敌也。"嘉耦称作妃，怨偶被称作仇。仇，此处专指仇敌，怨敌。

懊憹，今皆作恼，同，奴道反，懊憹，忧痛也。

懊，烦恼悔恨。憹，奴冬切，音农，悦也。《说文》："懊，有所恨也。汝南人有所恨曰嫐。"懊，认识到错而烦恼悔恨。

懊憹，心痛悔恨。亦作懊侬，心中鬱恨、悔恨、烦乱。《素问·六元正纪大论》："目赤心热，甚则瞀闷懊憹，善暴死。"眼红心热，甚至于目眩晕厥，烦闷不堪，这种情况容易暴毙。朱肱《酒经》卷上："北人不善偷甜，所以饮多令人膈上懊憹。"北方人不善食甜品，所以喝多了容易让人横膈膜以上部位感觉憋闷，"懊憹"此处主要指身体憋闷。

灾祸，又作烖、灾、菑三形，同，式才反，天火曰灾。

灾，水、火、荒旱等所造成的祸害。《说文》："天火也。本作烖，籀文作灾。"灾《说文》释为天火。《玉篇》："害也。"灾，祸害。

《书·舜典》："眚灾肆赦。《传》过而有害当缓赦之。"因灾害而引起的过失可以给予宽宥或赦免，灾，过失，无心之过。《左传·僖十三年》："天灾流行国家代有救灾恤邻道也。"灾，指水、火、旱等自然灾害。

　　話語，籀文作譮，古文作咶、舙，同，胡快反，话，讹言也。

　　譮，话本字。段注；"话，会合善言也。《大雅》：慎尔出话。毛曰：话，善言也，胡快切。"话，段注释为言语、说话，善言。《诗·大雅·抑》："其维哲人，告之话言，顺德之行。"话言，古之善言，美言。《左传·文六年》："著之话言。《注》为作善言遗戒。"话言，善言、美言，戒言。《尔雅·释诂》："话，言也。《疏》孙炎曰：善人之言也。"《尔雅》话专指善言，有道德之人、善良之人的言语。

　　仇憾，古文逑，舙同，渠牛反，下胡闇反，《尔疋》："仇、雠，匹也。"怨耦曰仇。

　　憾，恨也。失望、感到不满足，也有怨恨义。先秦写作憾，汉以后写作恨。《中庸》："人犹有所憾。"《中庸》憾释作感慨、遗憾、不满。《广雅》："憾，恨也。"《说文解字》："恨，怨也。一曰怨之极也。"恨，怨、仇视，另一义项是怨之极，怨恨到了极点。《史记·李广传》："王朔谓李广曰：将军自念岂尝有所恨乎。广曰：羌降者八百余人，吾诈而尽杀之，至今大恨。"此处恨，悔恨、懊悔之义。佛说"一切法得成于忍"，忍得淡薄可养神，忍得饥寒可立品，忍得语言免是非，忍得争斗消仇憾。此处，争斗引起仇憾，即争斗引起仇恨，憾释为其本义恨义。

（二）动词

动词是表示动作、存在、变化的词，能带宾语，一般在句子中充当谓语成分。可被形容词、副词、时间名词修饰限定，有些名词和方位名词也可限定动词，作为句子的状语。古汉语中动词有使动和意动用法，也有内动、外动、双宾动等用法。

楚挞，楚，一名荆也。他达反。《广雅》："挞，击也"。

挞，用鞭棍等打人。打也，抶也。《尚书·益稷》："挞以记之。"《说命》："若挞于市。"段注："挞，乡饮酒罚不敬，挞其背。"段注提到挞是乡饮酒礼的惩罚措施。《周礼·地官·闾胥》："凡事，掌其比觥挞罚之事。《注》挞，扑也。《疏》有失礼，轻者以觥酒罚之，重者以楚挞之。"①闾胥的职责是每逢饮酒的场合，负责监督是否有失礼的行为，并掌管对失礼者的处罚，轻的罚酒，重的挨棍打。挞，棍打，用棍子击打后背。觵，俗作觥，古代用犀牛角做的饮酒器，罚酒时用。

楚挞，杖打。《后汉书·列女传·曹世叔妻》："夫为夫妇者，义以和亲，恩以好合，楚挞既行，何义之存？"此篇说到夫妻之间应以亲和为主，杖打只会使恩义消亡。颜之推《颜氏家训·教子》："凡人不能教子女者，亦非欲陷其罪恶，不忍楚挞惨其肌肤耳。"楚挞，鞭打、杖打，指对子女施行暴力。白行简《李娃传》："月余，手足不能自举，

① 吕友仁等：《周礼》，郑州：中州古籍出版社，2018年，第124页。

其楚挞之处皆溃烂，秽甚。"楚挞之处，被击打之处。以上三例，楚挞都是动词，当击打、杖击讲。

　　　　耽湎，古文媅、妉二形，诸书作酖、沈二形，同，都含反，《说文》："媅，乐也。"《国语》云："耽，嗜也"。湎，亡善反，《说文》："湎，沈于酒也。"谓酒乐也。

　　耽，沉溺、入迷，引申为迟延。《说文》："耽，耳大垂也。"耽本义耳垂大。《淮南子·地形训》："夸父耽耳，在其北方。《注》耽耳，耳垂在肩上。"《淮南子》以夸父为例进一步说明了耽的本义。《玉篇》："乐也。"《玉篇》耽释为乐，引申义。《尚书·无逸》："惟耽乐之从。《传》过乐谓之耽。"《尚书》耽释为过乐，过度沉迷于快乐之中。《诗·卫风》："于嗟女兮，无与士耽。《传》耽，乐也。"无与士耽义为不要沉迷于士带来的短暂快乐而无法自拔。段注也将耽释为乐，并指出耽系媅的假借字。

　　湎，沉迷。《说文》："沉于酒也。《周书》曰：罔敢湎于酒。"湎《说文》解释为沉迷于酒。《诗·大雅》："天不湎尔以酒。《笺》饮酒齐色曰湎。"上天未让你酗酒，湎义为沉迷于酒色。《礼·乐记》："流湎而忘本。"溺而不反，皆谓之湎。

　　耽湎，沉迷，多用于嗜酒。《孔子家语·贤君》："荒于淫乐，耽湎于酒。"《晋书·孔群传》："性嗜酒，尝与亲友书云：'今年田得七百石秫米，不足了麹蘖事。'其耽湎如此。"《北齐书·文宣帝纪》："六七年后，以功业自矜，遂留连耽湎，肆行淫暴。"以上三例，耽湎都指沉迷于酒中，后延及其他事物，如麹蘖、功业等。

顾眄，亡见反，《说文》："邪视也。"《方言》："自关而西秦晋之间曰眄。"

眄，斜着眼看。段注："眄，目偏合也。眄为目病，人有目眦全合而短视者。一曰衺视也，秦语。《方言》：瞷睇睎眄也，自关而西秦晋之间曰眄。薛综曰：流眄，转眼貌也。"段注，眄有两种意思。第一种指目病，眼眶合在一起而影响视力，此义已不用。第二种指斜视，方言说法，主要在秦晋地区流行。衺视，衺同邪，斜视之义。《史记·邹阳传》："按劒相眄。"眄此处指不以正眼看人，斜眼看。《归去来辞》："眄庭柯以怡颜。"观赏院子的景色使我心情愉悦，眄指斜眼看。

眄还有一个义项即转眼的样子。张衡《西京赋》："眅藐流眄，一顾倾城。流眄，转眼貌。"流眄指转眼的样子。

诊之，之刃反，《三苍》云：诊，候也。《声类》：诊，验也。

诊指医生为断定疾症而察看病人身体的情况。段注："视也。《仓公传》诊脉，视脉也。从言者，医家先问而后切也。"段注诊解作视，诊脉义为视脉。诊从言是因为诊脉时医生会先询问病情再切脉。《后汉书·王乔传》："诏上方诊视。《注》诊亦视也。"《后汉书》诊视同义，诊脉义为视脉。《汉书·艺文志》："论病以及国，原诊以知政。《注》诊，视验。谓视其脉及色候也。"《汉书》将对人体的诊病推及国家大事，"原诊以知政"讨论病情而旁及国政，指诊病与国事都游刃有余。

> 觉悟，上劾反，悟亦觉也。经文以觉为悟，文字所无。又以寤为悟，悟即解悟字也。非眠后之觉寤也。

悟，本义理解，明白，觉醒。《说文》："悟，觉也。"段注："悟，觉也。《见部·觉下》曰：悟也，是为转注。按古书多用寤为之。"《说文》与段注都将悟释为理解、明白。段注进一步说明悟在文献中常被写作寤。

《困知记》："无所觉之谓迷，有所觉之谓悟。"悟指觉悟，由迷惑而明白，由模糊而认清。《史记·项羽传赞》："尚不觉悟。通作寤。"此处，悟通作寤。段注："寤，寐觉而有言曰寤。释玄应引《苍颉篇》：觉而有言曰寤，按《周南·毛传》曰：寤，觉也，《卫风·郑笺》同。古书多假寤为悟。"寤本义睡醒，故《说文》释为'寤觉而有言。"玄应、《左传》与毛传、郑笺都将寤释为睡醒有言，无觉悟义，与《说文》同。可见寤昧之寤与觉悟之悟词义差距之大，不可作同一词，故音义原文指出经文以寤为悟，悟即解悟字，非眠后觉寤之寤。

> 而弑，今作弑，同，尸至反，下煞上曰弑，弑，伺也，伺闲然后施便也。

弑，古时称臣杀君、子杀父母。《说文》："弑，臣杀君也。《易》曰：臣弑其君。"《说文》将弑释为臣杀君。《释名》："下杀上曰弑。弑，伺也，伺间而后得施也。"《释名》采用声训法，以伺释弑。伺，候望、探查之义，也有等待机会之义。因弑是以下弑上，故需等待时机而后施行。《左传》："弑，杀也。凡自虐其君曰弑，自外曰戕。"

《左传》将弑解释为杀，与戕区别。杀害自己国家的国君称为弑，来自国外的杀害称作戕。

怼恨，古文作譵，同，丈淚反，怼，怨也。

怼，怨恨之义。《说文》："怨也。"《说文》怼释为怨，并指出其异体字或从言。《大雅·荡》："而秉义类，彊御多怼。"义为任善良以职位，凶暴奸臣内心怏怏不平，而进谗言诽谤。怼，此处指内心嫉恨不平。

不登，都恒反，登，升也。《周礼》："以岁时登。"郑玄曰："登，成也。"《汉书》云："再登曰平。"

登，上，升。段注："登，上车也。引伸之凡上陞曰登。"段注将登释为登上车之义。《尔雅·释诂》："陞也。"《玉篇》："上也。进也。"《尔雅》《玉篇》登均释为上升义。《孟子》："五穀不登。《注》登，成熟也。"登《孟子》释为五谷成熟。《汉书·食货志上》："三考黜涉，余三年食，进业曰登；再登曰平，余六年食；三登曰泰平，二十九岁，遗九年食。"古代官员考核政绩，任内连续丰收，余六年食，称作"平"。登，此处指谷物成熟、丰收。

《礼记·曲礼下》："岁凶，年穀不登。"《汉书·元帝纪》："岁数不登，不胜饥寒。"吴敏树《先考行状》："今岁颇不登，贷者艰偿，不如放之。"以上三例不登，均为歉收之义。

恃怙，胡古反，《尔雅》："怙，恃也。"《韩诗》云：无父何怙，怙，赖也；无母何恃，恃，负也。

恃，依赖，依仗。段注："恃，赖也。《韩诗》云恃，负也。""怙，恃也。《韩诗》云怙，赖也。"段注恃、怙都有依赖、依靠之义，可互训。《诗·小雅》："无父何怙，无母何恃。"《小雅》对恃、怙词义作了区分，父曰怙，母曰恃。《诗·唐风》："父母何怙。"《唐风》将父母通谓之怙。

恃怙，依靠、凭借。如：《左传·襄公十八年》："齐环怙恃其险，负其众庶，弃好背盟，陵逆神主。"元结《系谟》："其兵甲在防制戎夷，镇服暴变，不可怙恃威武，穷黩争战。"以上两例恃怙有凭借地势险要或兵甲强盛之义。恃怙也可作为父母的合称。韩愈《乳母墓铭》："愈生未再周孤，失怙恃。"洪昇《长生殿·春睡》："早失怙恃，养在叔父之家。"韩愈、洪昇的诗文也将恃怙用于指代来自父母的依靠。

难冀，又作觊，同，居至反，冀也。《说文》："觊，幸也。"

冀，希望，本义为冀州，古九州之一。段注："冀，北方州也。《周礼》曰：河内曰冀州。《尔雅》曰：两河间曰冀州。据许说是北方名冀，而因以名其州也。"段注采用许慎说法，将冀释为古州名。同时指出其假借字觊，得出望、幸等义，进而指出冀觊同，互为异体字。

觊，希望得到之义。《左传·桓二年》："下无觊觎。《注》下不冀望于上也。"《左传》觊又作几，解释为冀幸、希冀。《礼记·檀弓》："尫者面向天，觊天哀而雨之。觊，又作几，音冀。"《礼记》觊义为寄希望于天哀怜而降雨。《左传》《礼记》释文中，觊都又作几，释为希冀义。

嘲调，正字作啁，同，竹包反。下徒吊反，《苍颉篇》云："啁，调也。"谓相调戏也。

嘲，讥笑、拿人取笑。《说文》："嘲，谑也，从口朝声。通用啁，陟交切。"《说文》嘲通用作啁，讥笑、戏谑之义。《玉篇》："言相调也。"《玉篇》将嘲释为用言语互相要弄。段注："啁，嘐也。《楚语》：鸀鸡啁哳而悲鸣。啁，大声。哳，小声也。《苍颉篇》：啁，调也，谓相戏调也。今人啁作嘲。"啁段注释为嘐，虚夸或志大言大的样子，也指鸟鸣声。《苍颉篇》啁释为互相嘲谑、戏弄、玩耍。段注指出啁可写作嘲，嘲、啁均有相调戏之义，故为同义复用。

讛与呓同。《字汇》："倪祭切，音艺。寐语也。"讛《字汇》释为寐语，即梦中所说的话，与嘲啁之讥笑、嘲谑义相去甚远。经文啁有作讛，音义言其未详所出。

播殖，又作譒、二形，同，补佐反，播种也。经文作番，非也。

播，撒种。《诗·豳风》："其始播百穀。"播，播种百穀之义。段注："播，穜也。《尧典》曰：播时百穀。"段注播亦释为种，按时节播种百穀。《尚书·盘庚》："王播告之修，不匿厥指。"此处播有布告之义，发扬其音。

番，像兽足之形，引申为更替、更代。段注："番，兽足谓之番。"《汉书·武帝纪》："贤良直宿东番。"番，数也，递也。播种之播与兽足之番意思相去甚远，故音义原文言其非。

殖，孳生、繁殖、种植之义。《玉篇》："殖，生也。种也。"《尚书·汤诰》："兆民允殖。"《玉篇》《尚书》殖都有生息繁衍之义。《吕览》："农殖嘉穀。"《吕览》殖为种植之义。播殖，均有播种、种植之义，系同义复用。

> 系缚，古文系、继二形，同，古帝反，《说文》：系，絜束也。
> 系亦连缀也。

系，繫、结、扣，约束之义。段注："系，繫。系者，垂统于上而承于下也。系与係可通用，经传係多谓束缚，故係下曰絜束也。"段注系、係通用，系为絜束之义。缚，捆绑，拘束义。《说文》："缚，束也。"《说文》缚释为束，捆住、捆系之义。《释名》：'缚，薄也。使相薄著也。"《释名》缚释为薄，靠近附着之义，由捆束之义引申而来。

系缚，系，繫之义；缚，束之义。系，偏重系在一起使连缀，缚偏重束、捆绑之义。二词合用偏重连缀义，属偏义复用。今各自组词，如联系、束缚等。

> 毆裂，宜作攫，九缚、居碧二反，《说文》："攫，爪持"。
> 《淮南子》曰兽穷即攫，是也。

攫，抓取。段注："攫，抧也。《苍颉篇》曰：攫，搏也。《淮南子》曰：鸟穷则搏，兽穷则攫。"段注攫释为抧，从上挹取或择取之义。在窘困时，鸟会搏击、击打，兽会用爪乱抓搏击以自救。《淮南子》写出了鸟兽于穷途时的表现，人亦如此。

停憩，又作憇，《苍颉篇》作愒，同，墟例反，《尔疋》：憩，息也。

憩，本作愒，或作憇，亦书作愒。《诗·召南·甘棠》："蔽芾甘棠，勿剪勿败，召伯所憩。"谓梨棠枝繁叶茂，不要修剪或损毁，召伯曾经在树下休息。召伯名姬奭，生卒年不详，西周宗室。陶渊明《归去来兮辞》："策扶老以流憩，时矫首而遐观。"两句诗中的憩都是休息、停歇的意思。

恐慷又作遽，同，遽，畏惧也，亦急也。

遽，其据切，音遽，怯也。惶恐、恐慌，羞愧、惭愧之义，如《类篇》："惧也，惭也。"《后汉书·王霸传》："光武令霸至市中募人，将以击郎。市人皆大笑，举手邪揄之，霸惭慷而还。"惭慷，羞惭；慷，羞愧之义。

猜焉，古文猭，同，今作㹠，并同麁来反，猜，疑也。

猜，字从犬，如狡狯狂猛之类，本以言犬，移以言人。本义疑恨、忌恨，推测、推想，引申为疑心、嫌疑。段注："猜，恨贼也。本谓犬，假借之谓人。"猜本来指狡猾的动物，后借用指人。

《方言》："猜，恨也。"《方言》猜释为忌恨，用其本义。《玉篇》："疑也，惧也。"《玉篇》释为疑惧。《左传·僖公九年》："送往事居，耦俱无猜，贞也。"杜预注："往，死者；居，生者；耦，两也。送死事生，两无疑恨。" 耦俱无猜指对生者、死者都做到尽忠职守，使两者俱无猜疑。《左传·昭公七年》："夫子从君，而守臣丧邑，虽吾子亦有猜焉。"两处猜都当猜疑、怀疑讲。

　　栽梓，古文杍、榟二形，今作藥，同，五割反，梓，余也，言木栽生。

　　栽，栽种之义，如《说文》："草木之殖曰栽。"又如《广韵》："种也。"《中庸·第十七章》："天之生物必因其材而笃焉。故栽者培之，倾者覆之。"上天生养万物，必定根据它们的资质而厚待它们。能成材的就得到培育，不能成材的就被淘汰。栽此处义为成材。

　　栽梓义为栽种梓树，或粗大的树。古代桑、梓与人们生活极为密切，梓树的嫩叶可食，皮是一种中药，名为梓白皮，木材轻软耐朽，是制作家具、乐器、棺材的美材。梓树是一种速生树种，与人们的衣、食、住、用有密切关系。古代人们常在房前屋后植桑栽梓，并对父母先辈所栽植的桑、梓往往心怀敬意。

　　怵惕，又作愁，同也。

　　憷，恐惧。段注："憷，恐也。孟子云憷惕。"《尚书·囧命》："憷惕惟厉。"《礼·祭统》："心憷而奉之以礼。"憷，悽怆也。
　　惕，戒惧，小心谨慎。《说文》："敬也。从心易声。愁，或从狄。他歷切。古文悬。"憷惕也，忧也，惧也。《尔雅·释训》："惕惕，爱也。《郭注诗》云，心焉惕惕。韩诗以为悦人，故言爱也。"惕惕此处指怜爱之义。憷惕，恐惧警惕，同义复用，今仍沿用。

练摩，古文鍊、線、练三形，今作涷，同，力见反，《说文》："鍊，冶金也。"下古文劙擤二形，同，莫罗反，谓坚柔相摩。

段注："鍊，冶金也。涷，治丝也。练，治缯也。鍊，治金也。引申之，凡治之使精曰鍊"。鍊的本义为冶金，通过冶炼加工，使金属器皿更加精致、精细。从使金属精细、精确扩展到使所有东西经过加工打磨后变得精细、精致。鍊有车轴头铁之义，又有田器之义，如犁等。《方言》赵魏之间称鍊，《集韵》《博雅》鍊也作鍊，段玉裁认为是将鍊误写作鍊。

鍊与鍊、链、练三字声、义均同。鍊是鍊的异体字，字典认为鍊是日本字，《说文》解释在鍊下。链本义为铅矿，文献记载早在商代青铜器制作中就有铅的成分，后代的应用则更普及、更精确，《说文》将其归为铜属。因铅的加工应用有精选冶炼使其更细密、更适用的意思，与鍊冶金义近，二者声同义近，互为异体字。"练，涷缯也。涷者，渐也。渐者，汰米也。涷缯汰诸水中，如汰米然。《考工记》所谓涷帛也，巳涷之帛曰练。引申为精简之称，如《汉书》练时日、练章程是也。"练系动词，本义是泡煮或浸染丝品后再精选成品。《说文》用汰米的方法来说明涷缯，形象生动。练因有精简丝织品的意思，《考工记》引申出精简之义。

涷意为把丝、帛煮制得柔软洁白。段注："涷，简也。《周礼·染人》：凡染，春暴练。注云：暴练，练其素而暴之，按此练当作涷。"

段注引《周礼·染人》详细说明了丝织品暴、染的工序和过程。染人的职责是掌管染丝染帛。春天将丝织品煮熟，再选择质地精良品经过暴晒，夏天将丝帛染成红色和青黑色，秋天可将丝帛染成五色，冬天则将染好的丝帛上缴颠覆共和典丝。凡涉及染色的事，统由染人负责。涑的过程是选精去瑕，就像捡米时将不好的除去一样，所以许慎用简来解释涑。除加工丝帛的义项外，涑与练同样都有简练、精简之义。

俾倪，又作萆，俾倪，墙也，言于孔中俾倪非常事。

倪，《说文》："俾益也。"又弱小之称。本义为小孩，又有边际、傲慢等义。俾倪，城上齿状的矮墙，通常设有射箭用的小孔，可以御敌或侦查。《墨子·备城门》："俾倪广三尺，高二尺五寸。"也指衺视貌，眼睛斜着看，有轻视或厌恶的意思，通作睥睨。《史记·魏公子列传》："侯生下见其客朱亥，俾倪故久立，与其客语。""俾倪故久立"义为斜眼看并故意站的很久。

燔烧，又作焚，扶袁反。置古文腤、䐗，二同，子邪反。

燔，焚烧，或烤肉使熟。《说文》："燔，爇也。从火番声，附袁切。"《玉篇》："烧也。"《广韵》："炙也。"《说文》《玉篇》《广韵》燔皆解作烧、炙、爇。《小雅·楚茨》："或燔或炙，君妇莫莫。《笺》燔，燔肉也。炙，炙肝也。"《大雅·生民》："取羝以軷，载燔载烈，以兴嗣岁。《传》传火曰燔。"《左传·襄二十二年》："与执燔焉。"《释文》："燔，又作膰。祭肉也。"燔与膰通。

捶挞，又作棰，他达反，捶，挞击。

捶，敲打，段注将其解释为杖击，引申用来指杖击之物。段注："捶，以杖击也。引申之，杖得名捶。犹小击之曰扑，因而击之之物得曰扑也，击马者曰箠。"《魏志·何夔传》："加其捶扑之罚，肃以小惩之戒，岂'导之以德，齐之以礼'之谓与！"如今对他们施以杖责的惩罚，这哪里称得上是"导之以德，齐之以礼"呢？此句是对曹操对待下属态度的评价，捶，杖责之义。《礼记·内则》："欲乾肉则捶而食之。"这是肉干的做法，捶即擣，也可从木作棰。

捶挞，杖击、鞭打。如《颜氏家训·教子》："骄慢已习，方复制之，捶挞至死而无威，忿怒日隆而增怨。"当骄傲懒惰成为习惯时，才开始去制止它，即使用棒棍教训，再也难以积攒些许威严。越是愤怒于他，越是会招致他的怨恨。

酬酢，又作詶，又訓，主客酬酢。

酬，劝酒，交际往来，同醻。《仪礼·乡饮酒礼》："主人实觯酬宾。《注》酬，劝酒也。酬之言周，忠信为周。"《乡饮酒礼》记载主客酬酢的礼节，酬《仪礼注》释为劝酒，并运用声训，解释为周，即忠信。《礼记·士冠礼》："主人酬宾，束帛俪皮。《注》饮宾客而从之以财货曰酬。"《士冠礼》酬主要是酬答酬谢之义。主人宴饮宾客并送上束帛鹿皮以答谢。

酬酢，筵席中主客互相敬酒，后泛指交际应酬。《易·繫辞》："是故可与酬酢，可与祐神矣。《注》酬酢，犹应对也。"酬酢，韩康伯注为可以应对万物之求，助成神化之功。酬酢，近于应对之义。刘勰《文心雕龙·明诗》："酬酢以为宾荣，吐纳而成身文。"酬酢，应答之义。

　　企望，古文佺、跂，二同，举跟曰踵。

　　企，跂着脚看，今用为盼望的意思，段注释为举起脚后跟。段注："企，举踵也。从人止，佺，古文企从足，去智切。踵者，跟也。企或作跂。"《卫风·河广》："谁谓宋远？跂予望之。"跂起脚尖就能看见，企作跂，跂起脚尖之义。《礼记·檀弓》曰："先王之制礼也，过之者俯而就之，不至焉者跂而及之。"先王制礼，目的是让感情过重的人俯下身子，让感情过淡的人跂起脚能够达到标准。企同样作跂，跂脚之义。《方言》："跂，登也，梁益之间语。"《方言》对跂作了释义，梁翼之间登称为跂，登有上升之义，与企举起脚跟义稍有不同。

　　连鞊，呼结反，《广疋》："鞊，束也。"《埤苍》："围系也。"言急束也。《说文》作靾，《诂幼文》作鞊，皆一也。

　　鞊同靾。靾，音撷，亦作鞊。《说文》："繫牛胫也。从革见声，呼结切。"《说文》释为繫牛胫，即繫牛的小腿。《集韵》："繫牛胫。一曰急也，急繫。"《集韵》鞊除了《说文》的意思外，还引申出急繫之义。鞊，音忽。《埤苍》："急縶缚也。"本作鞊。连鞊，两个词素均有连系、系束之义，主要用在实物的束、系方面，如系牛、急束，属同义复用。今很少用到，但有替代词出现，使用频率很高。

> 饩施，古文餼，同，虚气反，以牲曰饩，饩犹廪给也。《埤
> 苍》："饩，馈也。"《字书》："饩，饷也。"

饩，古代祭祀或馈赠用的活牲畜，也指赠送人的粮食或饲料。用作动词，意为赠送食物。《玉篇》："馈饷也。"《玉篇》释为赠送。《周礼·秋官·司仪》："致饔饩。郑《注》小礼曰飧，大礼曰饔饩。"饔饩，古代诸侯行聘礼时接待宾客的大礼，馈赠较多。贾公彦疏："大礼曰饔餼者，以其有腥有牵，刍薪米禾又多。"贾公彦进一步说明饔饩有鱼肉、飧牵，薪刍、柴草、米禾也更多，故称大礼。

饩又义牲生，泛指接待异国来宾的隆盛馈赠。《仪礼·聘礼》："饩之以其礼，上賔大牢，积惟刍禾，介皆有饩。《注》凡赐人以牲生曰饩。饩犹禀也，结也。《疏》按经云：主国使卿归饔饩。五牢云：饪一牢，腥二牢，饩二牢，陈于门西。郑注云：饩，生也。牛羊右手牵之，豕东之，是牲生曰饩。"这里详细记载了饔饩之礼所包含之物，主要系五牢、牛羊豕之类。

施，本义为旗帜，后引申出给予、施行管理等义。饩施，前后两个词素都有给予、赐予、馈赠之义，属动词同义复用。

> 飤此，囚恣反，《说文》：飤，粮也。谓以食供设人曰飤。经
> 文作饴，借音耳。

飤同饲。段注："飤，粮也。按以食食人物。其字本作食，俗作飤，或作饲。"《说文》释为粮，段注进一步引出以食食人物即饲养之义。《玉篇》："食也。与饲同，通作饲。"《玉篇》用作动词，与饲

同。东方朔《七谏》："子推自割而飤君兮，德日忘而怨深。"谓介子推从晋文公出亡，割股肉以飤晋文公，通作食。

飤或作饴。饴本义为饴糖，用麦芽制成的糖。《说文》："饴，米煎也。"《礼记·内则》："枣栗饴蜜。以甘之。"后引申指甜蜜的食物。饴还可作为饲的异体字，解释为粮。祥吏切，音寺。本作飤。《晋书·王荟传》："以私米作饘粥以饴饿者。"在这个用法上饴与飤相通，故玄应认为经文飤作饴属借音情况。

开拓，古文㧬，今作撠，同，他各反，拓亦开也。

拓，开辟，扩充。《说文》："拾也。"陈宋语，或作摭。张衡《思玄赋》："拓若华而踌躇。《注》拓犹折也。《楚辞》曰：折若木以拂日。"张衡赋源自《楚辞》，两句拓若华、折若木，拓、折都有摘下之义，拓此处或是方言用法。扬雄《甘泉赋》："拓迹开统。"拓，研之义。

开拓，开辟、开创，扩展疆土。《后汉书·虞诩传》："先帝开拓土宇，劬劳后定。"《北史·崔浩传》："昔太祖道武皇帝应期受命，开拓洪业。"上面两例中开拓都有开疆拓土之义。

怀妊，而甚反。

怀孕。段注："妊，孕也。孕者，裹子也。"怀妊亦作怀任、怀姙，意为怀孕。《韩诗外传》卷九："吾怀姙是子，席不正不坐，割不正不食，胎教之也。"这句话相传为孟母所言："我怀这个孩子以后，座席摆的不端正我不坐，割肉不方正我不吃，"说明古人对胎教的重视。董仲舒《春秋繁露·三代改制质文》："法不刑有怀妊、新产者，是月不杀。"《晋书·何曾传》："刘子元妻，亦坐死，以怀妊繫狱。"《春秋繁露》与《晋书》中怀妊都是怀孕有身孕之义，谈及古代刑罚对妊娠期妇女的处罚规定。

怀妊也指孕育，不专指人。班固《白虎通·天地》："地者，元气之所生，万物之祖也。万物怀妊，交易变化始起。"《白虎通》提到地乃万物之祖，万物都由天地所孕育。

怨隟，丘逆反，怨也，正作隙。

隟古同"隙"。《管子·七臣七主篇》："故上惛则隟不计，而司声直禄。"意指君主缺乏慧心，与辅臣产生间隟，而司声也只拿俸禄不开口说话。隟同隙，君臣之间产生间隙。鲍昭《拟阮公诗》："惠气霭夜清，素景缘隟流。"南方的和顺之气在夜里感觉更加清明，白日的阳光随着缝隙消逝。此处隟指缝隙，具体指时光的缝隙。

隙，裂缝，引申为感情上的裂痕，怨隙。《说文》："隙，壁际孔也。"《玉篇》："穿穴也，裂也。"《左传·昭元年》："牆之隙坏。"《孟子》："鑽穴隙相窥。"《说文》《玉篇》《左传·昭元年》《孟子》都将隙解释为墙壁上的裂痕或孔洞。《史记·货殖传》："秦文孝缪居雍隙。《注》隙者，间孔也。地居陇蜀之间要路，故曰隙。"雍隙指秦国位于陇蜀要道。《左传·隐五年》："皆于农隙，以讲事也。《注》隙，间也。"农隙指农事间隙，隙这里指时间。《史记·樊哙传》："大王今日至，听小人之言，与沛公有隙。"隙，怨也，专指人与人之间的裂痕。

（三）形容词

形容词是表示事物性质状态的词，在古代汉语中一般作定语、谓语和状语。同时，形容词还可用作动词，有使动和意动两类。使动的语法作用是形容词用作动词后，使宾语所表示的人或事物也具有该形容词所表示的性质和状态。意动的语法作用是形容词用作动词后，主观上认为后面的宾语具有形容词的性质和状态。一般情况下，古汉语中形容词在句中作成分都要带上词尾，如"若""然""尔""如""貌"等。在敦煌佛经音义中，形容词除了具备古代汉语形容词的一般特征外，因部分形容词来自佛教典籍，故都带有宗教文化色彩，需结合具体典籍来解释。下面是对部分形容词的梳理：

赧然，奴盏反，《方言》："赧，块也"。《小尔雅》云："面愧曰赧。"《说文》云：赧，面惭赤也。

赧，因羞惭而脸红。段注："赧，面慙而赤也。《赵注孟子》曰：赧赧，面赤心不正貌也。司马贞引《小尔雅》曰：面慙曰赧。"段注赧的意思是因羞愧而脸红。赧然，形容难为情，羞愧而脸红的样子。《孟子·滕文公下》："子路曰：'未同而言，观其色赧赧然，非由之所知也。"赵岐注："面赤，心不正之貌。"分明不愿却还要勉强跟那人谈话，观其色满脸羞愧，这种人或行为不是由所能理解的。赵岐将赧赧然形容为心不正而脸红之貌。《韩诗外传》卷十："孟尝君赧然，汗出至踵。"孟尝君羞愧难当，汉出至脚后跟。此处赧然形容极度羞愧的样子。

> 偻，力矩反，《广雅》："偻，曲也。"《通俗文》："曲脊谓
> 之伛偻。"

偻，脊背弯曲，卢侯切，音楼。《说文》："跛曲胫也，象偏曲之
形。周公韈偻，或言背偻。"偻《说文》释为小腿因病弯曲。周公韈偻
指周公足背高隆与脊背弯曲近似，故有些文献写作背偻，如《白虎
通》："周公背偻。"可见偻既可指小腿，也可指后背，后多指曲脊。
《玉篇》："偻也，短少也。"《正字通》："瘠病。"《六书故》："曲
背也，别作瘘。"《玉篇》《六书故》《正字通》均将偻释为背部因病变形
成的弯曲短小状态。《淮南子·地形训》："西方高土，川谷出焉，日
月入焉，其人面末偻。"《地形训》形容西方之人脊柱弯曲，颈部修长
而昂头走路。末偻指脊柱弯曲。《庄子·达生篇》："痀偻承蜩。"痀偻
指脊背向前弯曲。《荀子·儒效篇》："虽有圣人之知，未能偻指也。"
偻，屈也，偻指屈指而数，此处用作引申义。

> 聪叡，古文睿，籀文作壡，同，夷岁反，《说文》："睿，深
> 明也，通也。"《广雅》："睿，智也。字从"，耳其穿也；目取明也。

叡，明智佳美之义，与睿同。《说文》："深明也。通也。睿，古
文叡。叡，籀文叡从土，以芮切。"叡古作睿，然今经传通作睿，故注
亦备载睿字下。《说文》提到睿是叡的古文，义为深明通达。段注：
"深明也，通也。从奴，从目，故曰深明。从谷省，谷以貌其深也。"
段注进一步从字形说明叡的含义，深明源于、目，耳聪目明，耳取其
穿透性，目取其明亮，谷形容其深远、响应不穷。

聪与聪同。段注："聪，察也。察者，覈也。聪察以双声为训。"段注从声训角度将聪释为察、核，通过观察核验以得出结论称为聪。故《广韵》："聪，闻也，明也，通也，听也。"《广韵》将聪释为闻、明、通。

聪叡均有明、通之义，均可解释为聪明睿智，属同义复用。

　　怏怏，于亮反，怏，心不伏也。

怏本义不服气，不满意，引申为失意、惆怅。段注；"怏，不服，怼也。怏盖倔强之意。《方言》曰：鞅、悖，怼也。《集韵》于阳韵曰：怏然自大之意。"段注怏有两个义项，一为不服气故怼也，段注释为倔强；另一义项引《集韵》表自大。怏也解作怅讲，情不满足也。怏通作鞅，《史记·淮阴侯列传》："信由此日夜怨望，居常鞅鞅，羞与绛、灌等列。"此处，鞅鞅即怏怏。鞅本义为套在马颈或马腹上的皮带，作形容词时指郁郁不乐的样子。怅，失意，不痛快。望恨也，从心长声，丑亮切。柳宗元《梦归赋》："灵幽漠以潏汩兮，进怊怅而不得。"怊怅，惆怅失意的样子。

怅怏，惆怅不乐的样子。支遁《咏怀》："怅怏浊水际，几忘映清渠。"《北史·崔勉传》："季景于世隆求右丞，夺勉所兼，世隆启用季景，勉遂怅怏自失。"两例中怅怏都有因失意而惆怅不乐、郁郁不得志之义。

　　唐捐，以专反，《说文》云：唐，徒也；徒，空也。捐，弃也。

唐本义为大话，引申为广大，有夸大、虚夸之义。段注："唐，大言也，引申为大也。又为空也，如梵书云：福不唐捐。凡陂塘字古皆作唐，取虚而多受之意。"段注唐除大之义外，还可释为宽广浩瀚的样子。此外唐还有空之义，如唐捐，空虚多受之义。《庄子·天下篇》："荒唐之言。"《庄子》荒唐指广大而不着边际之义，引申为夸大不实或荒谬无理。

捐，弃也，从手肙声，与专切。《法华经·观世音菩萨普门品》："若有众生、恭敬礼拜观世音菩萨，福不唐捐，是故众生皆应受持观世音菩萨名号。"福，指修福；唐，徒然，空；捐，舍弃。即是说所得之福，不空虚，也不废弃。福不唐捐，佛教指供养如来、诸菩萨的善念信力，指对如来、诸菩萨的善念信力不会无意义，都会得到相应的福果。意思指世界上的所有功德与努力，都不会白白付出，必然会有回报。

怡悦，古文巸同，弋之反，《说文》云：怡，和也。又喜也。

怡，和悦，愉快。段注："怡，和也。《玉篇》曰：怡者，悦也、乐也。"段注怡释为和，《玉篇》释为和悦，《禹贡》怡写作台，恭敬、敬重之义。《尔雅·释言》："悦也。"《礼记·内则》："下气怡色。"《论语》："兄弟怡怡。"《尔雅》《内则》《论语》怡均为是和悦、和乐之义，怡怡形容兄弟和悦相亲。

怡悦，愉快、喜悦、高兴之义。《史记·序传》："诸吕不台，言不为人所怡悦也。"不为人所怡悦即诸吕不为时人所喜或所悦纳。孟浩然《秋登兰山寄张五诗》："北山白云里，隐者自怡悦。"隐者自怡悦说明隐者居于北山后心旷神怡之感。

　　姝大，充朱反，姝，好也。

　　姝，美丽，美好。段注："姝，好也。《邶风传》曰：姝，美色也。《卫风传》曰：姝，顺貌。《齐风传》曰：姝，初昏之貌。"段注引用《诗经》提到了姝表达美好的三种性质或状态：美色、恭顺及新婚初为人妇之貌，说明古代对女性美好要求的标准除了颜色之美，还需性情温顺。士之美者亦曰姝，《鄘风·干旄》："彼姝者子，何以予之？"那位忠顺的贤士，该拿什么送给他，姝者子指具有美德的贤士。

　　瓌异，又作傀，同，古回反，瑰，美也；傀，盛也。

　　瓌同傀，傀，本义伟、大，引申为奇异、怪异。瓌异，意为发生了异常奇特的变化或表示奇伟之义。段注："傀，伟也，瓌玮也。《广雅》：傀，盛也。司马注《庄子》曰：傀，大也。《字林》：傀，伟也。"段注引《广雅》《庄子》《字林》将傀释为伟、大、盛等义。傀也可释作怪异，《周礼·春官·大司乐》："凡日月食，四镇五岳崩，大傀异裁，诸侯薨，令去乐。"异裁，天地奇变，指反常的自然现象，郑玄释为天地异象，预示将有大灾难发生，如诸侯薨之类。

　　类似的词还有瑰玮、瑰材等。瑰玮，琦玩也。《后汉书·班固传·西都赋》："因瑰材而究奇，抗应龙之虹梁。注《埤苍》曰：瑰玮珍奇也。"瑰材，珍奇的栋梁之材，比喻杰出的才能或具有杰出才能的人。

敦喻，古作惇，同，都昆反，敦，勉也，谓相劝勉也。

敦像以手持械之形，本义投掷，引申为厚道、笃厚之义。段注："敦，怒也，诋也，皆责问之意。《邶风》：王事敦我。毛曰：敦厚也。按心部惇，厚也。然则凡云敦厚者，皆假敦为惇，此字本义训责问。"段玉裁认为敦的厚道、笃厚义系借自心部之惇，并明言惇本义责问。《五经文字》："敦，厚也。"《五经文字》将敦释为厚。《易·临卦》："敦临，吉，无咎。"以忠厚之道治民，吉利，无灾祸，故《疏》释敦为厚。《诗·邶风·北门》："王事敦我，政事一埤遗我。《释文》韩诗云：敦，迫也。""王事敦我"指国君的差事压迫我。敦也有勉励的意思，《尔雅·释诂》："敦，勉也。《疏》敦者，厚相勉也。"敦，劝勉之义。

敦喻，亦作敦谕，劝勉晓喻。《晋书·李胤传》："以吴会初平，大臣多有勋劳，宜有登进，乃上疏逊位。帝不听，遣侍中宣旨，优诏敦谕，绝其章表。"优诏敦谕，厚诏敦促之义。《世说新语·文学》："魏朝封晋文王为公，备礼九锡，文王固让不受，公卿将校当诣府敦喻。"敦喻此处有劝进、劝晋文王接受封诰之义。

炜烨，于匪、为猎反，《方言》："炜烨，盛儿也。"《三苍》："光华也。"

炜，光明貌。烨，火光明亮。炜烨，亦作炜晔，美盛貌、光采貌。炜烨还可指文辞明丽晓畅。《文心雕龙·论说》："而陆氏直称：说炜烨以谲诳，何哉？""说"是战国时期产生的一种口头文学形式，陆机称其炜烨、谲诳。炜烨形容这种文体的生动性和形象性；谲诳形容其传奇性和虚构性。

　　　　跛蹇，又作旐，同，补我反。

　　跛，腿或脚有病，走路时身体不平衡。《说文》："行不正也。布火切。"《说文》用跛之本义，形容走路时歪斜、不平衡的样子。《周易·履卦》："归妹以娣，跛能履，征吉。"本句的意思是姐妹出嫁共侍一夫。如同跛足之人，虽偏斜不正，但互相协助，依礼而行，前进可获得吉祥。此处谈到了周代至三国的媵嫁制度，姐姐出嫁为正妻，妹妹或宗室女随嫁或陪嫁为媵妾，以最大程度保证嫁女一方的利益。《礼记·问丧》："然则秃者不免，伛者不袒，跛者不踊，非不悲也；身有痼疾，不可以备礼也。"跛者不踊指腿有疾的人不用往上跳或跺脚以显示他们的哀痛。《礼记·礼器》："有司跛倚以临祭，其为不敬大矣。《注》偏任为跛，依物为倚。"跛倚，偏倚、站不正。此例说到祭祀时的礼节，站不正或依物都是非常不恭敬的行为。

　　蹇本义跛足，行走困难。《说文》："跛也。从足，九辇切。"《释名》："蹇，跛蹇也，病不能执事役也。"《释名》注为瘸腿，因病不能做事。《史记·晋世家》："却克偻，而鲁使蹇，卫使眇。"晋国使者却克脊背弯曲不能直立，状似罗锅；鲁国的使者腿有疾，瘸腿；卫国的使者一只眼小，看不见。《周易·蹇卦》："蹇，难也，险在前也。《又》王臣蹇蹇，匪躬之故。《疏》涉蹇难而往济蹇，故曰王臣蹇蹇也。"《蹇卦》蹇释为难，蹇蹇，忠直貌，通謇，高亨注为直谏不已。王臣蹇蹇，匪躬之故，义为臣子为解救君王的困境努力奔走，并非为了自己。

跛蹇，瘸腿，一瘸一拐地走。《汉书·韩安国传》"安国行丞相事，引堕车，蹇。"颜师古注引如淳曰："为天子导引，而堕车跛蹇也。"堕车跛蹇，韩安国为天子导引车架而掉下车，跌破了脚。此处跛蹇，摔坏腿脚之义。

> 梗涩，上哥杏反，梗，强也。涩，又作澁，所立反，谓不滑。

梗，本义刺榆树名，用作形容词表直或挺立之义。《说文》："山枌榆，有束，荚可为芜荑者。"《说文》解释了梗的本义。《诗·大雅》："谁生厉阶，至今为梗。"是谁惹出这祸根，到现在还堵在那里，梗此处用作动词，义为阻塞阻碍。梗还有灾病之义，如《周礼·天官》："女祝以时招梗，禬禳以除疾殃。"御灾曰梗。梗也可被用作形容词，耿直、刚正义，如《尔雅·释诂》："梗，正直也。"《方言》："梗，略也。梗槩，大略也。"《方言》提到了梗作为形容词的梗概义。

涩同澁，不光滑。从四止，色立切。也指舌头接触到的部位不光滑。如《方言》："譇极，吃也。楚语也。或谓之轧，或谓之涩。《郭注》语涩难也。"

梗涩，亦作梗澁、阻塞。《晋书·王承传》："是时道路梗涩，人怀危惧。承每遇艰险，处之夷然。"道路梗涩，道路阻塞，梗涩义为阻塞。

> 杂糅，古文粗、猱，二同，女救反。

糅本义杂饭，用作动词当混杂、混合讲。《说文》："糅，杂饭也，从米丑声，女久切。"《博雅》："粈，杂也。或作粗。"《说文》《博雅》分别解释了糅的本义和动词义。《仪礼·乡射礼》："旌，各以其物；无物，则以白羽与赤羽糅。"白羽与赤羽糅指用白羽、赤羽箭混杂而举行乡射礼，糅此处混杂之义。《史记·屈原传》："同糅玉石兮，一槩而相量。"《怀沙》"同糅玉石兮，一槩而相量"，义为美玉和沙石混在一起，对其不分贵贱一样看待，糅义为混杂。

杂糅，把不同的食物混合在一起，义为错杂、混合。《楚辞·九章》："芳与泽其杂糅兮，孰申旦而别之。"芳香和腥臭混杂，自夜达旦，无人辨识。《汉书·楚元王刘交传》："今贤不肖浑殽，白黑不分，邪正杂糅，忠谗并进。"邪正杂糅，邪恶与正直交相互杂。两例中的杂糅都是混杂、混合之义。

　　谦恪，古文愙，同，苦各反，恪，恭、敬也。

恪，恭敬，谨慎。本作愙，或省作愙，苦各切，今俗作恪。《说文》："恪，敬也。"《尔雅·释诂》："敬也。"《说文》《尔雅》恪均释为恭敬。《诗·商颂》："温恭朝夕，执事有恪。"早晚温文而恭敬，祭神祈福诚挚笃厚。恪，诚笃之义。《孔丛子·答问篇》："礼之如賔客也。"周武王封虞夏殷之后为三恪，礼之如賔客。

谦，虚心，不自满，不自高自大。《说文》："敬也。敬，肃也。谦与敬义相成。"《说文》谦释为敬，《玉篇》释为让，不自满。《易·谦卦》："谦亨，君子有终。"义为谦虚、谦让可以使诸事顺利，只有君子才可以坚持下去。谦兼有谦虚、谦让之义。谦恪，谦虚恭敬之义。

瞢愦，上莫崩、下公内反，瞢，不明；愦，乱也。

瞢本义为目不明，引申为晦暗无光、懵懂。段注："瞢，目不明。目数摇也，木空切。《周礼·眡祲》：六曰瞢。注云：日月瞢瞢无光也。《小雅》：视天梦梦，梦与瞢音义同也。"《周礼·春官》瞢释为日月晦暗无光。《小雅·正月》视天梦梦，瞢与梦通，昏睡之义。

愦，昏乱，糊涂。段注："愦，乱也。"《集韵》："心乱也。"愦《集韵》和段注都释为乱，具体指心乱。

瞢愦，佛教用语，是身心都呈混乱表现的总和。《法蕴足论》八卷："云何瞢愦，谓身重性、心重性、身无堪任性、心无堪任性、身瞢愦性、心瞢愦性、已瞢愦、当瞢愦、现瞢愦，总名瞢愦。"《法蕴足论》提到了瞢愦的诸多形态，包括身、心、已、当、现瞢愦等。《佛说灌顶拔除过罪生死得度经》佛言："若复有人受佛净戒，遵奉明法不解罪福。虽知明经不及中义，不能分别晓了中事。以自贡高恒常瞢愦，乃与世间众魔从事，更作缚着不解行之，恋着妇女恩爱之情。"以自贡高恒常瞢愦，意思是自以为高人一等而经常自傲，导致心智混乱不能区分祸福，不能明了经义，甚至与众魔共事。

铿然，又作硁、鍞二形，同，口耕反，《说文》："硁，坚也。"

铿，形容有节奏而响亮的声音。《玉篇》："铿锵，金石声。"《礼记·乐记》："钟声铿。《疏》言金钟之声铿铿然。"《玉篇》《礼记》铿都释为金石声，如钟声。《论语》："鼓瑟希，铿尔。"铿此处指琴声。《楚辞·招魂》："铿锺摇簴。《注》铿，撞也。"铿也释为撞击声。

肺腴，上又作胇，同，敷秒反，下庚俱反，腴，腹下肥也。经作俞、腧。

腴，腹下的肥肉，引申为肥胖、土地肥沃。《说文》："腹下肥也。"《礼记·少仪》："进鱼，冬右腴。《注》腴，腹下也。《疏》腴谓鱼腹。"从《说文》《少仪》看腴，既可指腹下的肥肉，又可指腹部。《通雅》："凡肉肥奂处曰腴。"《通雅》腴释为凡肉肥软处，将腴指代的部位扩大，用来比喻肥者皆曰腴。《汉书·地理志》："为九州膏腴。《注》师古曰：腹之下肥曰腴，故取喻云。"膏腴形容土地肥沃或人体的丰腴。

俞古同腧。段注："俞，空中木为舟也。"俞指树干中空为舟。腧，人体上的穴道，如《正字通》："方书灸法，腧穴在脊中，对脐名开寸半。"肺腴，亦作肺腧。人体经穴名，俞同腧。《灵枢经·背腧》："肺腧在三焦之间。"

肺腴主要指腹下的肥肉。俞、腧二词分别指树干中空和人体穴位，与腴之所指不是同一义。经文将肺腴之腴写作俞、腧，改变其原义，故音义原文认为经文之改写为非。

鄙褻，古文絬、媟、暬、渫四形，同，思列反，褻，鄙陋也，黩也。

褻，旧指在家穿的便服，或贴身的内衣。引申为轻慢，亲近而不庄重。《说文》："私服，从衣埶声，私列切。"《诗·庸风·君子偕老》："是褻袢也。《毛传》：是当暑袢延之服。《诗》褻作绁。"褻袢作内衣解，《毛传》进一步说其为夏季抵御暑气的宽松之服。《论语》："红紫不以为亵服。《注》私居服。"《论语》亵释为私居服，只在家里穿的衣服，也可指中衣。

鄙，郊野之处，边远的地方，引申为粗俗、鄙陋。段注："鄙，五酂为鄙。见《遂人》，五百家也。又《周礼》都鄙，王子弟公卿大夫采地，其畍曰都。都鄙对言。《郑注》以邦之所居曰国，都之所居曰鄙对言。"鄙与都相对而言，也作为户籍单位，后指边地、边城。鄙亵，两词均有粗俗、轻慢之义，属同义复用的复合形容词。

峻峭，又作陗，或作，峻阪曰坂。

峭，山又高又陡，峻拔峭绝也，形容形势严峻。段注："陗，陵也，凡斗直者曰陗。《李斯列传》曰：楼季也而难五丈之限，跛牂也而易百仞之高，陗堑之势异也。陂陀者曰渐，斗直者曰陗。"段注引《李斯列传》释陗为斗直，义为又高又陡。峭还有急切、严厉的意思，如《汉书·晁错传》："错为人峭直刻深。"峭直刻深，形容严厉、正直、心狠。

峻峭，山高而陡绝的样子，也可形容人品性高洁，如《抱朴子·行品》："士有行己高简，风格峻峭，啸傲偃蹇，凌济慢俗。"峻峭，比喻人品高超。

坂，崎岖硗薄的地方。《玉篇》："险也。"坂《玉篇》释为险峻。《诗·小雅·正月》："瞻彼坂田，有菀其特。《笺》坂田，崎岖墝埆之处。"坂田《郑笺》释为崎岖险要处，也可释为山坡田。

滑稽，没、胡刮二反，下古奚反，滑稽犹俳谐，取滑利之义。

《说文》："滑，利也，从水骨声，户八切。"《说文》滑释为光滑、滑溜。滑也作滑稽解，谓俳谐也。《楚辞·卜居》："将突梯滑稽如脂如韦。"突梯滑稽，圆滑诡诈。滑，圆滑、油滑之义；稽指滑稽。《史记·樗里子传》："樗里子滑稽多智，秦人号曰智囊。《注》滑，乱也。稽，同也。辩捷之人，言非若是，言是若非，能乱同异也。"滑稽此处带有褒义，形容樗里子善辩，能乱异同。同样的例子还有《史记·滑稽列传》："淳于髡者，齐之赘婿也。长不满七尺，滑稽多辩。"以上两例中，滑、稽都被释为善辩，能乱异同。滑稽，指诙谐有趣的言语、动作或圆转顺俗的态度。谓能言善辩，言辞流利，后指言语、动作或事态令人发笑。

稠概，古文薉，同，居置反，《说文》："稠，多也。"概亦稠也。

稠，概也，密也，与稀相对。《说文》："多也。"《战国策》："书策稠浊。"公文繁杂，政令混乱，百姓啼饥叫寒。稠浊，多而乱。《诗·小雅》："彼君子女，绸直如发。《笺》绸，密也。"绸直如发，头发稠密如丝绦。稠，穊也，通作绸。

概，稠密。段注："概，稠也。《汉书》：刘章言耕田曰：深耕概种，立苗欲疏。非其种者，鉏而去之。引申为凡稠之称。"深耕概种，深耕密种，概，稠密之义。

稠概，词素都有稠密、密集之义，意思相同，属同义复用的复合形容词，表事物的性质状态。

　　侹直，古文颋，同，敕顶反，《通俗文》：平直曰侹，经文作艇，非也。

　　侹，形容平直而长。《说文》："长貌。"《方言》："侹、更、佚，代也。齐曰佚，江、淮、陈、楚之间曰侹。"侹《方言》释为代替，并指出其使用范围在江淮陈楚之间。韩愈《答张彻诗》："石梁平侹侹，沙水光泠泠。"侹侹，平也，平直而长。

　　艇，轻便的小船。《说文》："艇，小舟也。"《增韵》："船小而长。"《淮南子·俶真训》："蜀艇，一版之舟，若今豫章是也。"《说文》《增韵》《淮南子》艇都释为小舟，小而长的船。《史记·司马相如列传》："其北则有阴林巨树，楩枏豫章。"张守节正义："案：'豫，今之枕木也。章，今之樟木也。二木生至七年，枕樟乃可分别。'"豫章，亦作豫樟，木名，枕木与樟木的并称，可用以制艇。

　　侹直，二词素均有直不弯曲之义，属同义复用的形容词。经文以艇代侹，不符合词义，故音义原文评价其非也。

　　如甛，又作餂，同，《说文》："甛，美也。"经作酤，非。

　　甛同甜。《说文》："甛，美也。"《博雅》："甛，甘也。"甛，《说文》《博雅》释为美、甘。张衡《南都赋》："酸甜滋味，百种千名。"苏轼《发广州诗》："三杯软饱后，一枕黑甜馀。"张衡赋、苏轼诗甛均作甜。

　　酤，户栝切，音活，未沛酒，未过滤的酒。葛洪《抱朴子·百家卷》："偏嗜酸酤甜者，莫能赏其味也。"此处酸酤甜连用，酤的意思似不单指酒，也指向一种味道。可见在葛洪所处的时代，酤已具备两种义项，由未经过滤的酒而逐渐指向酒的味道，即酤的另一个读音和义项与甜同。《字学指南》："与甜同，甘也。"《字学指南》由明代朱光家编纂，刊成于明万历年间，收录很多前代字的异读。由《抱朴子》和《字学指南》记录来看，经文以酤代替甛，似也合理。

绮语，语不正也。经文作阘，非体。

绮，有文彩的丝织品，引申为美丽。《说文》："绮，文缯也。"《汉书·高帝纪》："贾人无得衣锦绣绮縠絺纻罽。《注》师古曰：绮，文缯，即今之细绫也。"《汉书》与《说文》一致，都将绮释为文缯，指有纹饰的丝织品，颜师古指出这种丝织品为细绫。《释名》："绮，敧也。其文敧邪，不顺经纬之纵横也。"《释名》绮释为敧，不齐貌，纹路不沿着严整的经纬走。

绮语，佛教用语。涉及华丽辞藻及一切杂秽语，十善戒中列为四口业之一。南朝梁武帝《答菩提树颂手敕》："但所言国美，皆非事实，不无绮语过也。"《法苑珠林》引《成实论》："虽是实语，以非时故，即名绮语。或是时以随顺衰恼无利益故，或虽利益，以言无本，义理不次，恼心说故，皆名绮语。"也指纤婉言情之辞或华美的语句。

队队，古文隊，同，徒对反，言辈队相随逐。

队作名词指队列或成群结队的人物，作动词指坠落。《说文》："从高队也，失也。"段注："队坠正俗字。古书多作队，今则坠行而队废矣。《释诂》：队，落也。《释文》从坠而以队附见。"《说文》

段注都将队释为坠落之坠，段注指出队、坠是正俗字之分。《玉篇》：
"部也。百人也。"《玉篇》释为队列，百人为一队或一列。《左传·文
十六年》："楚子乘馹，会师于临品，分为二队。《注》队，部也。两
道攻之。"此处队也指一队或一列。司马相如《上林赋》："车按行，
骑就队。"队，群队也，有追随之义。

畐塞，普逼反，畐，满也。经文作逼，误也。

畐，满，方六切，音福，与幅同，布帛广也。《说文》："畐，满
也。"《说文》畐释为满。《说文》："近也。"逼《说文》释为迫、
驱。逼，义为靠近、逼迫，与畐之满、厚义不同。经文以逼代替畐，
与词义不合，故音义原文认为其误用。

塞，填也，隔也。《礼记·月令》："孟冬，天地不通，闭塞成
冬。"闭塞有封闭、隔断之义。畐塞，词素均有满之义，属同义复用形
容词。

褴褛，经文作蓝缕，非体也。

褴褛，衣服破烂不堪，亦作褴缕。《说文》："褊谓之褴褛。褴，
无缘也。从衣监声，鲁甘切。"《说文》褴褛最初指短衣，褴是没有边
沿的意思。

蓝缕，破旧的衣服，亦形容衣服破旧，如《左传·宣公十二年》：
"筚路蓝缕，以启山林。"杜预注："筚路，柴车。蓝缕，敝衣。"筚路
蓝缕指驾柴车、穿破衣去开辟山林。杜甫《山寺》："山僧衣蓝缕，告

诉栋梁摧。"蓝，用靛青染成的颜色，晴朗天空的颜色。古同褴，褴褛；褛或作缕。《小尔雅》："布褐而絬之，谓蓝缕。"《左传·宣十二年》："筚路蓝缕，以启山林。《注》蓝缕，敝衣。"由上文看，唐以前文献中使用蓝缕表示敝衣的例句较多，故经文沿用这一用法。蓝缕与褴褛意思相同，也可通用，但在字体正、异方面尚有不同。玄应认为蓝缕非体，是从文字的正体、异体和或体角度而言的，敦煌音义中有多处非体足可证明。由此亦可看出唐及前代佛典中已出现文字正体和或体混用的现象，且比较普遍。玄应已认识到文字规范性的重要性，故在《众经音义》中逐个做了梳理和区分。

　　俞更，上羊朱反，益也；下古硬反。

　　俞，古同愈，过也，更加。《玉篇》："胜也。"《玉篇》俞释为胜出、超出。《孟子》："丹之治水也，愈于禹。"《孟子》愈义为超过、超出。《诗·小雅》："忧心愈愈。《苏氏曰》愈愈，益甚之意。"愈，进也，益也。更，愈加，再之义。俞、更两词素都有更加、超过前者之义，属同义复用之副词。

　　若廋，所右反，正作瘦。

　　廋，隐藏，藏匿，古同搜。《方言》："廋，隐也。《注》谓隐匿也。"《方言》廋释为隐匿。《汉书·赵广汉传》："廋索私屠沽。"廋，求也，索也，索室曰廋。《晋语》："有秦客廋辞于朝。《注》廋，隐也，谓以隐伏谲诡之言问于朝也。"廋，隐也，此处指隐藏、潜伏。

瘦，体内含脂肪少，肌肉不丰满，身体细削，单薄，也指衣服、鞋袜等窄小。段注："臞也。《肉部》曰：臞，少肉也。所又切。"段注瘦释为臞，少肉之义。

廋，意为隐藏、隐匿，瘦指身体脂肪不多，单薄。二词在意义和用法上均不同。检索字典，瘦的异体字共有13个，但不包括廋。音义原文认为瘦为正体，廋为或体的说法恐不合理。

（四）拟声词

拟声词，古汉语也称象声词，指描摹自然界各种声音的一类词。最早可见于《周易》《诗经》等典籍，如"关关雎鸠"之关关，"伐木丁丁"之丁丁，"坎坎伐檀"之坎坎等。孔颖达《五经正义》将象声词与表示性质状态的形容词看作一类，同归于实词，如关关；《毛传》"和声也"，表应和之声。敦煌佛经音义中拟声词包括两类：一类直接描述人或动物发出的声音，如迦迦罗、究究罗、咀咀罗、哮吼等。一类非直接表现声音而是用以描写发出声音时的状态，如唱然嘆等。

迦迦罗，脚佉反，是鸟声也。迦迦此云鸟。

迦，译音字，用于专名，音嘉。《增韵》："身毒国瞿昙，号曰释迦。"身毒是先秦自唐对印度次大陆文明区域的称呼，主要指今印度河流域一带。瞿昙，梵名Gautama，为印度种姓之一刹帝利，瞿昙仙人之苗裔，即释尊所属之本姓。又作裘昙、乔答摩、瞿答摩、俱谭、具谭。意译作地最胜、泥土、地种、灭恶，又异称为日种、甘蔗种。瞿昙系佛祖释迦牟尼的姓，也写作乔达摩，用以指代佛祖，后也指和尚。身毒国瞿昙指身毒国和尚，号释迦，此处指释迦牟尼。

《文中子·周公篇》："斋戒修而梁国亡，非释迦之罪也。"释迦，梵名，意译作能仁。释迦牟尼所属种族之名称，为佛陀五姓之一。释迦族为古印度民族之一，属武士阶级，为雅利安民族日种系甘蔗王后裔。佛陀出身于此族，因而称为释迦牟尼，即释迦族之圣者。另一义项指释迦牟尼，佛教创始人，俗名悉达多，原是释迦国的太子，二十九岁出家修道，从当时著名沙门阿罗逻迦罗摩和乌陀迦罗摩子修习禅定。经过六年苦修，经历禅那四种境界，顿悟生命真相，成就正觉。从此到处说法，组织僧团，直至圆寂。被称为佛陀，简称为释迦。斋戒修而梁国亡，修习斋戒而导致梁国灭亡，不是释迦的错，此处释迦即佛祖释迦牟尼，用以指代佛教。全句是说梁武帝荒废国事，致使朝堂动荡，梁灭亡，不是佛祖的错。

迦迦，动物，又云迦迦迦，迦迦罗，译曰乌。《大威德陀罗尼经七》："迦迦，乌也。"《慧琳音义二十六》："迦迦罗，此云乌，因声立名也。"梵语杂名："乌，梵名迦迦罗。"迦迦罗，梵语，动物名，译为乌，鸟名。《大威德陀罗尼经》与《慧琳音义》有载。用乌所发出的声音指代本身，后用于模拟这种声音，具有拟声词的功效。

　　究究罗，居求反，此是鸡声也。鸠鸠吒此云鸡。

究究罗，鸡声。鸠鸠吒，此云鸡。《易林》曰："巽为鸡，鸡鸣节时，家乐无忧。"雄鸡在古代被视为神圣之物，其啼鸣高亢嘹亮，雄鸡报晓意味着太阳升起，古人将其与五行、心宿结合，预示阳火。雄鸡报晓意味家宅安乐无忧。《西京杂记》云："成帝时，交趾越裳国献长鸣鸡，以刻漏验之，与晷度无差。"汉成帝时，交趾越裳国进献了长鸣鸡，用刻漏测试鸡啼鸣时间准确与否，发现与日晷没有差异，非常准确。晷漏，日晷与刻漏，古代计时器。交趾即越南，古称交趾国，该地区曾长期归属于中国。最早是在秦始皇统一中原后，将越南北部归属于象郡管理，并向越南北部大量移民。公元前111年，汉武帝灭南越，并在越南北部地区设立交趾、九真、日南三郡，实施直接统治。之后一千多年，交趾地区大体上一直受到中国政权的直接管辖。越裳亦作越常，亦作越尝，古南海国名。《后汉书·南蛮传》："交趾之南，有越裳国。周公居摄六年，制礼作乐，天下和平，越裳以三象重译而献白雉。"越裳之名始见于《尚书大传》。周公居摄六年，越裳国向西周进献白雉，周公给了越裳国使者五辆司南车，让他们返回自己的国家。越裳氏进献白雉的说法后来被越南《岭南摭怪》采纳。根据《岭南摭怪》的说法，在雄王时期，文郎国分为十五个部落，越裳是其中的一个部落。雄王命令他的臣僚以越裳氏之名，向西周进献白雉。长鸣鸡，啼声很长的鸡，高大过常鸡，鸣声甚长，终日啼号不绝。究究罗由最初描写长鸣鸡叫声的词，到后来逐渐固定为形容鸡叫声的拟声词。

　　咄咄罗，都达反，此是雉声也。或言鹤鹑，依梵音帝栗反。

　　咄，呵斥。咄，相呼声，呵斥声。

　　雉，鸟，雄的羽毛很美，尾长；雌的淡黄褐色，尾较短，善走，不能久飞。肉可食，羽毛可做装饰品，通称野鸡。《说文》："隹部，有十四种：卢诸雉、乔雉、鸤雉、鷩雉、秩秩海雉、翟山雉、翰雉、卓雉，伊洛而南曰翚，江淮而南曰摇，从隹矢声。"《说文》列举了雉的十二种名称，可见雉的多样。

咀咀罗，译曰鸡声。《玄应音义》："咀咀罗，是鸡声也。"《慧琳音义》："咀咀罗，由声得名。"咀咀罗是雉即野鸡的叫声，也可指代雉本身，音义原文言其或为鹌鹑。

　　哮吼，古文豿，同，呼交、呼挍二反，《通俗文》："虎声谓之哮唬。"《埤苍》："哮吓，大怒声也。"唬音呼家反。

哮，吼叫。《说文》："豕惊声也。从口孝声，许交切。"《说文》将哮释为猪受惊发出的声音。《玉篇》："哮赫，大怒也。"《玉篇》释作大怒声。《诗》："阚如哮虎。《诗·大雅》今本作虓。"段注："阚，望也。望者，出亡在外，望其还也。望有倚门，倚闾者，故从门。《大雅》：阚如虓虎，谓其怒视。"阚本义依门望归，阚如哮虎义为像猛虎一样俯视、远望。虓，虎吼声，表示勇猛的样子。

唬，音吓。《说文》："嗁声也。一曰虎声也。"虎啸声。服虔《通俗文》："虎声谓之哮唬。"哮，老虎吼叫的声音，也泛指野兽吼叫。晋张华《博物志》卷三："师子哮吼奋起，左右咸惊。"泛指大声喊叫，用声威震慑。

　　齚杨，又作齰，同，仕白反，齚，啮也。经文作咋，庄白反，咋咋声也，咋非此义。

齰古同齚，啮，咬。实窄切，音咋。《说文》："齚也。"齰，啮、咬之义。《汉书·苏建传》："天雨雪，武卧齰雪与旃毛并咽之，数日不死。"苏武啮咬衣服上的旃毛连同雪一起吃下肚去，齰，啮咬。《史记·灌夫传》：“魏其必内愧，杜门齚舌自杀。”杜门齚舌自杀，关闭房门咬舌自尽，囓，咬。

咋，大声呼叫，吆喝。《周礼·冬官·考工记》：“凫氏为钟，侈则柞。《注》柞读为咋咋然之咋，声大外也。”[①]凫氏负责铸造钟鼎，如果钟口太大，发出的声音就狭窄细长。柞注读为咋，大声。啃咬之囓与大声之咋读音、意思均不同，故音义原文评咋非此义。

甄甄，作瓻，同，力频反，瓦破声曰甄。《说文》蹈瓦声躐躐也。

段注：“甄，蹈瓦声甄甄也。玄应作蹈瓦声躐躐也。《通俗文》：瓦破声曰甄。《玉篇》：甄甄，蹋瓦声。”甄，踩踏屋瓦的声音，段注指出玄应甄甄作躐躐，与音义原文一致。《通俗文》甄释为瓦破声，瓦被踩坏的声音称甄，是从结果释甄。《正字通》：“凡破声，通谓之历甄。”《正字通》将甄的义项范围扩大，由瓦破声推及所有东西损坏的声音都叫甄。

躐，踩踏，本义为逾越。《礼记·玉藻》：“登席不由前曰躐席。《疏》失节而践曰躐席。”[②]躐席，越前登席。古人所坐之席分上下前后，升席时必由席之下方即后方登入，而不能由席之前方直上。如果从前方直接升席，则为躐席。躐，超越、逾越之义。

轰轰，今作軥，《字书》作輷，同，呼萌反，《说文》羣车声。

---

① 吕友仁等：《周礼》，郑州：中州古籍出版社，2018年，第388页。

② 胡平生等：《礼记》，北京：中华书局，2017年，第568页。

轰，形容大的声响。《说文》："群车声也。"轰《说文》释作群车声，群车行驶声，形容特别大的声响。段注："呼萌切。今为輷字，音田。玄应曰：轰今作輷。"轰今文輷，即玄应所处的唐代，轰写作輷，用来形容特别大的声音。

喟然，又作嘳，《说文》：大息，叹声。

喟，叹气的样子。喟然，感叹、叹息貌。《说文》："大息也。从口胃声，丘贵切。"段注："喟，大息也。《论语》云喟然歎，谓大息而吟歎也。何晏云：喟然，歎声也。丘贵切。"段注喟然释作长长的叹息，喟然歎义为叹息而吟叹出声。《礼记·礼运》："昔者仲尼与于蜡宾，事毕，出游于观之上，喟然而叹。"[①]孔子参与鲁国岁末举行的蜡祭，结束后，登于宫外台观之上，不禁长长叹息。喟然而叹，叹息并做出感慨，喟然由叹息的动作进而表示叹息的声音，后用以描述感慨、叹息的声音。

二、词义研究

（一）词义辨析

怡怿，意怡，乐也。郭璞曰：怡，心之乐也；怿，意解之乐也。

怡，和悦，愉快。《说文》："和也。"怡，和，相安、协调。段

① 胡平生等：《礼记》，北京：中华书局，2017年，第419页。

注："怡，龢也。龢者，调也。《玉篇》曰：怡者，悦也、乐也。《禹贡》：祗台德先。郑注云：敬和。与之切。"段注，怡释为龢，协调之义。《玉篇》怡释为愉快、快乐。《论语·子路》："兄弟怡怡。"指兄弟间和悦相亲的样子。怡，和悦，心里感到快乐。

怿，欢喜之义。《说文》："说也。"怿，喜悦之义。《尚书·梓材》："肆王惟德用和怿先后迷民，用怿先王受命。"所以我王也要用德行来使那些受了迷惑的殷民心悦诚服，好完成先王所受的天命。和怿，使殷之遗民心悦诚服，怿，以我悦彼亦曰怿。意解，谓依意识而了解。《维摩经佛国品》："漏尽意解。"注曰："漏尽，九十八结漏既尽，故意得解脱，成阿罗汉也。"漏尽，佛教语，谓烦恼为漏。至三乘极果，以圣智断尽此种种烦恼，称为漏尽。九十八种烦恼已经解开，心意得到解脱，成阿罗汉果。意解义为消除种种烦恼得到圣智慧。慧远疏："内除爱染，名为漏尽；得无学智，名为意解。"也是同样的意思。

怿音义原文释为意解之乐，得到顿悟、认可之后的快乐，与怡之协调、和悦的快乐不同。因所付出努力不同，快乐的程度也不同，怡的程度较轻，怿的程度较重。

　　温故，乌昆反，《论语》："温故而知新。"何晏曰："温，寻也。"《礼记》郑玄注云："后时习之谓之温"。经文作愠，于问反，愠，恚也、怨也、恨也。同；愠非字义。

　　温，复习。《礼记·中庸》："温故而知新。《注》温如燖温之温，谓故学之熟矣，复时习之谓之温。"温，燖也，用火烧熟。已经学习的很熟了，还要再次温习称为温，通过再次复习使所学知识使更熟悉。

愠，怒，怨恨。段注："愠，怨也。《大雅·緜传》曰：愠，恚也。《正义》云：《说文》愠，怨也。恚，怒也，有怨者必怒之。故以愠为恚。"段注，愠，怨恨之义。《诗经·大雅》愠，恨、怒。《正义》将愠、恚结合起来解释，有怨者必定会愤怒，故愠也可以释作恚。

温习之温与怨恨之愠虽形体相近，但读音、意义均不一样，差别很大，故音义作者评价愠非字义，非温字义。

　　　　车舆，与诸反，《说文》：车，舆也。亦揔称车曰舆，一曰车无轮曰舆。

车，陆地上有轮子的交通工具，用轮轴来转动的器具。《说文》："车，舆轮之总名，夏后时奚仲所造。象形，凡车之属皆从车。"《说文》车是舆和轮的总称，相传为夏后氏所造。可见，车包括舆和轮两部分。段注："车，舆轮之总名也。浑言之则舆轮之总名，析言之则惟舆称车，以人所居也。故《考工记》曰舆人为车，夏后时奚仲所造。《左传》曰：薛之皇祖奚仲居薛，以为夏车正。杜云：奚仲为夏禹掌车服大夫，然则非奚仲始造车也。"段注进一步区分了车、舆，浑言统称为车，但只有舆可以指代车。《考工记》记载夏后氏奚仲发明了车。《左传》奚仲为薛之祖先，为夏车正，负责夏禹的车服安排，杜预指出奚仲只是车正，并没有发明车。《古史考》："黄帝作车，引重致远。少昊时加牛，禹时奚仲为车正，加马。"为了让车能牵引重的东西去远方，少昊氏用牛拉车，奚仲时用马拉车。

舆，车中装载东西的部分，后泛指车，《说文》中指车厢部分。

《说文·车部》："车舆也。从车舁声，以诸切。"段注："舆，车舆也。车舆谓车之舆也。《考工记》：舆人为车。注曰：车，舆也。舆为人所居，可独得车名也。轼较轸轵轐皆舆事也。"轼，古代指车厢前面用作扶手的横木。较，车骑上曲铜，高于轼者二尺二寸。轸，古代指车厢底部四周的横木。轵，古代指车毂外端的小孔。轐，车轼下面横直交接的栏木。舆为人所居处，因其特殊性，可以单独指代车。

《周礼·冬官·考工记》："舆人为车。《注》舆人专作舆，而言为车者，车以舆为主也。"[1]郑注舆人指专门负责做舆的人，舆指车厢，说舆人为车是因为舆是车的主体部分，经常被用来指代车。

<blockquote>洞清，古文術、泂二形，同，徒贡反，洞犹通也。经文从口作哃，非也。</blockquote>

洞，《说文》："疾流也。从水同声，徒弄切。"洞，水流很急，引申为洞达、洞壑。班固《西都赋》："溃渭洞河。"溃义为水冲破堤岸；形容水流很大；洞，形容水流很急。颜延之《阮步兵》："阮公虽沦迹，识密鉴亦洞。"形容阮籍识鉴精密，对于时事有极敏锐的洞察力。洞，深也，朗彻也。司马相如《大人赋》："洞出鬼谷之堀礨崴魁。"洞，通、贯穿之义。

哃，音徒工切、徒红切，妄下言论之义。《玉篇》："哃，妄语也。"哃，妄语。清吴骞《拜经楼诗话》："正如里塾小儿学作对句，以字多者为能，盲师矜喝，瞽子哃疑，宜其谓七言最难合作，甚于五

---

[1] 吕友仁等：《周礼》，郑州：中州古籍出版社，2018年，第379页。

律也。"盲师矜喝，盲师自夸呵斥；聱子哃疑，聱子妄言惑人。

　　表示水流湍急、贯穿之义的洞与表示妄语的哃在读音、意义方面均有很大差异，经文将洞察之洞写作妄言之哃，音义原文评价其为非体。

　　　慷慨，正作忼忾，同，古莽反，下苦代反，忼忾，大息，不得志者。

　　慷慨，志气昂扬。《史记·高祖本纪》："高祖乃起舞，慷慨伤怀，泣数行下。"高祖志气高昂感慨伤怀，泣下数行。慷慨，士气昂扬、情绪高亢。《后汉书·齐武王缜传》："性刚毅慷慨。"性格刚毅慷慨。慷慨，激昂之意。《儒林外史》第三十二回："杜少卿拉住道，不然我还要多给你些银子，因我这娄太爷病重，要料理他的光景，我好打发你回去。当晚臧张二人都赞杜少卿的慷慨。"此处指慷慨的另一个义项，指大方不吝啬。

　　忼同慷，情绪激昂之义。《说文》："忼，慨也。忼慨意气感激不平也。"忼《说文》意气不平而情绪激昂，又有感伤、倜傥之义。忼忾，感慨。陆云《赠郑曼季·鸣鹤》诗："嗟我怀人，心焉忼忾。"想到我所思念的人，心中情绪难平。揭傒斯《春莫闲居寄城西程汉翁》："言辞多忼忾，文字少凋残。"言辞多慷慨之气，文字少凋残之意。忼忾此处指情绪激昂。

　　从例证看，慷慨意思主要集中在情绪激昂，间或有因不得志而抒发不平之鸣的义项。忼忾虽有时表示情绪激昂之义，但意思主要集中在抒发不平，感慨叹息上，这是两词的主要区别。

评曰，皮命反，谓量议也。《字书》："评，订也。"订音徒顶反。《说文》："订，平议也。"

评，议论、评论，判出高下，通作平。《博雅》："平也，议也。"评，议论。评，衡量以判断高下。《增韵》："品论也。"评，品评议论。《后汉书·许劭传》："劭好覈论乡党人物，每月更其品题，故汝南俗有月旦评焉。"月旦评，东汉末年由汝南人许劭兄弟主持对当时人物的品评、褒贬，常在每月初一发表，故称"月旦评"。时人一经品评，辄身价百倍，世俗流传。月旦评影响甚大，一度成为州郡、甚至是中央政府选取人才的标准。曹魏的九品中正制就是在此基础上形成。这里，评义为品评，衡量人物品德、才学高下。

订，评议。"两刃相割，利钝乃知；二论相订，是非乃见"。订有互相参考以评议的意思。段注："订，平议也。《考工记》注：参订之而平。他顶切。"段注引用《考工记》释订，参考订正并且评价。《诗·周颂》："彼作矣，文王康之。《笺》以此订太王、文王之道，卓尔与天地合其德。"《周颂》以此订太王、文王之道，以此来对比评价太王文王的治国之道。《晋书·荀崧传》："其书诸所发明，或左氏、公羊所不载，亦足有所订正。"订正，校订改正之义。

可见，评主要指议论、评论，有衡量高下之义；订，也有评价之义，但更多的是从对比、评价并订正角度释义，两者侧重点不同。

涕泗，自鼻出曰泗，自目出曰涕。

涕，眼泪。《说文》："涕，泣也。《毛传》云：自目出曰涕。从水，弟声，他礼切。"涕，本义为眼泪，《说文》特别强调自目出。《玉篇》："目汁出曰涕。"《玉篇》眼睛所出的汁液称作涕，主要指眼泪。《诗·邶风》："泣涕如雨。"涕泣同义，都有哭泣之义。涕在有了专门表示眼泪的泪字之后，意思发生了转移，用来指称鼻涕。

泗，鼻涕，涕泗也。《诗·陈风》："涕泗滂沱。《传》自鼻曰泗。"《诗经》中的涕、泗尚有区别，分别指眼泪和鼻涕。自目出称作涕，自鼻出称作泗，因来源不同而有区别，后来两词都用来表示鼻涕。

> 而弑，今作弑，同，尸至反，下煞上曰弑，弑，伺也，伺闲然后施便也。

弑，古时称臣杀君、子杀父母。《说文》："臣杀君也。《易》曰：臣弑其君。式吏切。"《说文》弑解释为臣子杀害国君。段注："弑者，试也。欲言臣子杀其君父不敢卒，候间司事，可稍稍试之。《释名》曰：弑，伺也。"段注从声音角度解释弑，试也，臣子试图刺杀其君父，但不敢仓促进行，等候时机动手。《释名》："下杀上曰弑。弑，伺也，伺间而后得施也。"《释名》将弑解作伺，窥伺合适的时机而后得以施行计划。弑，伺，窥测观察伺机而动。《类篇》："弑，杀也。自外曰戕，自内曰弑。"《类篇》将弑解作自戕。

> 觉悟，上劾反，悟亦觉也。经文以觉为悟，文字所无。又以寤为悟，悟即解悟字也。非眠后之觉寤也。

悟，理解、明白、觉醒。段注："悟，觉也。《见部》觉下曰：悟也，是为转注。"《困知记》："无所觉之谓迷，有所觉之谓悟。"无所觉醒称作迷茫、迷失，有所觉悟称为醒悟，启发人曰悟。

寤古同"悟"，睡醒，引申为理解、明白之义。《说文》："寤，寐觉而有言曰寤。释玄应引《苍颉篇》：觉而有言曰寤。按《周南·毛传》曰：寤，觉也。"寤《左传》清醒、醒过来。《周礼·秋官》："有司寤氏。《注》寤，觉也，主夜觉者。"[1] 司寤氏的职责是负责报告夜间的时辰。寤郑注醒来，负责夜里醒来之事。《春官·大卜疏》："梦者，精神寤见，觉而占之。"梦者，精气动，魂魄离身，醒来之后去占卜。《左传·隐元年》："庄公寤生，惊姜氏。杜预曰：寤寐而庄公生。"寤生，睡梦中而庄公出生。《风俗通》："凡儿堕地，能开目视者，谓之寤生。"《风俗通》引申为婴儿刚出生，能睁开眼睛看东西，被称为寤生。

理解、明白之悟与睡醒之寤在读音、意思方面有很多相同、相近之处，但由于二者本义不同，悟的义项更集中在明白、理解方面；而寤的义项和用例多集中于睡醒、清醒。觉悟义为从以往的困惑或过失中醒悟明白。荀子《成相杂辞》："不觉悟，不知苦。"觉悟，清醒、醒悟。《根本说一切有部毗奈耶破僧事》卷六："于诸法中觉悟者，唯愿当开甘露门。"佛教用语，指经由修行，证悟真理，而灭除无明、烦恼的圣者境界。

（二）词义变化

语言的发展演变有其继承性也有变异性，词义演变亦然。有些词的意思古今不变，延续几千年；但有些词的意思古今差异很大，甚至

---

[1] 吕友仁等：《周礼》，郑州：中州古籍出版社，2018年，第137页。

今义与古义完全没有关系。前者属于基本词汇，是词汇的重要组成部分，同时也是语言继承性、固定性的重要表现。后者古今词义微殊，或差异很大，给阅读和研究古籍带来很多困难，更需要关注。

词义随着时代推移而不断发展变化，时代不同，词义就有可能变化。词义的变换主要包括三个方面：词义扩大、词义缩小、词义转移。下面从这三个方面对敦煌佛经音义的词义变化进行举例说明。

1.词义扩大

词义经历古今演变后所表示的概念外延比原来词义所表示的大，这种情况称作词义的扩大。一般来说，词义扩大总是从具体的、个别的词义演变到抽象的、一般的词义。如以下例子：

　　　　筌罩，罣、罤、莉三形，今作罩，同，陟校反，捕鱼笼。

　　笼罩，鸟笼，笼槛，名词。葛洪《抱朴子·备阙》：“鸿鹄不能振翅于笼罩之中。”鸿鹄不能于鸟笼中振翅，形容被限制、束缚了自由。葛洪《抱朴子·畅玄》：“其高则冠盖乎九霄，其旷则笼罩乎八隅。”笼罩，动词，像笼子似地罩在八方之上。刘勰《文心雕龙·时序》：“屈平联藻于日月，宋玉交彩于风云。观其艳说，则笼罩《雅》《颂》。”笼罩，动词，超越，凌驾于其上。是说屈原、宋玉之辞赋色彩超过《雅》《颂》。刘义庆《世说新语·品藻》：“孙兴公曰：下官才能所经，悉不如诸贤，至于斟酌时宜，笼罩当世，亦多不及。”笼罩，动词，控制、笼络。斟酌时宜，笼罩当世义为考虑取舍需要，笼络当代之人，也多不能做到。

　　笼罩，由最初表示捕鸟的笼子的名词义，演变为表示像鸟笼一样覆盖的动词义，后又引申出超越、凌驾、控制等义项，逐渐由表示具体实物的名词概念演变为表抽象义的动词概念，词义在实际运用中逐步扩大。

　　锋芒，古文鏠，同，无方反，《字林》："禾秒也"，谓其刃綐利如芒。

　　锋芒，刀剑的尖端或刃部，比喻人的锐气与才华。《说文》："锋，兵耑也。本作鏠，省作锋。"锋《说文》兵器的尖端。段注："兵械也。耑，物初生之题。引申为凡物之巅与末，凡金器之尖曰鏠。俗作锋，古亦作夆，山之巅曰夆。"段注锋指兵器器械。端，万物初生时的状态被称作端，引申为物体的头和末端，后泛指金属的尖端。《释名》："刀其末曰锋，言若锋刺之毒利也。"[1]《释名》锋指刀刃，因其锋利得名。《汉书·东方朔传》："变诈锋起。"《荀子·王制篇》："尝试之说锋起。《注》如锋刃齐起而难犯。"两例锋起都是纷纷发生之义，如锋刃齐起，锐利难当。

　　芒，禾本科植物种子壳上的细刺。《说文》："芒，草端也。"芒《说文》草的尖端。《玉篇》："稻麦芒也。"稻麦穗子上的针状物，有尖端，刺人。《周礼·地官·稻人》："泽草所生，种之芒种。《注》芒种，稻麦也。"凡是能生草的泽地，都能够种植稻麦。芒种，此处指稻麦。

　　锋芒原指刀剑的尖利部分，锋指代兵器的尖端，后泛指金属的尖

---

① ［汉］刘熙：《释名》，北京：中华书局，2016年，第100页。

端；芒指植物种子上的针状物，主要系稻麦穗上的尖刺，后延伸指草的尖端。锋芒由最初指称金属或植物的尖端的名词概念，后引申出锐利、锋利等形容词概念，又用来比喻人的锐气与才华，词义逐渐扩大并抽象化。

豪牦，又亳，今作眼，同，力之反，今皆作厘，理也，古字通用。

豪，本义豪猪，哺乳动物，全身黑色，自肩部以下长着许多长而硬的棘毛，棘毛如刺，黑白相间，穴居，昼伏夜出，也称箭猪。《说文》："豕鬣如笔管者，出南郡。"《山海经》："竹山有兽，其状如豚，白毛，大如笄而黑端，名曰豪彘。《注》猪也。夹髀有麁毫，长数尺，能以脊上毫射物，吴越呼为鸾猪。"《说文》《山海经》都将豪释为豪猪，因身上长有长豪而得名。

《史记·张耳传》："秋豪皆高祖力也。"豪、亳古通用，指动物身上长而细的毛。《礼记·经解》："君子慎始，差若豪釐，缪以千里。"① 豪釐，一毫一厘，形容数量极少。豪通亳，釐通厘。

豪也作英俊、豪杰讲，形容词。《玉篇》："俊也、英也。"《孟子》："若夫豪杰之士。"《淮南子·泰族训》："智过百人者，谓之豪。"《汉书·武帝纪》："选豪俊，讲文学。"《玉篇》《孟子》《淮南子》《汉书》都将豪释为豪杰之士或豪杰。《淮南子》说明了豪杰的标准，智慧过百人，才称得上豪杰之名。《汉书》豪俊讲文学，也说明豪俊

---

① 胡平生等：《礼记》，北京：中华书局，2017年，第956页。

注重文学修养。

豪原指豪猪，豪猪有尖而细长的毛，延及其他动物细长的毛。由细长义引申出短小、数量少之义，而数量少且具有影响力的人被称作豪杰之士。

2.词义缩小

古今词义演变后词义所表示的概念外延比原来表示的小，这种情况称作词义的缩小。词义的缩小大都从抽象的、一般的词义演变到具体的、个别的词义。如下例：

> 仇憾，古文逑，同，渠牛反，下胡闇反，《尔疋》："仇、雠，匹也。"怨耦曰仇。

仇本义为匹偶，与逑同，后引申为仇恨。《说文》段注："仇，雠也，雠犹应也。《左传》曰：嘉偶曰妃，怨偶曰仇。按仇与逑古通用，《辵部》怨匹曰逑，即怨偶曰仇也。仇为怨匹，亦为嘉偶。《周南》君子好逑，与公侯好仇义同。巨鸠切。"段注，仇释为雠，应答之义。《左传》嘉偶曰妃，怨偶曰仇，嘉偶称作配偶，怨偶称作匹配，此处，仇与逑义同。《说文·辵部》怨匹曰逑，此处怨匹义为配偶，逑同仇，仇既指怨偶，又指嘉偶。故《周南》君子好逑与公侯好仇同义，都是匹配之义，无感情色彩区别。

仇，匹也。《尔雅·释诂》："仇，合也。《注》谓对合也。"仇《尔雅》释为对合，即匹配之义。《诗·秦风》："修我戈矛，与子同仇。"与子同仇，仇指仇恨、仇敌之义，与你有共同的敌人。《左传·桓二年》："师服曰：嘉耦曰妃，怨耦曰仇。仇，怨敌也。"怨耦曰仇，怨耦被称作仇敌，有怨恨的人。仇此处只有仇恨或仇敌义。

可见，仇由最初表示嘉偶、怨耦两个意思的匹配、配偶义缩小到只表示怨偶意思的仇恨、仇敌义。表示匹配义时与述义同，可互为异体字；但因仇词义范围缩小，不再表示嘉偶义，也不再具备匹配义，与述的异体关系就不复存在。

3.词义转移

古今词义演变后所表示的概念内涵与原来词义所表示的不同，称作词义的转移。一般来说，词义转移总是从一种意义转移到另一种意义。如以下诸例：

> 私咤，古作嚓，同，竹嫁反，依字，咤，喷也，服虔云痛惜曰咤，是。

咤本义为吃东西时口中作声。后玄应《一切经音义》引《通俗文》："痛惜曰咤也。"此外，还可作怒吼、慨叹、叹息声等解释，属词义的转移。《礼记·曲礼上》："毋咤食，毋啮骨。《疏》谓于口舌中作声，似嫌主人之食。"[1]咤食，吃饭时口舌作响，似乎是嫌弃主人的饭食。啮骨，啃骨头。《文选·郭璞·游仙诗》："临川哀年迈，抚心独悲咤。"捂着心口独自悲叹、悲愤。咤，痛惜义。《山海经·北山经》："有兽焉，其状如豹而长尾，人首而牛耳，一目，名曰诸犍，善咤。"中国古代神话传说中的神兽，出自《山海经·北山经》。人面豹身，牛耳一目，有长尾，能发巨声。咤义为怒吼、叱咤，怒吼声。

---

[1] 胡平生等:《礼记》,北京:中华书局,2017年,第33页。

《后汉书·王符传》："石山隐饰，金银错镂，穷极丽靡，转相夸咤。"咤，夸大、欺诳之义。

咤与吒同，《说文》："喷也，叱怒也。"《说文》与《玉篇》解释同。《玉篇》："咤，与吒同。喷也，叱怒也。"吒，怒斥之义。

判合，古作胖，又作牉。同，普旦反，牉，半体也，言此半体得偶尔合曰牉合。经有作泮，冰释也，非此义。

《说文》："判，分也。从刀，半声。"判《说文》分开。《玉篇》："分散也。"《玉篇》分散。《周礼·地官·媒氏》："掌万民之判。《注》判，半也。得耦为合，主合其半。"①媒氏的职责是掌管万民的结成夫妇之事。判，半也，判同牉。一半，二人为偶，一人为半，合之乃成夫妇。《字林》："牉合其半，以成夫妇。"《字林》与《周礼》解释一致，都是将判一半合二为一，已成夫妇之义。

牉，一半，两个结合中的一方。又指分为两半，泛指分开。《玉篇》："半也，分也。"《玉篇》牉义分为两半。《仪礼·丧服传》："夫妇牉合也。牉合，合其半，以成夫妇也。"《仪礼》进一步说明夫妇互为对方的另一半，合二为一才能称为夫妇。

判、牉，《周礼》解释为半，二人为偶，一人为半，合在一起才成为夫妇。后《说文》《玉篇》释为分开分散，并作为本义，而结为夫妇义后不多见。此属于词义的转移。

---

① 吕友仁等:《周礼》,郑州:中州古籍出版社,2018年,第139页。

鄙悼，上补美反，鄙，耻也，陋也；下徒到反，悼，伤也。

《说文》："五酇为鄙。从邑啚声，兵美切。"《周礼·地官·遂人》："掌造县鄙形体之法，五酇为鄙，五鄙为县。"①设立县鄙等行政区划，五家为一邻，五邻为一里，四里为一酇，五酇为一鄙，五鄙为一遂。段注："五酇，五百家也。《周礼》都鄙，王子弟公卿大夫采地。鄙，所居也。按《大司徒》以邦国、都鄙对言。郑注以邦之所居曰国，都之所居曰鄙对言。"段注，五酇指五百家。鄙，王子公卿大夫采邑及王子弟的食邑。《周礼·天官·大宰》："以八则治都鄙。《注》都之所居曰鄙，公卿大夫之采邑，王子弟所食邑在畿内者。"②以八则来治理都鄙。都，建有宗庙的城市；鄙，周代地方组织单位。《左传·隐元年》："太叔命西鄙北鄙贰于己。《注》鄙，郑边邑。"③此处鄙指郑国边境的城市。

《左传·宣十四年》："过我而不假道，鄙我也。"《老子·道德经》："众人皆有以，我独顽似鄙。"鄙，陋也，厌薄之也。鄙薄、浅陋之义。鄙两例都用作动词，有轻视之义。《淮南子·诠言训》："夫始于都者，常大于鄙。"鄙与都对言，朴野也，朴实之义，形容词。引申为粗俗、庸俗，《韩非子·五蠹》："今之争斗，非鄙也，财寡也。"鄙，形容词，行为粗俗，地位低下。

鄙由最初的地方组织单位后演变为都邑之城，进而义为边境城市。由边境城市引申出偏僻、鄙陋。由鄙陋浅薄义引申出轻视，系动词用法。后又引申出粗俗、地位低下义，由地位低下引出品格低下，至此

① 吕友仁等：《周礼》，郑州：中州古籍出版社，2018年，第31页。
② 吕友仁等：《周礼》，郑州：中州古籍出版社，2018年，第150页。
③ 刘利、纪凌云译注：《左传》，北京：中华书局，2007年，第5页。

鄙完成了由名词词义向动词、形容词词义的转变，并且带上了贬义的感情色彩。古今义差别很大，已经看不出鄙作为行政单位的影子。

赋给，古文贶，同，甫务反，《说文》："赋，敛也。"《广雅》："赋，税也。"《方言》："赋，动也。"谓赋敛所以扰动也。《尔雅》："赋，量也。"郭璞曰："赋税所以平量也。"

段注："赋，敛也。《周礼·大宰》：以九赋敛财贿。敛之曰赋，班之亦曰赋。经传中凡言以物班布与人曰赋。从贝，武声，方遇切。"《说文》段注赋的意思为敛。《周礼·大宰》"以九赋敛财贿"。[①]"九"指九种不同之赋税名。可见，赋在最初只表示聚敛财物，这种收集财物的方式在国家政令下进行，就用来表示聚敛财物给国家的意思，即赋税。赋税在国家政令和强制手段下，最初于每个公民自身按实际情况都是均布的，这体现了赋税的强制性和相对公平性，故《说文》称其"敛之曰赋，班之亦曰赋。"段注："敛，收也。从攴佥声。良冉切。"敛的意思为收，即将财物收聚一起，国家通过土产、劳役或其他实物形式将财物按一定比例聚集，以用于政府的各种需要和支出。段注："班，分瑞玉。《尧典》曰：班瑞于群后。刀所以分也，布还切。《周礼》以颁为班，古颁班同部。"按段注解释，班的意思为分玉，由分玉进而引申出对其他事物的分配，如按个人实际分担不同程度的赋税等。《尚书·禹贡》："厥赋惟上上错。"《传》："赋，谓土地所生，

---

① 吕友仁等：《周礼》，郑州：中州古籍出版社，2018年，第32页。

以供天子。"①《周礼·天官·大宰》："以八则治都鄙，五曰赋贡，以驭其用。"《注》："赋，口率出泉也。"②赋指土地税，贡指职业税。其中，赋都有按一定比例供给天子，以管理百姓的意思。

《汉书·平帝纪》："为百姓困乏献其田宅者二百三十人，以口赋贫民。"③赋，动词，禀受也，给予也。指按照人口数分发给贫民。《诗·大雅》："明命使赋。《传》赋，布也。《笺》使羣臣施布之也。"赋，动词，颁布也。

《诗·周南·关雎序》："诗有六义，二曰赋。《疏》赋之言铺，直铺陈今之政教善恶。"班固《两都赋序》："赋者古诗之流。"赋，铺陈也，此处用作名词，指一种文学体裁。

赋本义名词赋税，如《周礼》九赋。因为赋税的强制性、公平性引申出聚敛、征收、颁布之义。后又引申出铺陈义，及带有铺陈性质的文体赋，属词义转移。

万歧，又作岐、跂二形，同，巨宜反，谓道有支分者。

歧，歧路也，岔道，偏离正道的小路，名词。后也指正式或正当途径以外的其他途径，如歧误等，亦指走入歧路。颜延之《赭白马赋》："临歧矩步。《注》歧，歧路也。"白马在歧路面前依然步态端方，不慌不忙。歧路，岔路。《尔雅》曰："二达谓之歧。"歧《尔雅》从两条路走都能到达目的地。《后汉书·张堪传》："麦穗两歧。《注》一

---

① 慕平译注：《尚书》，北京：中华书局，2009年，第52页。
② 吕友仁等：《周礼》，郑州：中州古籍出版社，2018年，第33页。
③ ［汉］班固：《汉书》，北京：中华书局，2009年，第353页。

茎两穗，如歧路之二达。"此处，麦穗两歧指一枝麦秆上长出了两只麦穗。《列子·说符》："大道以多歧亡羊。"歧，岔路，岔道。大道因岔道众多而易丢失羊。潘岳《笙赋》："翾翾歧歧。通作岐。"歧歧，飞行貌，形容词，形容翅膀翘起、挺立飞行的样子。

歧原指岔路、小路，也指可以到达目的地的两条路，由歧路引申出歧途之义，进而引申出误入歧途。此外，歧除了岔道之义还可指麦穗两歧，也具有形容词用法，如飞行貌等。

第三节　文字研究

我们在辑录敦煌佛经音义时，遇到的第一个问题就是文字的识别。敦煌佛经音义异体字、古文、经文、或体、俗字众多，对写卷的整理、识读和研究造成很大困难。敦煌佛经音义文字研究与敦煌文字研究密不可分，是其中重要的组成部分。在敦煌文字研究方面，此前有潘重规、张涌泉、黄征、于淑健、蔡忠霖等学者，分别对敦煌文献中的俗字、古文、避讳字、武周新字等做了系统梳理、辑录、考证、校注。同时，结合文字学、文献学、辞书学知识，以敦煌文字研究为基础，形成了诸多敦煌文字研究专著和辞书，如《敦煌俗字谱》《敦煌俗字研究》《敦煌俗字典》等，这些研究不仅扩大和深入了敦煌文字研究，丰富了敦煌文献语言研究成果库，对近现代大型字典《汉语大字典》《中华大字典》等也具有重要补充作用。①基于此，我们对敦煌佛经音义中出现

---

① 郑贤章：《汉文佛典：谱写汉字研究新篇章》，《湖南师范大学社会科学学报》2017年第5期，第1—10页。

的异体字、古文、经文、俗字等分别做了分类辑录、整理和研究，以期能够丰富佛经音义文字与敦煌文字研究，同时对佛典语言文字研究有所补充。

一、异体字

异体字指两个或两个以上字义完全相同，在任何情况下都可以相互替代的字。在古代，同一个词用两个或更多字来表示是不可避免的。异体字是字音、字义都相同而字形不同的一组字。由于汉字是由意符、声符和声调组成，意符选取的角度因人而异，声符又不同于拼音文字中的字母，所以，一字多形的现象在汉字历史上比比皆是。"异体字就是彼此音义相同而外形不同的字。严格地说，只有用法完全相同的字，也就是一字的异体，才能称为异体字。但是一般所说的异体字往往只包括部分用法相同的字。严格已有的异体字可以称为狭义异体字，部分用法相同的字可以称为部分异体字，二者合在一起就是广义的异体字。"①异体字可分为狭义的和广义的两类。狭义的异体字指与正体字同音同义而写法不同的两个字。广义的异体字指读音、意义相同但写法不同的汉字，平常所说异体字是狭义的异体字。

文字学家根据《说文解字》，将异体字分为正体、俗体、变体等。《说文解字》所载为正体，《说文解字》不载为变体。王力先生认为这种划分方法过于武断，他将异体字分为四种情况：会意字与形声字之差，如泪与淚；改换意义相近的意符，如嘆与歎；改换声音相近的声符，如线与綫；以及变换各成分的位置，如慚与慙。

---

① 裘锡圭：《文字学概要》，北京：商务印书馆，2004年，第205页。

异体字又分为"完全异体字"和"部分异体字"。"完全异体字"指在任何情况下读音和意义都一样的汉字；"部分异体字"指只在某些情况下才相通的汉字。汉字异体字据研究主要有以下五种类型：

第一，为语言中同一语词而造、在使用中功能没有分化的一组字，如觏—睹、徧—遍。在异体字中，这类数量最多。

第二，造意不同，但在实际使用中用法相同、功能重合的一组字，如 罪—皋、颿—帆等。这里，罪和颿的本义都没有文献用例，可能是字书的编者根据字形推出来的，这一点可用于区别这类异体字与一般假借字。

第三，同一古文字形体由于传承演变、隶定楷化的方式不同，而在楷书平面上出现了两个或两个以上不同的形体，这些楷书字形之间构成了异体字关系。如辟—劈、僻、壁、避，"劈、僻、壁、避"相互之间构成了异体字关系。

第四，异写字，主要是针对早期的楷体而言的。异写字之间的差异主要是书写元素，也就是笔画上的差异，但不对构形模式、结构分布和构意产生任何影响。

第五，讹字，即在传抄、书写过程中字形发生了讹变的字。一般的讹字不能看成异体字，但当它被长久使用并进入字书后，其与相应的正字，与一般的异体字之间的关系便没有什么两样了。因此，这类应该看成是异体字中特殊的一类。

异体字的研究可分为两大类：理论和实际使用。理论研究主要涉及异体字的形成、特点、本旨、范围、构成等；实际使用研究主要是探讨具体汉字之间的关系，敦煌佛经音义无论是理论还是实际都对汉语异体字研究具有重要作用。

此外还有表示一般"同"关系的异体字，即读音与意义相同，但写法不同的异体字，这是一般意义上的异体字，长期使用并已固定。构成异体关系的两个或多个字来源于古今字、俗体及其他引文。敦煌佛经音义中相关的例子如：P.3095背《一切经音义》第十卷、第十一卷、第十二卷、第十三卷、第十四卷，Ф.230《一切经音义》第十卷、第十九卷、第二十三卷、第卅一卷、第卅二卷、第卅三卷、第卅九卷、第卌卷等，分别列举如下：

轻躁，又作趮，同，子到反。

欠欨，又作呿，同，丘庶反，《通俗文》：张口运气谓之△。

鞲衣，《三苍》而用反，或作韝，而容反，谓古具垂毛也。或作靯。

髋骨，或作臗，同，口丸反。

瘜肉，《方言》作膶，同，思力反。

曰（因）燧，正作鐆，同，辞醉反，火母也。

瓌异又作傀，同，古回反，

难冀，又作觊，同，居至反，冀也。

手抱，《说文》作捊，捊或作抱，同，

嘲调，正字作啁，同，竹包反。

罜礙，又作罜，同，胡封（卦）反。

粟，字体作糜，同，亡皮反，禾稼也。

线塼，字体作甎，同，脂缘反，又音舩。

祢瞿，又作你，同，女履反。

欨乳，又作嗽，同。

"躁，又作趮，同。""㰦，又作呿，同。""鞾，或作鞋，或作氀。""髋，或作臗，同。""瘜，作腮，同。""燧，正作鐆，同。""瓌（瑰），又作傀，同。""冀，又作觊，同。""抱，或作捊，同。""调，正字作啁，同。""罣，又作罫，同。""塼，字体作甎，同。""祢，又作你，同。""欶，又作嗽，同。"上述例子均用同来表示两字的异体关系，表示两个字之间是读音和意义均相同或相近而写法不同的关系，这种异体关系通常用"又作""或作""作""正作""正字作""字体作"等术语表示出来。

敦煌佛经音义列举了众多异体字，为我们研究异体字提供了许多丰富的资料，例如S.3469《一切经音义》，P.3095背《一切经音义》第九卷、第十卷，Φ.230《一切经音义》第十一卷、第二十三卷，P.3734《一切经音义》，P.2901《一切经音义》等，分别列举如下：

号哭，号亦哭也，字从号，虎声。经文作嗥，《说文》：嗥，咆也。《左传》豺狼所嗥，是也。嗥非此义。又从口作嗁，俗伪字耳。

哽噎，古文䯙、腰二形，又作鲠，同，古杏反，哽，噎也。下于结反，经文多作咽，咽非字体。

怖遽，经文有作懅，书史所无。唯郭璞注《尔疋·释言》中『凌，懅也』作此字，二形通用。

肴馔，又作籑，同士眷反，《说文》：馔，具饮食也。

怡悦，古文嫛同，弋之反，《尔雅》：怡，乐也。《方言》：怡，喜也。《说文》：怡，和也。

蟠龙蒲寒反，蟠，屈也，未升天龙谓之蟠龙。经文有作槃，古字通。

难冀，又作觊，同，居至反，冀也。《说文》：觊，幸也。

手抱，《说文》作捊，捊或作抱，同，步交反，捊，引取也。《通俗文》作掊，蒲交反，手把曰掊。

三括，古夺反，括，结束也，括犹锁缚之也。此字应误，宜作摇，以招反，摇动也。

鞠颊渠六反，案鞠谓聚敛也。字亦作趜。

釪寶案字义亦作于寘，音徒见反，今作于阗，国名。

捃拾又作攈，同，居运反，《方言》：捃，取也。

俱谭或作具谭，经多云瞿昙，皆是梵言轻重也。

"号，经文作嗥，又作呺，俗伪字耳。"异体字关系源于佛经写法不同，且后一个系俗字错字。"哽，古文骾，又作鲠，同。"异体字关系源于古今文写法不同。"遽，经文有作懅，二形通用。"异体字关系源于佛经写法不同，但二形可通用，说明两字读音和意义完全相同。"馔，又作籑，同。"异体字关系源于两字读音和意义完全相同。"怡，古文嬒，同。"异体字关系源于两字读音和意义完全相同。"蟠，经文有作盘，古字通。"异体字关系源于两字古字通用。"冀，又作觊，同。"异体字关系源于两字读音和意义完全相同。"抱或作捊，同。"异体字关系源于两字读音和意义完全相同。"括，宜作摇。"异体字关系源于对字体的判断，应该写作"趜"。"鞠，字亦作趜。"异体字关系源于对字体的判断，应该写作"摇"。"釪寶，亦作于寘，今作于阗。"异体字关系源于古今字体的变化。"捃，又作攈，同。"异体字关系源于两字读音和意义完全相同。"俱谭，或作具谭，经多作瞿昙。"异体字关系源于佛经惯用写法或称呼。

由以上例子可知，敦煌佛经音义异体字来源主要有经文用字、俗字、古文、今文、通用字、别字等。这些异体字的产生和存在为今天研究异体字提供了十分丰富的资料，为字典类辞书如《汉语大字典》的整理和编纂提供了充分的佐证，大大体现出其大而全的特色，具有举足轻重的作用。"如果我们在编大型字典的时候，把汉字的异体字来一个全面整理，那就可以在释义时避免重复，大大提高字典的质量。"①此外，由于这些异体字的产生源于佛经翻译，因其所表现的事物往往非汉语所有，需要译经僧临时造字。不同的译经僧因为思路不同，选用的字也不同，对比研究这些异体字可推溯译经僧的思路和身份背景等，这为敦煌佛经音义与译经关系研究提供了新视角和新思路。

敦煌佛经音义中出现同、或作、又作、有作等表示异体字关系的术语。同，表示一般情况的异体字，即读音和意义相同或相近，可相互替代，这种异体字被长期或在较大范围内使用，具有相对长久性、固定性和稳定性。或作、又作、有作表示两个字在部分文献或某些语言环境中读音和意义完全相同或相近，可互相替代，但不具有广泛性和固定性。下面本文对敦煌佛经音义的异体字分别从同和或作、又作、有作两大类进行辑录、整理、释义。

（一）同

同，《大辞海·语言学分卷》："文字学术语。指某一古字即某一

---

① 刘又辛:《文字训诂论集》,北京:中华书局,1993年,第92页。

今字，两字具有古今字关系。"①在敦煌佛经音义中，两字或多字相
"同"的例字共有310组。形成"同"关系的组字包括又体、或体、古
文、今文、正体、诸书体，比较复杂，不能一概用《大辞海》古今字
关系来定论。从"同"所表示的众多文字关系来看，在敦煌佛经音义
或《玄应音义》时代，古文字术语的概念相对今天而言比较模糊，同
一个术语可以指代多种关系。这种状况与传统语言学，尤其是古文字
学、训诂学材料众多，但理论体系研究相对滞后，传统语言学重视材
料收集、考证，但在理论体系建构方面所用功夫不多的发展状态密切
相关。玄应虽精通梵汉双语，于小学训诂之类学问也深有造诣，但在
大的研究背景下亦难免疏于理论，况《玄应音义》写作目的主要是最
大限度地收集整理、解释佛典疑难字词，于文字体系研究方面所花功
夫不多，这也与唐及以前文字著作的研究习惯有关。

唐代及唐以前在文字整理方面的著作除许慎《说文解字》外，还
有吕忱《字林》、江式《古今文字》、顾野王《玉篇》及颜元孙《干禄
字书》等。吕忱《字林》与江式《古今文字》以小篆为解释对象，在
体例和编排方面以《说文解字》为依据，主要在于整理六艺文字。顾
野王《玉篇》虽以楷书为字头，用反切注音，且有很多例证，但写作
主旨还在于整理文字，即原本《玉篇》序中所言"总会众篇，校雠群
籍，以成一家之制。"颜元孙《干禄字书》，武后时作，大历九年（774
年）由颜真卿写录，是一本为写章表奏记书启判状时辨别文字而作的
书。收字以四声为次，分206韵排列，每字区别俗、通、正三体。收录
了不少当时通行的简化字，有助于当时识字及书写规范的建立。《干

---

① 夏征农、陈至立：《大辞海·语言学卷》，上海：上海辞书出版社，2003年，第98页。

禄字书》之后还有《五经文字》和《九经字样》两书，于唐文宗开成年间刻于京城太学孔庙石壁上，供人临摹。雕版印刷术发明之后有了刻本，逐渐流行于世。两书主要收录《诗》《书》《礼》《易》《春秋》五经字样，参考《说文》《字林》，为经传文字使用起到规范作用，也为楷书形体提供了规范样本。

以上六书，前三部虽用途不一，但都重在文字整理，于文字理论方面多集中于六书，即文字形体的论述。在文字重文、异体方面虽有着墨但都不多，主要参考《说文》一千一百多个重文的方法排列。因为《字林》与《说文》的相似性及在晋以后文字学上的地位，敦煌本《玄应音义》多有征引。《古今文字》与《玉篇》两书因散佚残缺等原因，敦煌音义中征引不多，仅发现三条。后三书在文字整理和书写规范化方面用力较多，虽区分了文字正俗体，但因写录或刊刻时间晚于玄应，故《众经音义》中并未收录，敦煌音义中也罕见。敦煌佛经音义中310组同关系的字见下表：

表2 同关系组字

被释词	被释字	读音	义项	所同字	读音	义项	与被释字关系
哽噎	哽	古杏反	食骨留嗌中	鲠	古杏反	鱼骨	又作
战掉	掉	徒吊反	摇也	愮愮	音遥	忧心愮愮	又作
厮下	厮	思移反	役也微也	榹	思移反	积薪	又作
蜜致	致	驰致反	致亦蜜	緻	驰致反	致亦蜜	又作
乳哺	哺	蒲路反	口中嚼食	晡	补胡反	申时食	又作
创皰	创	楚良反	伤	戗刅	楚良反	伤	古文
创皰	皰	辅孝反	面生气	皰	辅孝反	面生气	又作
轻躁	躁	子到反	动也扰也	趮	子到反	动也扰也	又作
肴馔	馔	士眷反	具饮食	籑	士眷反	具次食	又作
怡悦	怡	弋之反	乐也和也	嬰	许其切	悦乐	古文
瓌异	瓌	古回反	美也盛也	傀	古回反	美也盛也	又作
羸瘠	瘠	才亦反	瘦也	瘠	才亦反	瘦也	古文
怼恨	怼	丈泪反	怨也	譄	丈泪反	怨也	古文
欠欨	欨	丘庶反	张口运气	呿	丘庶反	张口运气	又作
腨骨	腨	时兖反	腓肠	踹	时兖反	胖肠	或作
髋骨	髋	口丸反	髀上也	臗	口丸反	尻也	或作
姿态	态	他代反	能度情皃	能	他代反	能度情皃	古文
曰的	的	都狄反	明也	旳	都狄反	明也	古文
挞打	挞	他达反	击也	撻	他达反	击也	古文
螺王	螺	力戈反	蚌也	蠃	力戈反	蚌也	古文
敷在	敷	匹于反	遍也	専勇	职缘切匹于反	纺专震	古文

续表

被释词	被释字	读音	义项	所同字	读音	义项	与被释字关系
聪叡	叡	夷岁反	深明也通也	睿睿	以芮切	深明、通达	古文籀文
往讨	讨	耻老反	除诛	訽	耻老反	除诛	古文
耽湎	耽	都含反	乐也奢也	媅妉	丁含切	乐	古文
耽湎	湎	亡善反	沈于酒谓酒乐	酛	亡善反	沈于酒谓酒乐	古文
瘜肉	瘜	思力反	肉奇也	膔	思力反	肉奇也	方言
生涎	涎	详延反	小儿唾	次	详延反	小儿唾	诸书作
曰燧	燧	辞醉反	火母也燧人氏	鐆	辞醉反	火母也燧人氏	正作
曰枹	枹	扶鸠反	鼓槌	桴	扶鸠反	鼓槌	同
敦喻	敦	都昆反	勉也，相劝勉	惇	都昆反	勉也,相劝勉	古作
私咤	咤	竹嫁反	喷也痛惜	嚒	竹嫁反	喷也痛惜	古作
良佑	佑	胡救反	助也	迠	胡救反	助也	古作
流恻	恻	楚力反	痛也	愬	楚力反	痛也	古作
深穽	穽	慈性反	穿地为堑以取兽	阱荥	慈性反	穿地为堑以取兽	古作
而弑	弑	尸至反	下煞上	轼	尸至反	下煞上	今作
邠坻	坻	鄙旻反直饥反	梵言阿那他摈荼陁即无依	坻	直尼切	小渚	古作

续表

被释词	被释字	读音	义项	所同字	读音	义项	与被释字关系
判合	判	普旦反	半体	胖胖	普旦反	半体得偶尔合曰胖合	古作又作
难冀	冀	居至反	冀也	觊	居至反	幸也	同
餧飤	飤	囚恣反	仰食,以食供设与人	食	囚恣反	以食供设与人	石经今作
驶河	驶	山吏反	疾也	使	山吏反	疾也	古文
逐块	块	苦对反	结土,土块	凷	苦对反	土块	古文
温故	温	乌昆反	寻也	愠	于问反	恚、怨、恨	经文
哮吼	哮	呼交反呼挍反	虎声	猇	呼交反呼挍反	虎声	古文
赋给	赋	甫务反	敛、量、税	賦	甫务反	敛、量、税	古文
奁底	奁	力占反	盛镜器名	匲	力占反	盛镜器名	今作
憩驾	憩	却厉反	息也,止之息	愒	却厉反	息	古作
殡敛	敛	力艳反	衣尸	殓	力艳反	衣尸	古文
遗烬	烬	似进反	火之余木	盡	似进反	火之余木	正字
菅草	菅	古颜反	茅属	蕑	古颜反	茅属	同
嘲调	嘲	竹包反	相调戏	啁	陟交切	相周戏	正字
刖足	刖	五刮反鱼厥反	断足	跀跇	五刮反鱼厥反	断足	古文
纴婆	纴	女林反如深反	树名	綝	女林反如深反	树名	古文
罐绠	罐	古乱反	汲器	甂	古乱反	汲器	或作
罜	罜	胡卦反	网	罣	胡卦反	网	又作
线博	博	脂缘反	纺博	甎	脂缘反	纺博	
婬佚	佚	与一反	乐	妷	与一反	乐	今作

续表

被释词	被释字	读音	义项	所同字	读音	义项	与被释字关系
魍魎	魍魎	亡强反力掌反	木石之精	蝄蜽	亡强反力掌反	木石之精	
虎兕	兕	徐里反	似牛,一角青色,重千斤	㹛	徐里反	似牛,一角青色,重千斤	又作
法厉	厉	力制反	磨也,细于砺,可以磨刀刃	砺	力制反	磨,细于砺,可以磨刀刃	古文
齚啮	齚	士白反	齿尧啖	齰咋	侧革切仕客反	齚啮	古文又作
祢瞿	祢	女履反	祢犹汝,尔汝如来姓氏	你	乃里切	汝	又作
钩铒	铒	如志反	钩鱼曰饵	钩	古矦切	曲钩	正作
欶乳	欶	所角反	吮也	嗽	所角反	含吸	又作
户关	关	余酌反	关键	関	余酌反	关键	古文
邀迓	邀	古尧反	于遥反要、呼召、亦	徼	古尧切	循也	又作
播殖	播	补佐反	播种	潘	補過切	布也	又作
蹎蹶	蹎蹶	丁贤反居月反	蹎蹶犹顿仆	趈趣	都年切居月切	走顿蹎也	又作
呐其	呐	奴骨反	迟钝	讷	奴骨反	迟钝	又作
战	战	之见反	调动不定	颤	之繕切	头不正	又作
福蒉	蒉	扶逼反	亨也	鵫	直由切	火乾,以火乾肉曰鵫	古文
督令	督	都木反	正,谓御正之	督	都木反	正,谓御正之	今作
飙焰	飙	比遥反	暴风	飇	比遥反	暴风	又作
覝铄	覝	式冉反	暂见	睒	式冉反	暂见	又作

续表

被释词	被释字	读音	义项	所同字	读音	义项	与被释字关系
恳恻	恳	口很反	至诚曰恳、信	懇	口很反	至成曰恳、信	古文
系缚	系	胡計切	繫也	係繫	胡計切	系也	古文
衰耄	衰	所龟反	弱、耗	縗	所龟反	弱、耗	古文
仅半	僅	渠镇反	劣也,仅犹纔	勤墓	渠镇反	劣也,仅犹纔	
珎馔	馔	士卷反	具食	籑	士卷反	具食	又作
眩惑	眩	侯遍反	惑、乱	姰泂	相伦切	狂	古文
齗齶	齶	五各反	齿断	腭噩	五各反	齿断	又作
宣	宣	须缘切	徧也	愃	况晚切	宽嫺心腹貌	古文
軶	軶	于革反	辕前者、谓衡	枙	于革反	辕前者谓衡	又作
瓌异	瓌	古回反	圜好曰瑰	傀	古回反	伟、盛	又作
御	御	牛据切	使马	敔	鱼举切	禁也	古文
跛蹇	跛	补我反	行不正	尵	补我反	行不正	又作
怡怿	怿	翼之反	悦	嬖	翼之反	娩,人始生曰婴娩	古文
监领	监	公衫反	临下	瞽	公衫反	临下	古文
輨辖	辖	胡八切	轴头铁	瞀	胡戛切	车轴耑键	又作
焦悸	悸	其季反	心動	瘁	其季切	气不定	古文
炒粳	炒	初狡反	火干	鬻煿	武悲切同上	火干同上	古文
慎儆	儆	居影切	戒也	憼警	居影切	戒也	古文今作

续表

被释词	被释字	读音	义项	所同字	读音	义项	与被释字关系
蜎飞	蜎	呼全反	蠉、虫行	翾	许缘切	小飞	或作
燂	燂	详廉反	以汤去毛	燖鬵鬻	徐盐切武悲切徐盐切	火热火热火干	或作古文今作
石砧	砧	猪金反	石椹	椹碪	息廉切猪金反	枯木石椹	又作
矛欑	欑	千乱反	小矟	欑	千乱反	小矛	又作
尘曀	曀	于计反	阴而风	壇	于计切	天阴尘	古文
哃食	哃	書之切	吐而嚼	齝嗣	書之切丑之切	吐而嚼	又作
嶲铁	嶲	子累反	鸟喙	崃觜	子累反	鸟喙	今作又作
鞴囊	鞴	皮拜反	韦囊,可以吹火令炽	橐	皮拜反	韦囊,可以吹火令炽	或作
炉锅	锅	古和反	秦地土釜	鬸	古禾切	秦名土釜	同
停憩	憩	墟例反	息也	愒憩	墟例反	息也	又作《苍颉篇》
羁絷	絷	陟立反	绊,亦拘执	墨	陟立反	绊,亦拘执	又作
坑穽	穽	才性反	陷也,所以取兽	阱茻褶	才性反	陷,所以取兽	古文
掩袭	袭	辞立反	掩其不备曰袭		辞立反	掩其不备曰袭	古文
嘶	嘶	先齐切	嘻、马鸣	嘒	先奚反	马鸣	又作
贪惏	惏	卢含切	河内之北谓贪	啉婪	卢含切	贪婪	或作今作
涕洟	洟	勑计反	鼻液	鮧	勑计反	鼻液	古文
滋味	滋	子夷反	溢、闰	孖嵫	子夷反	溢、闰	古文
有翅	翅	施豉反	翼	翄翨	施豉反	翼	古文

续表

被释词	被释字	读音	义项	所同字	读音	义项	与被释字关系
恐懅	懅	强鱼切	怯也	遽	强鱼切	畏惧亦急	又作
茵蓐	茵	于人反	车中席	鞇	于人反	车中席	又作
我曹	曹	自劳反	辈也	㬭	自劳反	辈也	又作
痱瘤	痱瘤	蒲罪反力罪反	小肿	疿	蒲罪反力罪反	小肿	又作
杂糅	糅	女救反	雜	粈	女救反	雜	古文
谦恪	恪	苦各反	恭、敬	愙	苦各反	恭、敬	古文
垓劫	垓	古才反	兼垓八极地	㚰姟	古才反	兼垓八极地	古文今作
履袜	袜	无发反	足衣	韤	无发反	足衣	古文
恢	恢	苦迴反	大	夶	苦迴反	夶	又作
蜚	蜚	父沸切	恶臭之虫	飛	甫微切	鸟翥	同
诡	诡	居毁反	变诈也	恑	居毁反	变诈也	又作
昆弟	昆	孤魂反	同、众	昆	孤魂反	同、众	又作
尼垎	垎	直饥反	小渚小州	泍沰坼	直饥反	小渚小州	又作
猜焉	猜	麁来反	疑也	倸倸	麁来反	疑也	古文今作
栽梓	梓	五割反	余,言木栽生	杇檗	五割反	言木栽生	古文今作
绮绘	绘	胡愦反	五采绣	繢	胡愦反	五采绣	又作
口噤	噤	渠饮反	口闭	唫	牛音切	口急	古文
资稸	稸	丑六切	积也	蓄	丑六切	积、聚	又作
芳羞	羞	私由反	杂味				古文
仇匹	仇	渠牛反	相匹偶	逑	渠牛反	相匹偶	古文
饕餮	饕	他高反	贪财	叨	他高反	贪财	古文
寶磺	磺	孤猛反	铜金铁璞	石卝	孤猛反	铜金铁璞	古文

续表

被释词	被释字	读音	义项	所同字	读音	义项	与被释字关系
膺	膺	于凝反	匈,乳上骨		于凝反	匈,乳上骨	又作
原隰	隰	似入切	坂下湿,下湿曰隰	隰	似入切	坂下湿,下湿曰隰	又作
旒苏	旒	力周反	旌旗垂者	斿統	力周反	旌旗垂者	又作
躓	躓	猪吏反	跲	疐踬	猪吏反	跲	古文
都较	较	古学反	明,亦比挍	摧	古学反	明,亦比挍	古文
和诧	诧	丑嫁反	諣	詫	丑嫁反	諣	又作
喷洒	喷	普闷反	叱,鼓鼻、吐气	歕	普闷反	叱,鼓鼻吐气	又作
荐臻	荐	在见反	荐席	洊	在见反	荐席	又作
檐	檐	以占反	屋梠	櫩	以占反	屋梠	《字书》
齰杨	齰	仕白反	啮	齚	仕白反	啮	又作
老叜	叜	苏走反	老	叟傁	苏走反	老	又作
诜林	诜	使陈反	众多	牲莘莘	使陈反	众多	又作
懊憹	憹	奴道反	忧痛	恼	奴道反	忧痛	今作
营卫	营	役琼反	市居	营营	役琼反	市居	又作
铿然	铿	口耕反	坚,金石声	鏗鍧	口耕反	坚,金石声	又作
俟	俟	事几反	犹待	竢	事几反	犹待	古文
嬈固	固	古护反	四塞也	㲁	古护反	四塞也	又作
哂然	哂	式忍反	大笑即齿本见	吲	式忍反	大笑即齿本见	《字书》
踵	踵	之勇反	追也	歱	之勇反	追也	又作

续表

被释词	被释字	读音	义项	所同字	读音	义项	与被释字关系
俖张	俖	竹流反	诓惑	诪	竹流反	诓惑	《说文》
肺腴	肺腴	敷秒反庚俱反	腹下肥	胇	敷秒反	腹下肥	又作
蛕虫	蛕	胡魁反	腹中虫	蛔	胡魁反	腹中虫	又作
祸酷	酷	都笃反	虐、惨	僣誉焙	都笃反	虐、惨	古文
犇驰	犇	博昆切	走也	蹄奔	博昆切	走也	古文今作
动他	动	徒董反	作也	逋	徒董反	作也	古文
妷态	妷	与一反	放纵	佚劮	与一反	放荡	同
不檃	檃	公碍反公内反	所以勘诸壐之量器，以取平者	杚	古没切	量也摹也	古文
灾祸	灾	式才反	天火	栽災	式才反	天火	又作
万歧	歧	巨宜反	道有支分者	岐敧	巨宜反	道有支分者	又作
洞清	洞	徒贡反	洞犹通	衕迵	徒贡反	洞犹通	古文
曷彻	曷	碧皿反	明	芮曷	碧皿反	昒	古文
晴阴	晴	疾盈切	雨止曰晴	暒姓	疾盈切	雨止曰晴	又作
线	线	私贱反	缕也	綫	私贱反	缕也	古文
剑刿	刿	亡粉反	到、割	歾	亡粉反	到、割	古文
鹿牂	羆	才句反	居也	羆聚	才句反	居也	古文今作

续表

被释词	被释字	读音	义项	所同字	读音	义项	与被释字关系
慷慨	慷慨	古葬反苦代反	志氣昂揚	忼忾	古葬反苦代反	大息,不得志	正作
一醆	醆	侧限反	杯	盏琖醆	侧限反	杯	又作
笼罩	罩	陟挍反	捕鱼笼	罬笝	陟挍反	捕鱼笼	同
风齲	齲	丘禹反	齿蠹	㒣	丘禹反	齿蠹	又作
阳燧	燧	徐醉切	取火于日	鐆㸉	徐醉切	取火于日	古文
怵惕	惕	他历切	忧、惧	惐	他历切	忧、惧	又作
韶	韶	视招反	虞舜乐,继承	㲈	视招反	虞舜乐继承	古文
力赑	赑	皮冀反	壮大	奰	皮冀反	壮大	古文
鄙褻	褻	思列反	鄙陋	絬媟褻渫	思列反	鄙陋	古文
弥彰	彰	诸良切	文彰	暲	诸良切	文彰	又作
练摩	练	力见反	涑缯	鍊練涷	力见反	冶金	古文今作
以楣	楣	先结反	限、门槛	楔	先结切	限、门槛	又作
埤助	埤	避移反	增、厚也、补	朇	避移反	增、厚也、补	或作
振给	振	诸胤反	擧救	賑	诸胤反		古文
舌埏	埏	似延反	口液	涎	似延反	口液	又作
操杖	操	错劳反	把持	撡	错劳反	把持	又作
作屧	屧	所绮反所解反	鞮属	躧	所绮反所解反	鞮属	古文

续表

被释词	被释字	读音	义项	所同字	读音	义项	与被释字关系
策	策	楚革反	马挝	册箣築	楚革反	马挝	古文
串修	串	古患反	习也	摜遺慣	古患反	习也	古文又作
羽寶	寶	补道反	合五色羽名为羽葆	葆羽包	补道反	合五色羽名为羽葆	宜作又作
奵宄	宄	居美反	盗	宋	居美反	盗	古文
纼	纼	直忍反	牛鼻绳	䌶縜	直忍反	牛鼻绳	又作
置	置	陟吏切	赦	翼罩	陟吏切	赦	古文
划	划	初限切	削、平	铲	初限切	削、平	又作
不革	革	古覈切	兽皮治去其毛	鞹悼諽	古覈切	兽皮治去其彡	古文
企望	企	古核反	谓改	俭	古核反	谓改	古文
登豆	登	勒刀反	野豆	蕫	勒刀反	野豆	又作
所瀹	瀹	奥灼反	以汤煑物	爚汋	奥灼反	以汤煑物	又作
人捦	捦	巨金反	急持	鈙	巨金反	急持	又作
捶挞	捶	他达反	挞击	棰	他达反	挞击	又作
虓话	话	胡快反	讹言	譮	胡快反	讹言	籀文古文
夸衒	衒	胡麵反公县反	自矜	眩衒	胡麵反公县反	自矜	古文
狎恶	狎	胡甲反	习、近	狭	胡甲反	习、近	古文

续表

被释词	被释字	读音	义项	所同字	读音	义项	与被释字关系
饥	饥	居衣切	榖不孰	飢鐖	居衣切	榖不孰	古文又作
如篅	篅	市缘反	判竹圜以盛榖	圌	市缘反	判竹圜以盛榖	《苍颉篇》
堤	堤	都奚反	滞、防	陡	都奚反	滞、防	古文
痼	痼	古护反	久病	痞	古护反	久病	又作
疗病	疗	力照反	医治	癳	力照反	医治	《说文》
典刑	典	多殄切	五帝之书,经法	敟	多殄切	经法	又作
磏陈	磏	苦学反	坚鞕牢固	塙	苦学反	坚鞕牢固	《埤苍》又作
抱卵	卵	蒲冒反	鸡伏卵	㘅	蒲冒反	鸡伏卵	同
不眴	眴	尸闰反	目开闭数摇	瞬瞚	尸闰反	目开闭数摇	同
为嫉	嫉	自栗反	妒也	愱	自栗反	妒也	古文
敧庂	敧	丘知反	不正	崎	丘知反	不正	又作
吹篪	篪	除离反	乐器	鮔笹	除离反	乐器	又作
泅水	泅	似由反	江南谓拍浮泅	汓	似由反	江南谓拍浮泅	古文
瞤动	瞤	而伦反	目摇动	珝	而伦反	目摇动	古文
剿勇	剿	助交反	讨伐	魈	助交反	鬼属	《说文》
腝叶	腝	乃困反	柔脆	枘	乃困反	柔脆	又作
齑酱	齑	子奚反	淹韭,切细为齑	齌	子奚反	淹韭,切细为齑	又作
筋陛	筋	居殷反都口反	便捷轻捷	肋	居殷反都口反	便捷轻捷	又作
迕	迕	吾故反	逆、违	仵	吾故反	逆、违	又作
脂糂	糂	桑感反	以米和羹	糝糣	桑感反	以米和羹	古文

续表

被释词	被释字	读音	义项	所同字	读音	义项	与被释字关系
脂糂	糂	桑感反	以米和羹	糝糣	桑感反	以米和羹	古文
烧爇	爇	而悦反	烧也	焫	而悦反	烧也	今作
白叠	叠	徒颊反	毛布	氎	徒颊反	毛布	古文
蒨草	蒨	千见反	草盛貌	茜	千见反	草盛貌	又作
勇喆	喆	知列反	明、知	嚞哲	知列反	明、知	古文今作
抆之	抆	亡粉反	拭	捪	亡粉反	拭	古文
轨地	轨	居美反	迹车辙	衟迌	居美反	迹车辙	古文
财贿	贿	呼罪反	财帛总名	賄	呼罪反	财帛总名	古文
鹐鸟	鹐	鸟谏反	雇、雀	鶼	鸟谏反	雇、雀	又作
埋罗	埋	于仁反	帝释象王名	垔陻	于仁反	帝释象王名	古文
餂手	餂	食而反	以舌取食	舌也狧	食而反	以舌取食	古文今作
稠概	概	居置反	多	蒇	居置反	多	古文
侹直	侹	勅顶反	平直	頲	勅顶反	平直	古文
劗割	劗	之兖反	断首,亦截	翦	之兖反	断首,亦截	同
祭餕	餕	猪芮反	祭酹	酹	猪芮反	祭酹	古文
拳摋	拳摋	渠员反勅佳反	屈手析、拽	捲㧬	渠员反勅佳反	屈手犹手捚	又作
毂	毂	子孔反	车轮	豰	子红切	犬生三子	又作
剁	剁	力各反	去节	斫铬	力各反	去节	古文
瓵瓵	瓵	力颣反	瓦破声	甈	力颣反	瓦破声	又作
五刻	刻	苦得反	削	剋	苦得反	削	古文
钵澢	澢	徒朗切	涤洒器	潒荡	徒朗切	涤洒器	古文又作
颤	颤	之缮反	头不正	膻	之缮反	头不正	古文
攒箭	攒	徂丸反	聚	揝	徂丸反	聚	古文

续表

被释词	被释字	读音	义项	所同字	读音	义项	与被释字关系
气劣	劣	丑侠反	言不止	烮	丑侠反	言不止	古文
篹修	篹	子卵反	继	篹	子卵反	继	古文
叹咤	嘆	他旦反	吞歎、太息	叹	他旦反	吞歎、太息	古文
	咤	竹嫁反	痛惜	嚓	竹嫁反	痛惜	又作
轰轰	轟	呼萌反	羣车声	軥	呼萌反	羣车声	今作《字书》
企望	企	去智切	举跟	跂	去智切	举跟	古文
队队	队	徒对反	言羣队相随逐	隊	徒对反	言羣队相随逐	古文
冻瘃	瘃	陟玉切	寒疮	瘃	陟玉切	寒疮	古文
穴泉	泉	绝缘饭	水自出为泉	洤	绝缘饭	水自出为泉	古文
梱贵	梱	胡昆反	合心	鯇	胡昆反	合心	古文
浘浘	浘	思人反史及反	雨下沸涌	瀎	思人反史及反	雨下沸涌	又作
老瞎	瞎	许鎋切	一目合	瞎	许鎋切	一目合	又作
椸架	椸	余支反	竿谓之椸，可架衣	椸籭	余支反	竿谓之椸，可架衣	古文今作
讹	讹	五戈反	讹言	吪	五戈反	讹言	古文
餬口	餬	户吴切	寄食		户吴切	寄食	又作
谆那	谆	之闰反	告晓之孰	訰	之闰反	告晓之孰	古文
草薕	薕	古颜切	香草	菅	古颜切	香草	又作
遍徇	徇	辞遵反	循、巡行	侚	辞遵反	循、巡行	又作
鱻	鱻	思钱反	好、善	鲜	思钱反	好、善	又作
名戭	戭	余陇切	气、健	愚勇	余陇切	气、健	古文今作
晻忽	晻	于感反	不明	暗暗	于感反	不明	古文今作

续表

被释词	被释字	读音	义项	所同字	读音	义项	与被释字关系
苦橐	橐	挞各反	囊之无底者	囊	挞各反	囊之无底者	古文
腆美	腆	他典反	重	曹	他典反	重	古文
忔施	忔	虚气反	廪给	槩	虚气反	廪给	古文
开披	披	普彼反	折、分	㢱	普彼反	折、分	正字
陵迟	陵	力蒸反	崇高	陝夌	力蒸反	崇高	古文
陷	陷	戶籤切	高下也、高与下有悬绝之势	銘	戶籤切	高下也、高与下有悬绝之势	古文
不俺	俺	一监切	意气貌	愔	一监切	意气貌	又作
物儩	儩	悉渍反	物空尽	㳔	悉渍反	物空尽	又作
罄竭	罄	可定反	器中空	禤	可定反	器口空	古文
捃拾	捃	居运反	取	攈	居运反	取	又作
阗阗	阗	徒坚反		嗔填	徒坚反		又作
撑	撑	苦田反	引、挽	牵	苦田反	引、挽	同
麦鬻	鬻	之六反	糜	米育粥	之六反	糜	又作今作
开拓	拓	他各反	拓亦开		他各反	拓亦开	古文今作
阿遬	遬	桑谷切	疾也	速	桑谷切	疾也	籀文
弭伏	弭	亡尒反	止、安		亡尒反	止、安	又作
带革累		呼典切	著披鞯		狂沇切	大车缫轭軠	又作

以上是表示同关系的组字，共310组。其中古文、古作131组，今文、今作29组，籀文3组，或体、或作7组，又作110组，正字、正作6组，诸书如《苍颉篇》《字书》《说文》《埤苍》《石经》特殊字体11组，方言

用字1组，经文1组，以"同"直接表示两字或几字关系的11组。可见在敦煌佛经音义中，两组或几组为"同"关系的字除了古今字关系外，还有本体与籀文之分，本体与又体、或体之分，正体与俗体之分，本体与方言体之分，本体与佛典文字书写体之分，本体与古文献、古字书特殊字体之分，不单指古字与今字的区别。

　　古今字从广义讲指表达同一字义而古今所用形体不同的汉字。这里所谓古今是相对的，段玉裁《说文解字注》谊字下云："古今无定时，周为古，则汉为今，汉为古，则晋宋为今，随时异用者谓之古今字。"古今字有两种类型：第一为完全等义的，即古字与今字字义完全相同，包括异体字在内。《汉书·礼乐志》"草木零落"，颜师古注："艸，古草字。"第二种是不完全等义的，即古字与今字字义只有部分相同，如莫、暮，莫最初指日暮义，用作否定词后，另造暮表示日暮义。狭义的古今字即常用古今字主要指第二种。① 依据《大辞海》解释，敦煌佛经音义"同"表示的310组字体关系中，包含最多的两种即古文、今文与又作、或体两大类，分别代表了广义古今字的两种类型，即不完全等义古今字，即古今字之间属同词异形或字义引申关系，古文、今文属于不完全等义类。另一类古今字完全等义，包括异体字在内的类型，又作、或体属于完全等义类，即字体之间多是异体字关系。

　　上表中还提到了古文、今文、籀文三种字体关系。古文，文字学术语，亦称古字，今文的对称。广义古文包括甲骨文、金文、籀文以及战国时通行的六国古文字。汉代通行隶书，称隶变以前的古文字为古字或古文。狭义的古文指战国时通行的六国文字，如《说文解字》、曹

---

① 《大辞海·语言学卷》，上海：上海辞书出版社，2003年，第99页。

魏《三体石经》中所收的古文，以及历代出土的六国铜器、兵器、货币、印玺、陶器和竹简上的文字。因与秦国小篆不同，在秦始皇统一六国书同文时被废止。①

今文，文字学术语，亦称今字，古文的对称。隶书是汉代通行的文字，当时称为今文或今字，后泛指隶变以后的隶书、楷书及现代通行的文字。②古今字跟一词多用现象有关，一个词的不同书写形式、通行时间往往有先后。在前者就是后者的古字，在后者就是前者的今字。③由于古汉语中多义词的某个义项在词义系统发展过程中，逐渐从原词的引申义中分化独立而形成新词，或由上古同音借用形成的同形词在汉语发展中分化出新词，在书面上出现这些新词另造新字的现象。

古今字，亦称古今分化字，分化前的字称作古字，分化后各有专司的字称为今字。古字和今字的关系，可以是一字的异体，也可以是各种通用字。也就是说，古今字分为两类：古字与今字在字形结构上无关。如罪人的"罪"，古字写作辠，现在后者已不再使用了。今字是古字的演变：今字是在古字的基础上产生的，古今字在字形上有联系。例如"债"字，本写作"责"，"债"是在"责"的基础上产生的。"责"与"债"形成了古今字。又如"反"与"返"，"反"是古字，"返"是今字。

划分古今字应从历史角度观察同一个字的发展变化轨迹。首先，古字和今字是先后出现的，系初造字和后造字的关系，属于纵的方面，如"然—燃""县—悬"。其次，古今字在意义上一般有联系，如"布

---

① 《大辞海·语言学卷》，上海：上海辞书出版社，2003年，第99页。

② 《大辞海·语言学卷》，上海：上海辞书出版社，2003年，第99页。

③ 裘锡圭：《文字学概要》，北京：商务印书馆，2004年，第270页。

帛长短同，而贾相若"，其中"贾"是分化前的古字，后来表商人义的词用原字形，表价格义的词另造"价"字，"贾"和"价"就成了一对古今字，商人义的"贾"和价格义的"价"两义密切相连。又如"寒暑易节，始一反焉"中的"反"即为"返"。再次，古今字有字形结构上的联系。一种是以古字作为声符构成今字，如"禽'字的意义是指飞禽，又用它表示"擒获"的意义；后来以"禽"为声符加上义符"手"构成今字"擒"；又如"其"加上义符"竹"构成今字"箕"。大多数古今字都表现为这种结构关系，如"昏—婚""要—腰"等。另一种是改换古字的义符创造新字。如"说"字既表示游说，又表示喜悦的意思。后来把"说"的义符"言"换成义符"忄"，构成今字"悦"；又如"讣—赴"，义符"走"换成义符"言"构成今字"讣"；再如"错—措""竟—境"等。

有些古今字的形成最初经历了假借阶段，与原字义有关或者无关都可以导致古今字的产生。如"奉—俸"，"奉"字是两手捧着，恭敬地接受，被借去作俸禄的意义，两义有密切关系。又如"莫—暮"，"莫"字本来的"日暮"义，与它被借去记录的无指代词的意义就毫不相关。这两个例子告诉我们，一个字若同另一个字存在古今关系，那么在今字产生以前，古字曾有被借去表示与之有关或无关的意义的假借阶段，虽然从六书角度看"奉""莫"是用了假借字，但因它后来造了新字"俸""暮"，所以，习惯上把"奉""莫"称为古字，而不是假借字。

古今字的"古今"是相对的。由于新字的出现，前一个时代的今字变古字的情况也很常见。《司马相如传》中"绔"和"袴"系古今字，"裤"字通行之后，"袴"也成了古字。《说文解字》段注："古今无定时，周为古则汉为今，汉为古则晋宋为今。随时异用者，谓之古今字。"是对古今字很好地阐释。另外，有时还会出现古今字异位的情况：前一时代的今字到后一时代变成了古字，前一时代的古字在后一时代则变成了今字。

　　一般而言，敦煌佛经音义中，古今字关系的表示通常有三种方式，即"今作……""古文……""古作……"，例子有Dx.583《一切经音义》第十六卷、第二卷，P.3095背《一切经音义》第九卷、第十卷、第十一卷、第十二卷、第十三卷，Φ.230《一切经音义》第十卷、第十五卷、第十六卷、第十八卷、第十九卷、第二十三卷、第二十六卷、第二十九卷、第卅卷、卅一卷、第卅七卷、第卌卷等皆有此类例子，分别列举如下：

　　　　善驭，今作御，同。

　　　　创皰，古文戗、叉二形，同，楚良反，《说文》：创，伤也。经文作疮，近字耳。

　　　　怼恨，古文讟，《字林》同，丈浜反。

　　　　疌子，姊叶反，案《字诂》交疌，今作接，谓接木之子也。

　　　　螺王，古文蠃，同。

　　　　敷在，古文尃（敷），同。

　　　　耽湎，古文媅、妉二形，书作酖、沈二形，同。

　　　　怡悦，古文婗同，弋之反。

　　　　敦喻，古作惇，同，都昆反。

　　　　口咤，古作唛，同，竹嫁反。

　　　　深窅，古作阱、奓二形，同。

判合，古作胖，又作牉。同。

逐块，古文凷，同。

婚姻，古文媟、姻二形，今作曰（因）。

殡敛，古文殓，同。

刖足，古文趴、鑈二形，同。

法厉，古文砺，同。

户鑈，古文籥，同。

"驭，今作御，同。"古今关系源于互为异体字。"疱，古文犻、皃二形，同。"古今关系源于互为异体字。"怼，古文譵，同。"古今关系源于互为异体字。"挲，今作接。"古今关系源于音近，借字使用，即通假字。"毬，古文作毯，今作鞠。"古今关系源于字形相近，即近字。"螺，古文蠃，同。"古今关系源于互为异体字。"敷，古文尃（勇），同。"古今关系源于互为异体字。"态，古文能字，同。"古今关系源于互为异体字。"耽，古文媅、妉二形，同。"古今关系源于互为异体字。"怡，古文嫛，同。"古今关系源于互为异体字。"敦，古作惇，同。"古今关系源于互为异体字。"咤古作㗌，同。"古今关系源于互为异体字。"穿古作阱、菐，同。"古今关系源于互为异体字。"判，古作胖，牉。同。"古今关系源于互为异体字。"块，古文凷，同。"古今关系源于互为异体字。"姻，古文媟、姻，今作曰（因）。"古今关系源于声音未变而意思转移，即近音。"敛，古文殓，同。"古今关系源于互为异体字。"刖足，古文趴、鑈，同。"古今关系源于互为异体字。"厉，古文砺，同。"古今关系源于互为异体字。"关鑈，古文籥，同。"古今关系源于互为异体字。

由上述例子可以看出，敦煌佛经音义中古今字主要包括异体关系和今古文关系。异体关系表示为"同""近字"等，古今关系表示为"古作""古文"等。

籀文亦称籀书、大篆。春秋战国间通行于秦国的文字，因周宣王时史籀著录《史籀篇》而得名。字体多重叠，今存石鼓文为其代表。①石鼓文是现存最早的刻石文字，在十块鼓形石头上，每块各环刻四言诗一首，十首共七百一十八字，内容主要为歌颂秦地田园之美和秦国君游猎之盛，因此称"猎碣"。所刻字体为秦始皇统一六国前的大篆，即籀文。原石今藏故宫博物院，仅存三百多字。敦煌佛经音义中保留了部分籀文，共四字，可作为今天研究资料的重要补充。

（二）又作、或作、有作、亦作

或体字，异体字的一种，亦称或体、别体。《说文解字》："祀，祭无已也。从示巳声。禩，祀或从異。"禩即祀的或体。"壻，夫也。从士胥声。婿，壻或从女。"婿即壻的或体。②在敦煌音义中用"又作、或作、有作、亦作"四种术语来表示。敦煌佛经音义中又作、或作、有作字共164组，包括又作130组，或作17组，有作4组，亦作6组，诸书文献如《通俗文》《字林》《字书》《说文》《苍颉篇》等共7组。除同关系下的118组之外，还有46组，见下表：

---

①《大辞海·语言学卷》，上海：上海辞书出版社，2003年，第103页。
②《大辞海·语言学卷》，上海：上海辞书出版社，2003年，第98页。

表3 或体字

被释词	被释字	读音	意思	异体字	读音	意思	文字关系
号哭	号	胡刀反	呼大呼	唬	胡到切	痛声	又作
蟠龙	蟠	蒲寒反	曲、委	槃	蒲寒反	曲、委	经有作
鞋衣	鞋	而用反	氄饰	绀	而容反	古具垂毛	或作
豌豆	豌	一丸切	豆饴	宛登	一丸切	豆饴	经有作又作
手抱	抱	薄浩切	用手臂围住	掊	父沟切	用五指扒土	《通俗文》
嘲调	调	徒辽切	调和协调	讟譺	倪祭切五介切	䵷语騃	经有作或作
饱须	饱	博巧切	吃饱	掊	父沟切	用五指扒土	又作
祢瞿	祢	泥米切	亲庙	你	乃里切	汝	又作
婆岚	岚	卢含切	山名	嵐	卢含切	山名	应璩诗
福奠	奠	章与切	烹	鬻	章与切	烹	又作
軶	軶	于革切	辕前	枙	于革切	辕前	又作
阃	阃	苦本切	门限	梱	苦本切	门限	又作
嘲	嘲	陟交切	谑	啁	陟交切	谑	又作
窠	窠	苦禾切	空,穴中曰窠	科	苦禾切	空,穴中曰窠	又作
垂胡	胡	户孤切	牛颔垂	頡咽	户孤切	牛颔垂	又作
炉锅	锅	古禾切	秦名土釜	戯	古禾切	秦名土釜	又作
梗涩	涩	色立切	不滑	濇	色立切	不滑	又作
履袜	袜	望发切	足衣	帓	望发切	足衣	或作
须嚏,天	嚏	都计切	悟解气	须滞天善见天	都计切	悟解气	亦作亦言
饕餮	餮	他结切	贪	飻	他结切	贪	又作
檐	檐	余廉切	槐	橺	余廉切	槐	《字书》
如饷	饷	式亮切	饟	饟	式亮切	饟	或作
蹎蹶	蹎	都年切	跋	颠趡	都年切	跋	又作

续表

被释词	被释字	读音	意思	异体字	读音	意思	文字关系
儳	儳	初觐切	裹	窥	初觐切	裹	或作
若侨	侨	巨娇切	高	寯	巨娇切	高	《字林》
妖态	态	他代切	意	態	他代切	意	又作
峻峭	峭	七笑切	陵	陗	七笑切	陵	又作或作
悲恻	恻	初力切	痛	恩	初力切	痛	又作
俾倪	倪	五鸡切	俾	阮	五鸡切	俾	又作
呩嗽	呩	子叶切	鱼鸟吃东西发出声音	嗫	子叶切	鱼鸟吃东西发出的声音	又作
燔烧	燔	附袁切	爇	钹	附袁切	爇	又作
抱卵	抱	薄浩切	裒	勹	薄浩切	裒	又作
如篅	篅	市缘切	判竹圜以盛穀	圌	市缘切	以判竹圜以盛穀	《苍颉篇》
疗病	疗	力照切	治	療	力照切	治	《说文》
弥离车			古印度种族	弥戾车		古印度种族	或作
酬酢	酬	市流切	劝酒	詶	市流切	劝酒	又作
剿勇	剿	子小切	绝	勦	子小切	绝	《说文》
牢韧	韧	而进切	柔而固	朋	而进切	柔而固	又作
舌易手	舓	神旨切	以舌取物	舐	神旨切	以舌取物	又作
颤	颤	之缮切	头不正	身亶	之缮切	头不正	又作
如甜	甜	徒兼切	美	餂	徒兼切	美	又作
餬口	餬	户吴切	寄食	食古	户吴切	寄食	又作
草（菅）	菅	古颜切	香草	菅	古颜切	香草	又作
釪寶	釪	羽具切	犁地起土农具	于寶	羽具切	犁地起土农具	亦作
鞠颊	鞠	居六切	蹴鞠	趜	居六切	蹴鞠	亦作
吟哦	吟	牛金反	讽咏	訡	牛金反	讽咏	又作
寮亮	亮	力仗切	明	憭慌	力仗切	明	亦作

二、正字、正体、宜作、应作

正字，文字学术语，亦称正体字、正体，异体字、俗字的对称。指由国家规定，字形结构和笔画符合规范的标准汉字。由于汉字应用变化和发展取向不同，正体字存在历史演变。如唐颜元孙《干禄字书》确定牀、況、蟲为正体，相对的床、况、虫被认作俗体。现代则以床、况、虫为正体，牀、況、蟲已停止使用或成为异体字或繁体字。①正字除指正体字外，还可指本字，与通假字或假借字相对，即表示词的本义的字。《说文解字》："权，黄华木。"词义表示开黄花的树的权是本字，而表示权宜、权重的权是假借字。又如《诗经·小雅·六月》："薄伐獫狁，以奏肤公。"公系功的通假字，功为本字。②敦煌佛经音义正字经梳理如下：

表4　正字

被释词	被释字	读音	意思	正体/正字	读音	意思	字体关系
曰燧	燧	辞醉反	火母。造火者燧人，因以为名	鐩	徐醉切	聚集阳光取火的器具	正作
遗烬	烬	似进反	火之余木	㶳	徐刃切	火餘	正字作
嘲调	嘲	竹包反	譀	啁	陟交切	调相调戏	正字作
钩铒	铒	如志反	钩鱼曰饵	鉤	古侯切	曲也	正作
楼纂	纂	子管反	锡杖下头铁	鑽	子乱反	矛下头	应作
三括	括	古夺反	结束，括犹锁缚之	摇	以招反	摇动	前字误宜作

①《大辞海·语言学卷》，上海：上海辞书出版社，2003年，第98页。
②《大辞海·语言学卷》，上海：上海辞书出版社，2003年，第96页。

续表

被释词	被释字	读音	意思	正体/正字	读音	意思	字体关系
曰燧	燧	辝醉反	火母。造火者燧人，因以为名	鐩	徐醉切	聚集阳光取火的器具	正作
遗烬	烬	似进反	火之余木	爂	徐刃切	火餘	正字作
嘲调	嘲	竹包反	謔	啁	陟交切	调相调戏	正字作
钩饵	饵	如志反	钩鱼曰饵	鉤	古侯切	丗也	正作
楼纂	纂	子管反	锡杖下头铁	鑽	子乱反	矛下头	应作
三括	括	古夺反	结束，括犹锁缚之	摇	以招反	摇动	前字误宜作
甌裂	甌	九缚反	搏	攫	九缚反	爪持兽穷即攫	宜作
慷慨		古葬反苦代反	志氣昂揚	忼忾	口朗切許旣切	大息，不得志者	正作
尒炎	炎	以贍反	梵言火苗升腾	焰	于廉切	火光上	正字
羽寶	寶	补道反	合集五色羽	葆	補抱切	草木叢生	宜作
软中	软	而兖反	柔	奀	而沇切	柔弱	正体作
炸哉		子各反		繫		粝一斛舂取九斗曰繫	宜作
曰麫	麫	芳无切	小麦屑皮	麩	芳无切	小麦屑皮	正体作
开披	披	普彼反	犹分	疲	普彼反	折也	正字作
鞬撅	撅	居月切	樗蒲，采名	摩	居月切	樗蒲，采名	宜作
寮亮	寮	力條反	遠聲	嘹	连条切	嘹喨	正作
玉箱	箱	息良反音襄	青葙子	箱	息良切	大車牝服	正作
漂没	漂	匹消切	浮也	漂	匹消切	浮也	正作
罽賓	罽	居例切	魚网	罭	居例切	魚网	正作

续表

被释词	被释字	读音	意思	正体/正字	读音	意思	字体关系
味勾	勾	九遇切	曲也	句	九遇切	曲也	正作
若廋	廋	所鳩切	隱也	瘦	所又切	臞也	正作
勘任	勘	苦含反	勝、尅	堪	口含切	地突	正作
爲	爲	蓮支切	母猴	因	于真切	就也	正作
詪示	詪	乎典切	诤语	覵	古玩切	諦視	正作
無垢	垢	古厚切	濁也	垢	古厚切	濁也	正作
手承	承	署陵切	奉、受	丞	署陵切	奉、受	正作
撿	捡	良冉切	拱也	攝	書涉切	引持	正作
三百攢	攢	徂官切	族聚	欑	在丸切	積竹杖	宜作
剕嚙	嚙	音逝五結反	噬	噬	時制切	唅、嗘	
騑勒	騑	兵媚反	馬騑	轡	兵媚切	馬轡	

三、经文

　　佛经翻译过程中，由于其所表现的事物往往非汉语所固有，无现成汉字与之匹配，所以需要译经者临时造字。不同译经者由于其自身修养造诣不同，可能会选用不同汉字以代替所译之词，就会出现一批异体字。敦煌佛经音义中出现了许多"经文作……"的句子，例如P.3095背《一切经音义》第十一卷、第十二卷、第十三卷、第十四卷，Φ.230《一切经音义》第十六卷、第十五卷、第二十六卷、第二十八卷、第卅七卷等。分别列举如下：

　　　　蟠龙，经文有作槃，古字通用也。

麒麟，仁兽也。经文作骐。

氍氀，渠俱反，下山于反，经文作甋，力于反，甋，氀也，甋非字体。

欬逆，枯戴反，经文多作咳，胡来反，咳谓婴儿也，咳非今用。

背偻，力矩反，经文有作瘘，音陋，瘘非字义。

虫胆，经文作蛆，子余反，唧蛆也；又作疽，久癫也，二形并非此义。

矬人，经文作痤，《说文》小肿）也。痤非经义。

豌豆上一九反，经有作宛，又作登，登，一月反，二形并非字体。

温故，经文作愠，于问反，愠，恚也、怨也、恨也。同；愠非字义。

酵煅，经文多作醪，音劳，醪非字体。

拼食，徒官反，经文作揣，丁果、初委二反，揣，量也，揣非字义。

"蟠，经文有作盘，古字通用。"异体关系源于古字通用。"麒，经文作骐。"异体关系源于佛经中惯用字，写法不同。"氀，经文作甋，甋非字体。"异体关系源于两字读音与意义相同而在佛经中写法不同。"欬，经文多作咳，非今用。"异体关系源于佛经中常用写法，但今已不用。"偻，经文有作瘘，非字义。"异体关系源于佛经中写法，与原字意思不同。"胆，经文作蛆，又作疽，二形并非比义。"异体关系源于佛经写法，但异体字与原字的意思不同。"矬，经文作痤，痤非经义。"异体关系源于佛经写法,但异体字表达的并不是佛经原义。"豌,经有作宛,又作䇑,二形并非字体。"异体关系源于佛经中写法,异体字与原字读音和意义相同,但写法不同。"温,经文作愠,愠非字义。"异体关系源于佛经写法不同,异体字的意思与原字不同。"酵,经文多作醪,醪非字体。"异体关系源于佛经写法不同,异体字与原字读音和意义相同。"㧊,经文作揣,揣非字义。"异体关系源于佛经写法不同,异体字的意思与原字不同。

上述例子中很多句末都有对"非字体""非字义""非经义"的评判,可看作是作者对译经者选字的一个判断,或者说叫案语。"非字体"是指经文选用了一个与原字读音、意义均相同或相近的字作为译经用字,但两者字体不同,故断其为"非"。如"豌"经文作"宛""䇑",读音相同,但形体差别较大,影响了对佛经的理解,故断为"非"。"非字义"是说经文中字与原字差异较大,放在这里会改变原经词语的意思,不符合组词或译经的要求,故判断其"非"。如经文将表示温习的"温"改作表怨恨的"愠",意思差别太大,故断其为"非",但两字又互为异体字,可以说是借音(读音相同)的结果。"非经义"是说经文中所选字会改变佛经经义,不符合要求,故判断其"非"。如经文将表示矮小的"矬"改为表示浮肿的"痤",意思差别较大,故断为"非"。这几种异体字系比较特殊的类型,可看作是讹字,久而久之成为异体字的代表。经文指文字在佛典经文中的写法,经文字体与传统文献字体一般不同,读音和意思也会有差别。也有部分经文字体虽写法不同,但读音和意义与传统文献却相同或相近。造成这种差异的原因除音义在抄写过程中的形近而误外,也源于古代通假字、假借字的盛行,或俗体、或体在一定范围和时间内的广泛流传,使得佛典翻译者或抄写者选择这些字进行译经、抄经活动，及佛教思想传播，俗体、或体、具体文献来源。在敦煌佛经音义中我们共发现92个经文用字，其中近字通用3组、俗字8组、或体4组、梵言2组、借音1组、非字体11组、非字义或词义11组、字体和字义均非27组、文字无所出5组、误用5组，两个字都来自经文，且字体与意思都有问题的词共有2组，音义无评价者13组。

　　音义作者几乎对所有经文字体都做出了判断，尤其是在字体和意思运用不当的时候更会直接指出。近字通用指被释字和释字形体相近意思也相同，可以互相解释，如遽与憷，形体相近，都有畏惧义。俗字，指经文所用字体是被释字的俗体字。或体主要指经文中标示为有作、多作的字。梵言，经文所用字是被释字的梵语形式。借音，借用经文用字的读音来解释被释字，近似通假。非字体，意为经文字体不符合语言环境和需要，甚至会引出错误，故评价经文字体错用。非字义，指出经文用字的含义不符合原词需要，使用在某处，会曲解字义、词义、文义。非则是指经文所用字的形体和意思与被释字、词的形体与含义均不对等，用了经文字之后会导致句子偏离原意，引起错误的解释或对字词误用。文字无所出指经文用字在传统文献未记载或不可查。误用既包括字体也包括字义和用法。无评价的两字之间有时属通用性质，有时又是误用关系，音义作者未指明被释字与经文用字的具体关系。下表是对经文字体的梳理：

表5　经文字组

被释词	被释字			经文字体			字体关系	玄应评判
号哭	号	胡刀反	呼、大呼	嘷	胡刀反	咆,豺狼所嘷	经文	非字义
震动	震	之刃反	动也	振	之刃反	掉也,掉亦动	经文	
战掉	掉	徒吊反	摇也	挑	勑聊反	挑,抰	经文	
怖遽	遽	渠庶反	畏惧	懅	渠庶反	畏惧	经文	二形通用
乳哺	哺	蒲路反	含食	餔	补胡反	申时食	经文	
创疱	创	楚良反	伤	疮	楚良反	伤	经文	近字
	疱	辅孝反	面生气	疱	辅孝反	面生气	经文	俗字
习习	习	似入切	数飞	广作	似入切	数飞	经文	书无此字
痲瘀	痲	力金反	小便数	淋	力寻切	水沃	经文	非此用
蟠龙	蟠	蒲寒反	未升天龙	槃	薄官切	承槃	经文	
麒麟	麒麟	渠之反 理真反	仁兽	騏驎	渠之切力振反	騏,马文如綦文;白马黑唇曰驎	经文	二形非字义
氀毹	毹	山于反	织毛蓐	甀	力于反	毷	经文	
绀衣	绀	而用反	毳饰	茸	而容反	草茸	经文	
遍耳	耳	而止切	主听也	身	失人切	躬、象人之身	经文	传写误
柱髀	柱	直主切	楹也	跓	直主切	停足也	经文	俗字非体
欬逆	欬	枯戴反	逆气	咳	胡来反	咳谓婴儿咳	经文	咳非今用
背偻	偻	力矩反	曲	瘘	力豆切	颈肿也	经文	有作
髦尾	髦	莫高反	发	鬃	子公反	马鬃	经文	
挠大	挠	许高反	扰也	挶	许高反	扰也	经文	俗字

续表

被释词	被释字			经文字体			字体关系	玄应评判
虫胆	胆	千余反	肉中	蛆	子余反	唧蛆	经文	
矬人	矬	才戈反	短	瘦	昨禾切	小肿	经文	非经义
觉悟	觉	上效反	悟	悟	下老切	懼	经文	文字所无
在弶	弶	渠向反	施罥于道	摾	渠向反	施罥于道	经文	俗字
判合	判	普旦反	半体	泮	普半切	冰释	经文	有作
奎星	奎	口携反	白虎宿	金星		太白星	经文	
船筏	筏	扶月反	编竹木大曰筏	栿	房越切	海中大船	经文	非体
餧飤	飤	囚恣反	哺,从人仰食	饲	囚恣反	从人仰食	经文	俗字
驶河	驶	山吏反	疾	駃駃騠	古穴反	骏马	经文	
温故	温	乌昆反	后时习之	愠	于问反,	恚、怨、恨	经文	非字义
醉煩	醉	古孝反	酒醉,起麯酒	醪	音劳	有滓酒	经文	多作
傭满	傭	勒龙反	均、齐等	牖	勒龙反	均、齐等	经文	俗字
得衷	衷	知冲反	正、中、当	中	陟弓切	平	经文	随作无在
菅草	菅	古颜反	茅属	薞	古颜切	香草	经文	
嘲调	嘲	竹包反	相调戏	讙	倪祭切	相承音艺	经文	未详何出
巴吒	巴	百麻反	长者因国为名	棥	比雅反	长者因国为名	经文	梵文讹转
坻弥	坻	音低	帝弥祇罗,谓大身鱼	迷	莫分切	惑	律文	皆作

续表

被释词	被释字			经文字体			字体关系	玄应评判
抟食	抟	徒官反	圜	揣	初委切	量	经文	非字义
庵㹠	㹠	古猛反	强	穬	百猛切	穀芒	经文	非字体
欶乳	欶	所角反	吮	嗽	所角反	吮	经文	俗字
播殖	播	补佐反	播种	番	附袁切	兽足	经文	非体
蚤刺	蚤	他达反	蝎	蠤	字秋切	蝎子一类毒虫	经文	非字体
福熹	熹	扶逼反	以火乾肉	煏	逋古反	火行	经文	非字义
陂泺	泺	匹莫反	大池	泊	匹白切	浅水	经文	非体
垂胡	胡	户孤反	牛颔垂下	壶	户吴切	昆吾圜器	经文	非体
胃脬	脬	普交反	盛尿者	胞	匹交切	裹也	经文	
滋味	滋	子夷反	溢、闰	嗞	子之切	嗟	经文	
喷洒	喷	普闷反		濆	扶云反	水名	经文	非字义
齰杨	齰	仕白反	啮	咋	庄白反	咋咋声	经文	非字义
棚阁	棚	蒲萌反	连阁	閛	普耕反	门声	经文	非词义
柧		古胡反	棱	觚	古乎切	器名	经文	非词义
肺腴	腴	庚俱反	腹下肥	俞腧	羊朱切伤遇切	空中木为舟人体中的穴道	经作	非
动他	动	徒董反	作	𧺱	竹用切	言相觸	经文	非
洞清	洞	徒贡反	洞犹通	哃	徒工切	妄语	经文	非
髭钩	髭	土盍切	髭甀	搭	徒合切	击、附、挂	经文	非
马岙齿咸		士洽反鱼洽反	俳戏人	唊噛	古协反许及反	妄语内息	经文	非此用
佐迕	迕	吾故反	逆	悞	五故切	谬、欺、疑、惑	经文	非

续表

被释词	被释字			经文字体			字体关系	玄应评判
莚落	莚	他卧反	落毛	毹	他卧反	落毛	经文	近字两通
晏然	晏	乌谏切	天清				经文	非
侹直	侹	勅顶反	平直	艇	徒鼎切	小舟	经文	非
频伽	频	毗人反	妙音鸟			妙音鸟	经文	检无所出
礩		桑朗反	柱下石柱础	鏁	写朗切	铃声	经文	误
地肥	肥	符非切	劫初地脂	月電			经文	非体
摽榜	摽	符少切	击	榜	北朗切	木片所以辅弓弩	经文	非
荼帝	荼	徒加反	苦荼	嗺口蔡	初加切	语辞	经文	非体
五刻	刻	苦得反	削	刏	苦得切	镂	经文	
一函	函	胡缄反	舌、容	臽	音陷	坑	经作	非此义
金扉	扉	音非	户扇				经文	误
如甜	甜	徒兼切	美	酤	户栝切	未沛酒	经作	非
构牛	构	古候反	构捋取乳	牾	徂古切	疏	经文	误
诵习	诵	似用切	讽	謵	丑侠反	言不止	经文	
绮语	绮	祛彼切	语不正	誇	居宜切	语相戏	经文	非体
穴泉	泉	绝缘饭	水自出	巭	才缘切	水原	经作	
榾羮	榾	胡昆反	合心	浑	户昆切	浑浊	经作	非此义
毗纽	纽	女九反	系	靵	女久切	系	经文	非也
畐塞	畐	普逼反	满	逼	彼力切	近	经文	误
褴褛			破烂的衣服	蓝缕		破烂的衣服	经文	非体
铜魁	魁	苦回反	羹斗	铜	音开	金属	经文	非体

续表

被释词	被释字			经文字体			字体关系	玄应评判
不嚏	嚏	丁计反	喷鼻				经文	非
衏衏		力转反	肉衏				经文	非
步摇	摇	余招切	上有垂珠,步即摇动	瑶	余招切	玉之美者	经文	非
银铛	银	力党反 都唐反	锁	狼	鲁当切	似犬锐头白颊高前广后	经文	非
俱谭			释尊所属之本姓	瞿昙		释尊所属之本姓	经云	梵言
开披	披	普彼反	折、分	摆	补买反	手擘	经文	非此义
擗口	擗	补格反	分、手擗开	拍	普百切	拊	经文	非
飰此	飰	囚恣反	粮也,谓以食供设人	饴	与之切	米糵煎	经文	借音
罗縠	縠	扶分反	比丘罗縠	韇	求位切	韦绣	经文	非
米潘	潘	敷袁反	泔汁、渐米汁	糒	符艰切	米汁	经文	非
罄竭	罄	可定反	器中空	磬	苦定切	乐器名	经文	非
枭磔	枭	古尧切	不孝鸟也。冬至日捕枭磔之	掉	徒弔切	摇	经文	误
胞罠	罠	武贫反	大臣名				经文	非
沺疌	疌	疾叶切	疾				经文	非体
豌豆	豌	一丸切	豆饴	䆺䆺	一丸切	豆饴	经文	二形并非字体

说明:有几个字的经文在其他文献和辞书中找不到相对应的字,故空置。

四、俗字

所谓俗字，是区别正体而言的一种通俗字体，是汉字的重要组成部分。唐代颜元孙《干禄字书》把汉字分成正、俗、通三体："自改篆行隶，渐失本真。若总据《说文》，便下笔多疑。当去泰去甚，使轻重合宜。……具言俗、通、正三体。所谓俗者，例皆浅近，唯籍账、文案、券契、药方非涉雅言，用亦无爽。倘能改革，善不可加。所谓通者，相承久远，可以施表奏、牋启、尺牍、判状，固免诋诃。所谓正者，并有凭据，可以施著述、文章、对策、碑碣、将为允当。（原注：进士考试礼宜必遵正体；明经对策贵合经注本文；碑书多作八分，任别询旧则。）"根据颜元孙的表述，俗字是一种造字方法，不一定合于六书，主要在民间流行的通俗字体。这里的"通"实际也是一种俗字，只不过因年代久远，已经固定下来而已。

纵观"俗字"发展历史，最早提出文字正俗观点的当是汉代许慎《说文解字》，书中收载了许多当时通行的俗字或体，有的还直接标明俗作某。除俗字之外，汉代还有"别字"的说法，《汉书·艺文志》即载有《别字》十三篇。清代赵之谦《六朝别字记》、罗振玉《增订碑别字》，都是对当时通行俗字的汇编，可见，所谓的"别字"当是指"俗字"。

俗字一词最早见于颜之推《颜氏家训》："虑字从虍，宓字从宀，下具为必。末世传写，遂误以虑为宓。……孔子弟子虑子贱为单父宰，即虑义之后，俗字亦为宓。"除"别字"外，还被称作"俗体""俗书""伪体""别体""或体"等。《一切经音义·序》："至于文字或难，偏旁有误，书籍之所不载，声韵之所未闻，或俗体无凭，或梵言存本，不有音义，诚难究诸。"

俗字成长于民间，是约定俗成的产物。它的产生和存在对正字而言是一种补充和辅助，没有正字也就无所谓俗字。一般而言，正字总是处于主导地位，而俗字则是正字的补充正字和俗字相辅相成。但是正俗关系不是一成不变的，随着时间的推移，它们之间的关系在不断变化，互相交替。有时候，一种新的正体就是由前一阶段的俗体发展而成的。同时，一种正体经过多年的发展，也可能会弃之不用成为俗体。

那么什么样的字体才可以称作俗体呢？我们认为，凡是区别于正字的异体字都可以叫作俗字。它可以是繁体字，也可以是简化字，可以是古体字，也可以是后起字，与所谓的误字不同。因形近或音近而误读误书的字，是读者或书者无意造成的，具有较大的偶然性。这种类型的字与前面提到的"别字"不同，"别字"是习惯使然，是约定俗成的产物，是有意识造成的，与误字有本质区别，故俗字不包括误字。同时，同音通用字也不在俗字之列，因为同音通用字或者是根据传统用法，或者是仓促间写成，借字与正字之间是同音或近音假借的关系。如S.3538"巧女子，可怜喜。""喜"字当为"许"之近音通用字，而不是俗字。但是，那种出于书写习惯或为了达到简化目的而写的同音通用字可看作俗体字。

汉字有悠久的历史，但自汉代以来，文字研究的重点始终在古文字学上，即小篆、隶书，对后代的草书、楷书、行书、俗字、简字等均很少涉及。我们对古文字知道的比较多，对近代文字知道的较少，故唐兰、朱德熙、蒋礼鸿、张涌泉等先生先后发表文章或召开学术会议，呼吁学者关注汉语俗字的研究。随着敦煌写卷的公布于世，使数量繁多的俗体字得到了学界的高度关注，推动了汉语俗字学的发展。敦煌佛经音义作为保存俗字最多的文献之一，为汉字进一步研究整理提供了许多可借鉴的材料，也为俗字研究的发展准备了条件。

由于历来重正轻俗，唐以前的俗文字书大都已经亡佚，只能从后代引文中窥见其端倪。敦煌佛经音义保存了一系列俗文字书，包括《通俗文》《要用字苑》《纂文》《三苍》《苍颉篇》《埤苍》等。P.2901《一切经音义》和Φ.230《一切经音义》：

> 停憩又作愒，《苍颉篇》作食无，墟列反。
>
> 腇叶又作枘，同，乃困反，《字苑》：腇，柔脆也。《通俗文》：枘，再生也。又作嫩，近字也。
>
> 侹直古文颋，同，敕顶反，《通俗文》：平直曰侹，经文作迊，非也。
>
> 叹吒古文叹，他旦反；吒又作嚓，同，竹嫁反，《通俗文》：痛惜曰吒。
>
> 轰轰今作礚，《字书》作映，同，呼萌反，《说文》群车声。
>
> 梱焜古文鲲，同，胡昆反，《通俗文》：合心曰梱。《纂文》云：木未判为梱。
>
> 枥鉏力的反，下桑奚反，《通俗文》：考囚具谓之枥鉏。
>
> 手抱，《通俗文》作掊，蒲交反，手把曰掊。
>
> 驶河，《三苍》：古文使字，或作马吏，同，山吏反，《苍颉篇》：驶，疾也。字从史。

"憩，《苍颉篇》作食无。""腇，《字苑》作腇，《通俗文》作枘，又作嫩。""侹，《通俗文》作侹，经文作迌。""吒古文叹，《通俗文》作吒。""轰轰今作礚，《字书》作唊。""捆，《通俗文》作梱。""枥鉏，《通俗文》作枥维。""抱，《通俗文》作掊。""驶，《三苍》作使，《苍颉篇》作驶。"上述俗字分别来自《苍颉篇》《字苑》《通俗文》《字书》《三苍》等，同时也兼及部分佛经中常用俗字，作者在书中一并列出，并对其正误做出了判断。

俗字，异体字的一种，亦称俗体，正体字的对称，指流行于民间的形体，大多是简化的汉字。区分正体和俗体的标准也随时代而变迁。颜元孙《干禄字书》："猿、猨、蝯，上俗中通下正。""辝、辤、辭，上中并辝让，下辤说，今作辞，俗作辞，非也。"《干禄字书》以猿、辝为俗字，但后代二字则逐渐为正字。现代简化字也多依据约定俗成的原则，多采用广泛流行的俗字，以为正字。①颜元孙把汉字分为俗、通、正三种形体。《干禄字书·序》："俗者，例皆浅近，唯籍帐、文案、券契、药方非涉雅言，用亦无爽。倘能改革，善不可加。所谓通者，相承久远，可以施表奏、牋启、尺牍、判状，固免诋诃。所谓正者，并有凭据，可以施著述、文章、对策、碑碣，将为允当。"可知，俗字是一种不合法的、造字方法可能不合于六书标准的浅近字体，适用于通俗文书和平民百姓。通字也是一种俗字，使用范围更大、流传时间更久，即承用已久的俗字。张涌泉先生认为，凡是区别正字的异体字都可以认为是俗字。俗字包括简化字、繁化字、后起字、古体字，俗字还被称为别字、近字、俗体、俗书、伪体、别体、或体等，正俗的界限随着时代变化而变化。② 敦煌佛经音义中直接以"俗字"归类

---

① 《大辞海·语言学卷》，上海：上海辞书出版社，2003年，第98页。
② 张涌泉：《俗字和俗字研究》，北京：商务印书馆，2010年，第6页。

的我们共找到9条，主要使用于佛典经文中，统一用俗字或俗伪字标明。

　　　　号哭号，又从口作唠，俗伪字耳。

　　号，號呼，大声喊叫。号、號古今字。號，胡刀切、乎刀切，大呼也。《说文》段注："号，痛声也。号、嗁也，凡嗁号字古作号。"《说文》号哀痛之声。《诗·大雅·荡》："式号式呼，俾昼作夜。"形容殷商统治者狂呼乱叫太不像样，日夜颠倒导致政事荒芜。《小雅》："载号载呶。《传》：号呶，号呼讙呶也。"载号载呶形容又喊又叫，吵吵闹闹。两例号都是號呼、大声呼叫的意思。號又释作哭。《周易·同人》："先号咷而后笑。"号咷，又作号啕，形容大声哭的样子。《国语·周语》："夫妇哀其夜号也，而取之以逃于褒。"夫妇哀叹她在夜里哭的悲伤，就顺便带她逃去褒了。号，大声哭，有悲泣之义。

　　唠，有两组读音和义项。第一种，许娇切、虚娇切，音器。唠然，大貌、虚大貌。《庄子·逍遥游》："非不唠然大也，吾为其无用而掊之。"唠然，形容中空之貌，内中空虚的样子。第二种，与号同，大吼之义。在这个义项上，二字互为正俗体。

　　　　创皰皰，经文作疱，俗字耳。

　　皰，也称面皰。指面部所生的小颗粒，因皮脂腺分泌旺盛，阻塞毛细孔而产生，俗称为粉刺。亦作疱，疱与皰义同。《说文》段注："疱，面生气也。《玄应书》作面生热气也。《淮南》：溃小疱而发痤疮。高曰：疱，面气也。玄应引作皰。旁教切。"皰，指面部包括手足臂肘因热气而暴起的粒状或泡状物。《淮南子》说皰一旦溃烂就有可能引发毒疮。

柱髒，经文作跓形，此并俗字。

柱，屋柱，屋中直立以支撑屋梁的粗木。《说文》段注："柱，楹也。柱之言主也，屋之主也，直主切。按柱引伸为支柱柱塞，不计纵横也。凡经注皆用柱，俗乃别造从手拄字。"《说文》中柱即柱子，段注引申出支柱、支撑义，拄在这个义项上是柱的俗字。

跓，停久立、驻足。《说文》："直主切、冢庚切，音拄，停足也。"驻足之跓与柱子之柱读音和写法相近，但意义不同，传统文献也未有记载。音义将跓作为柱的俗体，或系经文写法，也有敦煌当地俗字的可能。

在弶弶，经文作撠，俗字也。

弶，方言，捕捉老鼠、雀鸟等的工具。也指用弶捕捉鸟兽。《玉篇》："施罟于道也。"《广韵》："张取兽也。"弶，在路上布网，张大以捕兽。《说文》段注："罟，网也。《小雅·小明传》曰：罟，网也。《易》曰：作结绳而为网罟，以田以渔，是网罟皆非专施于渔也。罟实鱼网，而鸟兽亦用之。"罟本义为网。《周易》结绳以成网，用来狩猎和捕鱼，因此网罟不是专门用于捕鱼的。罟的本义指渔网，但也可用来捕鸟兽。

撧同弶。《字林》：“施罟于道也。一曰以弓罥鸟兽也。”《广韵》：“张取兽也。撧字从强作撧。”撧与弶一致，都是在路上布置网以捕兽之义。音义认为撧是弶的俗体字。

　　　餧飤飤，经文作饲，俗字也。

《说文》：“粮也。”飤，《说文》释为粮。《玉篇》：“食也。与饲同。”《玉篇》释为食。《说文》段注：“飤，粮也。从人食，祥吏切，以食食人物。其字本作食，俗作飤，或作饲。”段注沿用《说文》解释，并进一步说明飤的意思是用食物供养人。飤本字食，俗字飤和饲。东方朔《七谏》：“子推自割而飤君兮，德日忘而怨深。”《七谏》“子推自割而飤君”义为介子推割大腿肉以供晋文公食用，恩德随着时间推移被逐渐遗忘，后反而招致怨恨。

五、敦煌佛经音义与汉字史

汉字史研究，既要探讨汉字从甲骨文到现代汉字的演变过程，也要探讨每一个汉字字形的具体变化。研究汉字字形的演变，有利于更深一步研究文字。汉字字形的研究大致包括两方面内容，即汉字来源研究和汉字字形演变历史研究，两者都是对汉字字形源头及其演变的追溯。敦煌佛经音义中与汉字字形演变研究相关的例子有S.3469《一切经音义》、P.3095背《一切经音义》、Ф.230《一切经音义》等，分别列举如下：

　　　疌子，姊叶反，案《字诂》交疌，今作接，谓接木之子也。经律中隶种子是也。《大威德经》中作接子，故南经本皆作接字，但旧译本中接多作隶，如上文中节头相隶是也。经文从聿作隶，非体也。今有经本改作虙字，音都计反，取《尔雅》枣李曰虙之、削瓜者虙之为证，此乃并是治择之名，非言种也。

蚕嶲今作，又作䏽，同，子累反，鸟喙也。经有作嘵，检诸经史，都无此字，非经义。

得衷，知冲反，经文作中，平也。随作无在。

刖足，古文䠠、趷二形，同，五刮、鱼厥二反，刖，断足也。周改体（髌）作刖。《广雅》：刖，危也。谓断足即危也。

纴婆，古文秖，同，女林、如深二反，树名也，叶苦，可煑为饮，治头痛也。如此间苦楝树也。言此虫甘之耳。楝音力见反。

拄臗古文作軱，同，蒲米反。上知主反。经文或作跰軱二形，并俗字，非其体。

"隶，《字诂》作隶，今作接，经律作隶，南经本皆作接，旧译本多作隶，今有经本改作虙。"隶的形体主要有"接""隶"两种，"接"为南经本写法，"隶"为旧译本写法，后又改写作"虙"，但这种又跟原字意思无关，可能只是一种临时写法。"今作㨗，又作䏽，同，经有作帅。""嶲"的形体主要有"㨗""䏽"两种，均为作者所处时代的写法，后在佛经中又出现了"嘵"，因其在其他经史中未见，故推测系其在佛经中的临时写法。"衷，经文作中。""衷"的另一形体作"中"，来源于佛经写法。"刖，古文䠠、趷二形，同。周改体（髌）作刖。""刖"的古文形体作"䠠""趷"，后于周代改作"刖"，即其今体。"纴，古文秖，同。""纴""秖"互为异体字，"纴"的异体字来源于其古文形式"桃"。"髀古文作軞，同。经文或作軞，并俗字。""髀"和"軞"的异体关系来源于它们同时互为古今字。它的另一形体"軞"，来源于俗字。

以上各例或显示了字、词的来源，或注明了字形演变的过程，为我们进一步研究汉字相关问题提供了材料，为一些生僻字词的解释和运用提供了标准，也为相关辞书如《同源字典》的编纂提供了丰富例证。

上述敦煌佛经音义中出现了许多"通用字""今用字（非今用字）""今作""非体"等字眼或词语，体现了唐五代时期敦煌当地的用字情况。汉字史研究，除汉字字形演变外，汉字使用历史的研究也是非常重要的内容。一时代有一时代的语言，一地域有一地域的文字，每个时代和每个地方都有自己语言文字方面的特色。研究这些特色，对于汉字史研究和古籍整理研究都有十分重要的作用。敦煌佛经音义所涉及的是魏晋南北朝隋唐时期的佛经，虽不是一个时代的东西，但都反应的是唐五代敦煌乃至西北地区民间的语言文字特色。

第四节 训诂研究

一、训诂方法

训诂，也叫"训故""诂训""故训""古训"。《尔雅》前三篇《释诂》《释言》《释训》，训诂一词由此得来。训、诂二字连用在一起，发端于周末鲁国人毛亨，毛亨注释《诗经》，定书名为《诗故训传》。

训诂指解释古书语义，偏重于解释词语的意义。一般认为，用通俗的语言解释词义叫"训"，如《尔雅·释水》："大波为澜，小波为沦。"用当代话解释古代语言，或用普遍通行的语言来解释方言叫"诂"，如《方言》第一："党晓哲，知也。楚谓之党，或曰晓，齐宋之间谓之哲。"①今天所谓训诂，往往有两个不同的含义：一个是包含在古代注释和训诂专书中文献语言学的总称；另一个则是与文字学、音韵学互相并列，以研究语义为主要内容的传统语言文字学的独立门类。

训诂即解释之意，具体指解释古代汉语中字词的意义。"训"，许慎《说文解字》："训，说教也。"段注："'说教'者，说释而教之。"用现代汉语说，训，就是用通俗的话去解释某个字的字义。"诂"，《说文》："诂，训故言也。从言，古声。"段注："训故言者，说释故言以教人，是之谓诂。"

训诂方法主要有三类，即形训、声训、义训。

形训，亦称以形索义，以形为训，即用分析文字形体的方法来解释字词的意思。通过文字形体结构的分析来解释字、词含义，即用字、词形来解释词义叫做形训。六书中象形、指事、会意三类字的字形与意义有直接关系，形声字义符也可以表示它的意义类别。因此，分析字形对了解字的本义有重要作用。在《说文》中，形训是最基本的训释方式，除直言其义外，其分析字型构造部分就是形训的范例。

> 综习，子宋反，《三苍》：综，理经也。谓机缕持丝文者。屈绳制经，令得开和也。

---

① 《大辞海·语言学卷》，上海：上海辞书出版社，2003年，第163页。

　　肴馔，又作籑，同，士眷反，《说文》云：馔，具食也。

　　怅快，于亮反，快，心不伏也。

　　综习，综《三苍》释为理经，从综的形符纟来解释。肴馔，馔，具食也是从馔的形符食出发来解释字词义。怅快，快，心不伏，同样也是从快的形符"忄"出发，来解说怅快。

　　声训，也称音训，取声音相同或相近的字来解释字词的意思。如同音、双声、叠韵都是声训常用的手法。声训早在《尔雅》中就已用到，汉刘熙《释名》是使用声训注解词语的力作，声训在清代发展到顶峰，段玉裁、王念孙等人的因声求义、就古音以求古义说是声训具体表达，并将其运用到《说文解字注》《广雅疏证》等具体作品以推进声训的发展。

　　颇梨，力私反，又作黎，力奚反，西国宝名也。

　　敷在，古文尃，同，匹于反。敷，遍也《小尔雅》：颂、赋、敷，布也。

　　颇梨又作颇黎，梨，力私反；黎，力奚反。梨黎二字声母相同，韵部也相近，属双声叠韵。敷，《小尔雅》释为布，敷、布叠韵互释。

　　义训，形训、声训的对称。指不借助音和形，而直陈语义的释义方法。一般以当代词训释古语词的意义，或以通行词训释方言词的意义。义训的方式包括以大名释小名、以小名释大名、描写等。以大名释小名亦称以共名释别名，指用属概念解释种概念，用外延较大的词语解释外延较小的词语。以小名释大名指用种概念解释属概念，用外延较小的词语解释外延较大的词语。

> 月蚀，神戢反，《周易》云：月盈即蚀。《释名》云：日月薄
> 日蚀。稍稍侵亏，如虫食草木叶也。
>
> 彗星，苏醉反，《字林》囚芮反，《释名》云：彗星，星光稍
> 稍似彗。
>
> 欎烝，于物反，《尔疋》：欎，气也。李巡曰：欎，盛气也。
> 烝，之媵反，《说文》：烝，火气上行也。
>
> 祠礼，徐理反，祭无已也，谓年常祭祀洁敬无已也。《尔疋》：
> 祭祀也。舍人曰：祀，地祭。

月蚀先引用《周易》对蚀作直接解说，再引《释名》运用描写的方式，如虫食草木叶对蚀进行形象说明。音义对彗星的解说也采用描写的方式，言彗星星光稍稍似彗。音义对欎烝的解说采用直训法，直接引用《尔雅》《说文》解释欎和烝的意思。祠礼采用大名释小名的方式解说祠，"祠，祭无已。"首先用一个属名祭为祠划定类属，再进一步释为年常祭祀无已，又引用《尔雅》将祀释为地祭，最后引用例证进行说明。

三种训诂方法在实际应用中并不是单独出现，而往往互相结合，相辅相成，甚至三者兼具。如卜筮条："时世反，《礼记》：龟为卜，蓍为筮，卜筮者所以决嫌疑，定犹豫，故疑即筮之。字体从竹从巫。"就分别用了义训和形训两种训诂方式。"卜筮所以决嫌疑、定犹豫"，先用义训对卜筮做了界定。"筮者，揲筮取卦，折竹为爻，故字从竹"，再用形训进一步解释筮的意思。除基本的三种训诂方法外，还采

用直训、递训、互训、析言、浑言等手法进行补充，并将多种训诂方式和手段运用于敦煌佛经音义全文，用来帮助解说音义字词和经文。

二、训诂术语

敦煌佛经音义属魏晋南北朝至隋唐五代时期的文献，此时社会动荡，人民播迁流转，语言起了很大变化。玄学、佛学的先后兴起，打破了经学一统的局面，训诂学从内容到形式都受到严重冲击，开始突破经学的樊笼，向着专门和实用方面进行。在训诂术语方面，沿用前代训诂学家所确定的概念较明确的术语，例如"音""曰""为""谓""谓之""言""或作""古文（古作）""今文（今作）"等。另外还用了一些前代出现较少的术语，例如"某某辞""某某者""即""按"以及带有敦煌和佛经音义特色的"又作""经文"等。本文所整理的敦煌佛经音义训诂术语包括两类：第一，引用经注和他书原文时所照录的训诂术语；第二，在敦煌佛经音义中运用次数较多，应用较广泛的固定术语。并根据大部分训诂学著作的分类方法，将其分为四类，即注音术语、释义术语、词例术语和校勘术语。

（一）注音术语

注音术语2："音""又音"，主要用于注音，也可用来区别意义，两者往往连用。

1."音"用来注音，表示被训释词读成某音。敦煌佛经音义中一般用反切法给单字注音，或注题头被注解字词，或注题后解释内容中字词，例如：

战掉，徒吊反，经文作挑，又作恌字，与慆同，音遥。

> 欝特，梵云欝特迦，此水之一异名也。特音徒得反。

"愮音遥""特音徒得反"，用直音和反切法为被释词注音。

2."又音"，亦称"一音""又读"。用于注音，表示被训释词除某音以外，也可以读作另外一音，或有人读作另外一音。读作另外一音时，词义乃至句义会有所不同。

> 为作，于危反，下兹贺、子各二反，为，作也。又音于伪反，二音通用。
>
> 创庖，古文戗、叉（刃）二形，同，楚良反。又音（楚恨反，创）始也，非今所取。
>
> 疌（疌）子，姊叶反，又音才妾反。

"为又音于危反"说明二音通用。"创又音楚恨反"说明"始"义，"非今所取"。"疌（疌）又音才妾反"，说明"接"义。

（二）释义术语

释义术语11个，其中单词类术语10个，"曰、云、谓之、谓、言、犹、之言、通、同、亦"；格式类术语1个，"某，某也"。释义术语用来对具体某个词的意思、用法、语音流转关系等作出解释。下面分别述说：

1."曰"，意为"即"，相当于今天的"就是"，也有解说的意思，被解释词语在"曰"后，例如：

> 口爽，败也。败曰爽。

　　恕己，尸预反，以心度物曰恕。

　　背偻力矩反，偻，曲也。曲脊曰伛偻。

　　舟方舟方，甫妄反，《通俗文》连舟曰舟方，并两舟也。

　　"败曰爽" "以心度物曰恕" "曲脊曰伛偻" "连舟曰舟方" "曰"用于解说被释词 "爽、恕、伛偻、舟方"。

　　"曰"的另一个作用是对比为训，例如：

　　为臛，呼各反，王逸注《楚辞》云：有菜曰羹，无菜曰臛。

　　船筏，扶月反，桴，编竹木也，大者曰筏，小者曰桴。

　　"有菜曰羹，无菜曰臛" "大者曰筏，小者曰桴"，"曰"用作区别"羹臛"和"筏、桴"。

　　2. "云"，用来解释词义，同时也有说明的意思，与"曰"同，敦煌佛经音义运用较多，主要选用其说明的用法，例如：

　　儴佉，上尔羊反，梵云饷佉，此译云贝，亦云珂异名也。

　　欠欱，又作呿，同，丘庶反，《通俗文》云：张口运气也。

　　鞲衣，《三苍》云而用反，又而容反，《说文》云：臂衣饰也。

　　疮痍，羊之反，《通俗文》云：体疮曰痍，头疮曰疡。

　　口吒，古作咤，同，竹嫁反，依字。

　　"儴佉云饷佉，云贝，云珂" "云"用作解释词义。"《通俗文》云" "《说文》云" "服虔云"中"云"均为说的意思。

3. "谓之"，主要用来释义，用于区分近义词之间的差别，被释词通常为名物制度，一般放于其前，训释词在后。有时被释词和训释词位置可互换，视句子需要而定，通常解释为"叫、叫作"，例如：

> 从窠，又作料，同，苦和反，《小尔疋》云：谓之窠。
> 彗星，苏醉反，郭璞曰：亦谓之索（孛）。
> 蟠龙，蒲寒反，蟠，屈也，未升天龙谓之蟠龙。
> 簿，或谓之綦，或谓之曲道，吴楚之间或谓之箭，或谓之簿。
> 在弳渠向反，施胃于道谓之弳，其形似弓。

"窠谓之窠""彗星谓之索（孛）""未升天龙谓之蟠龙""博谓之綦上述例子、曲道、箭、簿""施胃于道谓之弳"，被释词为名物"窠、彗星、蟠龙、博、弳"，被释词与训释词的位置不定。

4. "谓"，译为"某就是某""称作"，主要用来说明被释词在句中特指某一事物，例如：

> 廝下，思移反，谓贱役者也。
> 乳哺，蒲路反，哺，含食也，谓口中嚼食也。

"廝下谓贱役者""餔（哺）谓申时食"，用于特指。

"谓"有时与"言"同义，用于串讲句意。例如：

> 祠礼，祭无已也，谓年常祭祀洁敬无已也。
> 溉灌，哥责反，溉，灌也，谓灌注也。

脱能，吐活、他外反，谓不定之辞也。

"祠礼谓年常祭祀""溉谓灌注""脱能谓不定之辞""谓"连接前后两个词，用于串讲句意。

5. "言"，被释词放于其前，指明词语在特定上下文中的意思，有时用来串讲文意，与"谓"用法相同，例如：

阿兰拏，女加反，或言轻重耳。

艾白，五盖反，《尔雅》云：艾，冰台。言其色似艾也。

判合，古作胖，又作牉。牉，半体也，言此半体得偶尔合曰牉合。

圊厕，《释名》云：或曰清，言至秽。或曰圊，言溷浊也。

纴婆，树名也，叶苦，可煮为饮，治头痛也。如此间苦楝树也。言此虫甘之耳。

"阿兰拏言轻重""艾白言其色似艾""判合言此半体得偶尔合曰牉合""圊厕言至秽言溷浊""纴婆言此虫甘之"，"言"连接前后两个词，被释词在前，解释词在后，说明被释词在文中的具体含义。

6. "犹"，动词用为训诂术语，一般有四种用法：①被释词与训释词不是同一含义，只是某一方面词义相当，或引申可通；②用本字释借字；③以今语释古语；④解释同义词、近义词。敦煌佛经音义中"犹"主要取其①④种用法。例如：

轻躁，又作趮，同，子到反。《周易》震为躁。躁犹动也；

开剖，普厚反，剖犹破也。

> 畏省，思井反。讵有上渠据反，讵犹何也，未也。
>
> 间间，上居觅反，下古闲反，间犹处所也；间，中也。
>
> 祢瞿，又作你，同，女履反，祢犹汝也，谓尔汝如来姓氏也。

"躁犹动""剖犹破""讵犹何""间犹处所""祢犹汝"，"犹"连接前后两个词语，表示意义相当或同义词、近义词相释。

7."之言"，表示声音之间的流转关系，同时运用语音之间的关系释义，目的是说明被释词的语源，例如：

> 著后，中庶反，著之言处也。
>
> 贾客，《白虎通》曰：贾之言固也，固其物待民来以求其利者也。

"著之言处""贾之言固"，说明"著、贾"的读音与意义来源分别是"处、固"。

8."通"，运用较广，不仅言义通，且言声通，字通。被言及的字词大多为本字和通假字，例如：

> 聪叡，古文睿，通也。
>
> 蟠龙，未升天龙谓之蟠龙。经文有作槃，古字通。
>
> 线塼，字体作甎，同，脂缘反，又音舩。此由古字通用耳。

"睿，深明也通。"属义通。"蟠、槃古字通。""塼、專古字通"属字通。

9."同"，"同"在敦煌佛经音义中没有"通"使用广泛，表异体字。其格式为"某，又（古文、古作、正字、籀文）某，同"。例如：

> 轻躁，又作趮，同，子到反。
> 螺王，古文蠃，同，力戈反，螺，蚌也。
> 聪叡，古作睿，籀文作壡，同，夷岁反。
> 曰燧，正字作鐩，同，辞醉反，火母也。
> 敦喻，古作惇，同，都昆反，敦，勉也，谓相劝勉也。

"躁趮同""螺蠃同""叡睿壡同""燧鐩同""敦惇同"，均为不同时期或不同版本的异体字。

10. "亦"，亦者言其似异而实同，例如：

> 道捡，捡，法度也。居俨反，捡亦摄也。
> 儴佉，上尔羊反，梵云饷佉，此译云贝，亦云珂异名也。
> 唯仰，语向反，仰，恃也，亦望也。
> 嘲调，正字作啁，同，竹包反。下徒吊反，亦大啁曰讘也。
> 车舆，与诸反，亦捴称车曰舆，一曰车无轮曰舆。

"捡亦摄""儴佉亦云珂异名""仰亦望""调亦大啁曰讘""舆亦捴称车"，"亦"连接前后两个词，表示被释词与训释词同义。

11. "某，某也"，采用判断句的形式直言某词训某，直接用一个词来解释另一个词。训释词和被释词之间或是单纯的同义关系，或是音义相同的同源关系，又或是假借字和本字的关系。"某，某也"是古人行文构句之常例，可用于辗转相训和释义。例如：

晨朝，食仁反，《尔雅》：晨，早也。《释名》云：晨，伸也，言其清旦日光复伸见也。

坐肆，相利反，肆，陈也，陈物处也；肆，列也，谓列其货赂于市也。

逐块，古文凷，同，苦对反，结土也，土块也。

肴馔，又作篹，同士眷反，馔，具饮食也。

溉灌，哥赉反，溉，灌也。谓灌注也。

"晨，伸也""肆，列也""块，结土也、土块也""馔，具饮食也""溉，灌也"，表示被释词与训释词同义。

（三）词例术语

词例术语3个"辞、者、即"，下面分别述说。

1．"辞"，常用"某某之辞"的结构，表示某种意义的声气。例如：

脱能，上吐活反，脱，不定之辞也。

得衷，知沖反，衷，中、当也。《苍颉篇》：别内外之辞也。

"脱不定之辞""衷别内外之辞"，说明两字的具体作用是分别表示不确定和内心表现。

2．"者"，助词，用在形容词、动词或形容词性词组、动词性词组后面，表示有此属性或做此动作的人或事物，例如：

拍毬，今作鞠，鞠，毛丸可蹋戏者。

综习，上子宋反，《三苍》云：综，理经也。谓机缕持丝文者。

兲甋，他盍反，《释名》云：施之大床前小榻上，所以登上床者，曰（因）以为名焉。

“鞠毛丸可蹋戏者”“综谓机缕持丝文者”“毻所以登上床者”“者”均为助词，用在动词词组后面，表事物。

3.“即”，副词，译为“就”。敦煌佛经音义中“即”用作训诂术语的例子较少，如：

鰧鱼，齿利如锯，即名锯鰧也。

“鰧，齿利如锯，即名锯鰧”，“即”意为“就”。

（四）校勘术语

校勘术语6个“或作、又作、亦作（宜作）、古文（古作）、今文（今作）、经文、按（桉、案）”。下面分别述说：

1.“或作”，此言诸书异文而义相同或同书异文，用来说明古籍因版本不同而文字有异的情况，例如：

鞯衣，或作緝，而容反，谓古具垂毛也。

笳吹，或作葭，同。

腨骨，或作蹲，同，时兖反。

髋骨，上或作臗，同，口丸反，臗，尻也，一曰髀上也。

手抱，《说文》作捊，捊或作抱，同，步交反，捊，引取也。

“鞯或作緝”“笳或作葭”“腨或作”“髋或作臗”“捊或作抱”

"腼或作蹒" "或作"表示被释词因与训释词版本不同而字形各异。

2. "又作"，被释词的另一种写法，较固定，多为异体字，敦煌佛经音义也写作"有作"。例如：

璟异，又作傀，同，古回反，瑰，美也；傀，盛也。

视瞬，又作瞬（眴），同，尸闰反，目动曰眴。

耽湎，古作媅、妱二形，又作酖、沈二形，都含反。

豌豆，上一九反，经有作宛，又作荳，二形并非字体。

"瑰又作傀" "瞬又作瞬（眴）" "耽又作酖、沈" "豌又作荳" "又作"表示此处被释词与训释词互为异体字。

3. "亦作"，被释词的另一种写法，不固定，或为被释词的临时写法，敦煌佛经音义也写作"宜作"，例如：

铇须，蒲交反，案：铇文字无，宜作抱，又作掊。

"铇宜作抱" "宜作"表示"抱"为"铇"的另一种写法。

4. "古文（古作）"，指秦始皇统一中国以前的古文字，主要指隶书成熟之前的文字。汉儒传经，有今古文之别；今文为隶书，古文为六国时书；古文经出自孔壁鲁淹及河间中秘旧藏，《汉书·艺文志》已有著录，记有《尚书古文经》《礼古经》《春秋古经》《论语古经》《孝经·古孔氏》等数种，所以后代校注有古今语之说。下面先举"古文"例：

懟恨，古文作謉，同，丈泪反，懟，怨也。

拄髀，古文作跰，同，蒲米反。

螺王，古文作蠃，同，（力戈）反，螺，蚌也。

聪叡，古作睿，籀文作壑，同，夷岁反。

口吒，古作啛，同，竹嫁反。

"懟古文讁""髀古文""螺古文蠃""叡古作睿""吒古作啛""古作"连接前后两个词语，今文在前，古文在后。

5."今文（今作）"，汉代把用隶书写成的文字叫今文经，把用古文字写成的经书叫古文经。由于今文经是口耳相传，与后来发现的古文经相比出现了差异，古人便在训释书籍时古今对比，并以"今文""古文"说明某个字在今文经和古文经中如何写。此类术语用来说明音同假借，就用字而言，例如：

铁𫘝，今作嚼，又作觜，同。

善驭，今作御，同。

聿子，姊叶反，今作接，谓接木之子也。

拍毬，今作鞠，鞠，毛丸可蹋戏者。

"𫘝今作嚼""驭今作御""沠（聿）今作接""毬今作鞠""今作"连接前后两个词语，古文在前，今文在后。

6."按（桉、案）"，为作者或佛经音义抄写者的批注，以表明作者观点或补充解释原句字词，例如：

聿子，桉《字诂》，古作聿，今作接。

脑胲，按字义宜作解，胡卖反，解，卅二相中之二也。

曰桴，按《诏定古文官书》，桴、枹二字同，谓鼓（鼓）椎也。

坐此，慈卧反，案，坐，罪也，谓相缘罪也。

铇须，蒲交反，案：铇文字无，宜作抱，又作捊。

"畫（畫）桉《字诂》古作坬（畫）""胲按字义宜作解""桴按《诏定古文官书》桴、枹二字同""坐案罪也""铇案铇文字无宜作抱""桉、按、案"主要用于补充辨明古今字、异体字，或补充完善词语的意思。

如上我们分别介绍了4类22种训诂术语，在敦煌佛经音义中往往多个术语连用，例如：

口咤，古作嚓，同，竹嫁反，依字，咤，喷也，服虔云痛惜曰咤，是。

深穽，古作阱、汬二形，同，慈性反，谓穿地为堑，以取兽也。

餧飤，今作食，同，囚恣反，《声类》：飤，哺也。《说文》：飤，粮也。从人，仰食也，谓以食供设与人也，故字从食从人意也。

手捊，《说文》作捊，捊或作抱，司，步交反，捊，引取也。《通俗文》作捊，蒲交反，手把曰捊。

邀迭，又作徼，同。邀，要也，呼召也，亦求也。下徒结反，更代也。

第一例"编，织也，谓取棘刺编橡而卧也。"系格式术语"也"与释义术语"谓"连用。第二例"穿古作阱、㚏二形，同，谓穿地为堑。"系校勘术语"古作"和释义术语"同"及释义术语"谓"连用。第三例"飤，今作食，同，经文作饲。"系校勘术语"今作"和释义术语"同"及校勘术语"经文作"连用。第四例"捊或作抱，同，引取也。"系校勘术语"或作"和释义术语"同"连用。第五例"邀，又作徼，同，要也，呼召也，亦求也。"系校勘术语"或作"和释义术语"同""亦"及格式术语"也"连用。

（五）佛经音义中特殊的训诂术语

1.因以为名

因以为名，因……原因而得名，因……原因而命名。常用来解释名词性成分，如人名、器物、宝石、道路甚至国家。因以为名在敦煌佛经音义中经常写作"曰以为名"，通常放在句子末尾。如以下诸例：

> 罗睺，此译云障月，但此人是罗怙阿脩罗以手捉月时生，因以为名也。

罗睺，佛之嫡子，在胎六年，生于成道之夜，因生于罗睺罗阿修罗王障蚀月时，故名罗睺罗。又六年为母胎所障蔽，故名罗睺罗，为执月及障蔽之义。

罗睺得名源自两个原因：一是生于罗睺罗阿修罗王璋蚀月时；另一原因是怀胎六年所生，受母体蔽障时间长。障，本义阻塞、阻隔，遮蔽。

《维摩诘经》三："什曰：阿修罗食月时名罗睺罗，罗睺罗秦言覆障，谓障月明也。罗睺罗六年处母胎，所覆障故因以为名，明声闻法中密行第一。"《维摩诘经》二十一："何罗怙罗或言曷罗怙罗，云障月，旧言罗睺罗。言罗怙罗阿修罗以手障月时生，因以名也。"《维摩诘经》引鸠摩罗什言对罗睺罗进行了解释。罗什：罗睺生于罗怙阿修罗食月时，罗睺罗后秦翻译为覆障，义为遮蔽月光。

马脑，此译云马瑙。案此宝或色如马脑，因以为名。

马脑，亦作"玛瑙"，一种似玉而次于玉的宝石。一种细纹玉石，常杂有蛋白石并有各种色彩，或排列成条状或带状，间有黑斑或呈苔状。有赤、白、灰各色相间，成平行环状波纹，中心部的空隙常附着有石英结晶，可作饰物。《玉篇》："码，码磵，石次玉也。"瑙音脑。《博雅》："玛瑙，石次玉也。"《广韵》："宝石。"《玉篇》《博雅》《广韵》对马脑的解释都是宝石，次于玉的宝石。《韵会》："此宝色如马脑，因以为名。"因玛瑙颜色与马脑近似，所以被命名为马脑，这是玛瑙得名由来。

氍毹，他盍反，施之大床前小榻上，所以登上床者，曰以为名。

氍，即氍毹，是古代西域氍毹中质地最好的一种毛毯，原产地在古大秦国、波斯国或天竺国，其颜色有五色。南宋《百宝总珍集》中的五色礼佛毯指的就是氍毹，是用羊毛、木质纤维和野茧丝一起织成，在宫廷主要作为地毯或床褥、坐垫使用。氍毹，有花纹的细毛毯。《释名》："榻登，施之承大床前小榻上，登以上床也。"① 《释名》从跊跊的用途角度为其释义，放置在床前小榻上，用以登床，也作踏登。这是跊跊得名的由来。

　　曰燧，燧，火母也。《廿世本》曰：造火者燧人，因以为名。

　　《玉篇》："以取火于日。"《礼记·内则》："左佩金燧，右佩木燧。《注》：金燧取火于日。木燧钻火也。"②左边佩带以日光取火的铜燧，右边佩带钻木取火的木燧。从《周礼》看，燧有铜制也有木制，都用于取火，体积较小，可随身携带。燧又作遂。《周礼·秋官·司烜氏》："掌以夫遂，取明火于日。《注》：夫遂，阳遂也。《疏》取火于日，故名阳遂。犹取火于木，为木遂也。"③遂，阳燧，推测为将铜制凹透镜放在日光下可聚焦取火。

　　燧人，风姓，名允婼，华夏族。燧人氏钻木取火，成为华夏族人工取火的发明者，被后世奉为火祖。在《尚书大传》等著作增补"三皇五帝"中被列为三皇之首，奉为"天皇"，尊称"燧皇"。《韩非子·五蠹》："有圣人作，钻燧取火，以化腥臊，而民悦之，使王天下，号之曰燧人氏。"钻燧取火，有一位圣人钻燧取火，教民熟食，有利于人民的健康，于是人们称这位圣人为燧人氏。

　　天竺，或言身毒或言贤豆，皆讹也，正言印度。印度名月，月有千名，斯一称也。以彼土贤圣开悟群生，照临如月，曰以为名也。又

---

① ［汉］刘熙：《释名》，北京：中华书局，2016年，第86页。
② 胡平生等：《礼记》，北京：中华书局，2017年，第514页。
③ 吕友仁等：《周礼》，郑州：中州古籍出版社，2018年，第338页。

贤豆者，本名曰陀罗婆他那，此云主处，谓天帝也，以彼土天帝所护，故曰名耳。

天竺，印度之古称，又作天笃、天督、天毒、身毒。《后汉书·西域传》载："天竺国，一名身毒，在月氏之东南数千里，俗与月氏同。"天竺在月支东南数千里之地，风俗与月支相同。《大唐西域记》卷二："天竺之称，异议纠纷，旧云身毒，或曰贤豆，今从正音，宜云印度。印度者，唐言月，月有多名，斯其一称。良以其土圣贤继轨，导凡御物，如月照临，由是义故，谓之印度。"①天竺有很多称呼，正音为印度。印度唐代释为月，印度是月的一个称呼。因为印度圣贤相继，就像月亮照临一样，受到月亮的庇护，故取名为印度。

身毒，国名，即天竺也。《山海经》曰："身毒之国，轩辕氏居之。郭注，天竺国也。"《史记·大宛传》曰："大夏东南有身毒国。《索隐》曰：身音干，毒音笃。孟康曰：即天竺也。"身毒即天竺，位于大夏东南。天竺也写作天笃或天督。玄应《一切经音义》曰："天竺或言身毒，或言贤豆，皆讹也。正言印度。印度名月，月有千名，斯一称也。"玄应认为天竺被称为身毒、竖豆，都是错误的，应该称为印度，源自月的称呼。

贤豆，印度之古名。昔称印度河流域为身毒、天竺者，波斯人讹传称贤豆，后希腊人依此称为印度。《续高僧传》卷二："贤豆，本音因陀罗婆陀那，此云主处，谓天帝所护故也。"贤豆因波斯人将身毒、天竺读音讹传造成。《续高僧传》认为贤豆是天帝所在处，受天帝庇护，因

---

① ［唐］玄奘撰，范祥雍汇校：《大唐西域记汇校》，上海：上海古籍出版社，2011年，第76页。

而名为贤豆。

　　四衢，《尔雅》云：四达谓之衢。齐鲁谓四齿杷为欋，以欋杷地，即有四处，此道似之，曰以为名。

　　衢，大路，四通八达的道路。段注："衢，四达谓之衢。《释名》曰：四达曰衢，齐鲁间谓四齿杷为欋，欋杷地则有四处，此道似之也。"《释名》："衢，四达曰衢。齐鲁谓四齿杷为欋，欋杷地则有四处，此道似之也。"①欋，四齿的杷子，又像木根盘错之貌。以四齿杷地则痕迹有四处，与衢之四通八达近似。欋除四衢外，还有五衢、九衢，树大则根交错的越厉害，故而出路越多。《释名》、段注都以欋杷四齿、树根交错四出来解释四通八达的道路，这是四衢得名的由来。

　　2.经文，指被释词在具体佛经中写法，多为临时用法，经文连接通用写法和佛经经文写法，通用写法在前，经文写法在后。例如：

　　鞋衣，谓古具垂毛也。经文作茸，茸，草茸也。

　　段注："鞋，鞤毳饰也。毳，兽细毛也。而陇切。玄应曰：《三苍》而用切。《玉篇》或作緝。"鞋，鸟兽细毛做成的装饰。也可写作緝。鞋緝同音相训，互为异体，意思均为装饰品。緝指丝织品，鞋指毛织品。

　　茸义为草新长出时又细又嫩的样子，也可以指细柔的毛发。与表

――――――――――

　　①［汉］刘熙：《释名》，北京：中华书局，2016年，第17页。

装饰的鞲有相近之处，故经文用茸代替鞲。

氍铞，丁盍反，《字书》："氍，著也。"经文作搭，非也。

氍，即氍毹，是古代西域氎毹中质地最高的一种毛毯，原产地在古大秦国、波斯国或天竺国，颜色有五色。《说文解字》："氍毹也。从毛聲，土盍切。"氍毹，有花纹的细毛毯，这里泛指毛织品。从《字书》"氍，著也"可知，氍是可以穿着的毛织品。

"搭，音答。动词击也，附也，挂也。"作名词时指短衣。林逋《深居杂兴》"中有病夫披白搭。"搭作名词，白搭，白色的短外搭。可见搭与表示毛织品可以穿的氍不同，经文将氍写作搭，故音义言其非。

罄竭，古文磬，同，可定反，《说文》器中空也。《尔疋》：罄，尽也。经文磬，乐器名。

罄本义为器中空，引申为尽，用尽。罄古同"磬"，系一种打击乐器。《说文解字》："罄，器中空也。古文磬字。"《小雅》："罄无不宜。《传》罄，尽也。"《小雅》不称磬无不宜，而称此者，于从缶之意切也。罄，空、尽义。经文罄作磬，罄与磬通，借用为乐器。

一函，胡缄反，经作臽，音陷，坑也，非此义。

函，盒子、匣子之义，包含容纳，也可作铠甲解。《说文》："函，舌也，又容也。"函本义为舌头。《易传》："易有太极，是生两仪。

两仪生四象，四象生八卦。"太极是道家思想一个非常重要的概念，太极生阴阳两仪、四象和八卦，包含万物而融为一。函，包含、融合之义。《玉篇》："铠也。"《周礼·冬官考工记》："燕非无函也，夫人而能为函也。"燕没有专门设置制造铠甲的工匠，不是因为那里没有人能制造铠甲，而是因为那里人人都能制造铠甲。函，铠甲之义。

对以上5类24种训诂术语的考察研究可得出，此时期的敦煌乃至中古时期训诂术语及训诂学发展的特点：

第一，在沿用前代训诂术语的基础上，出现了新的内容，但基本与前代保持不变，符合语言发展的传承性。对训诂术语的使用也由单一向多种术语连用方向转变。

第二，引用的注释文献由前代的以经部书为主扩展到经、史、子、集四部，尤以子部书居多。敦煌佛经音义解释词义和文法继续使用了前代通行的注释书，主要有《尔雅》《小尔雅》《释名》《说文》《周易》《楚辞》《白虎通》《三苍》等。此外，也大量引用了中古时期训诂学注解的通用著作，如《字林》《字诂》《声类》《广雅》《通俗文》《风俗通》《诏定古文官书》等，多属子部。这些书大多已亡佚，敦煌佛经音义的引用和保存可使我们管中窥豹，了解其大概。同时，可帮助我们对其进行辑佚与整理。

第三，在训诂术语的使用过程中运用了当时通行的"义疏"式注解方法，不仅解释字词，还解释文法；不仅注释经义，还注解注文。例如上文Ф.230《一切经音义》对"餕飱"和"手抱"的解释，不仅对词语本身作了注解，对解释词义的注文，如《声类》《说文》《通俗文》的释义也作了注解，使得整个解释更加详细、具体、生动，且有文法。

综上，通过对敦煌佛经音义训诂术语的考察梳理可看出中古时期训诂学发展的状态；对其特点的分析有利于我们掌握中古时期训诂学发展的特征，有利于进一步明确汉语在中古时期的演变特征和规律，是我们进行训诂学和语言学研究的重要参考和佐证。

第五节　敦煌佛经音义的文献学价值

一、敦煌佛经音义与词典研究

敦煌佛经音义作为解释字词的著作，其征引了许多古逸辞书，保存了很多俗字俗词，对大型辞书的编纂具有重要参考价值。它在六朝时期同类辞书的基础上广释佛经文字，体例类《经典释文》，但注解较前者翔实。包罗万象，其中征引了许多汉魏六朝失传的古字书、辞书，内容非常丰富。其内容既讲单字音义，也解释词语，融合《说文》《字书》《尔雅》《释名》等古籍，为后世词典的编纂提供了借鉴，也为词典学的研究发展提供了重要依据。①

敦煌佛经音义保存了《说文》《尔雅》《释名》《方言》《三苍》等古代辞书，也保存了大量后世已失传的辞书，尤其是隋以前的佚书，如《字书》《埤苍》等，对于考订字词的最早出处和最初含义与用法具有重要价值。由于宣扬佛教思想的需要，为扩大佛经的接受范围，译经者在翻译佛经时并不像中国古代文人写诗作词那样追求文采，而是尽可能地接近普通大众的接受水平，尽力做到通俗易懂；其中不可避免地要掺

---

① 刘叶秋：《略谈汉语辞书的演进》，《辞书研究》，1985年第3期，第1—10页。

杂许多口语词和方言词，这就形成了佛经音义包含许多口语俗词与翻译词、借词共存的局面，这一特色对汉语白话书面语的形成具有重要的促进作用。我们今天使用的很多复音词，尤其是复音口语词都是源自佛经音义，有些甚至仅见于佛经音义，作为解释佛典字词的工具书，敦煌佛经音义是保存大量新词新义的重要媒介。此外，敦煌佛经音义中还包含了许多复音词。传统传注与辞书采用了注释文体作为其存在方式，这种文体的特色在于用复音词解释单音词，因此，使用复音词较为频繁，很多复音词都是最早出现在注释文体中的。作为注解佛经的辞书，敦煌佛经音义也包含大量复音词，研究敦煌佛经音义有利于考订某些复音词的演变历史。

敦煌佛经音义的这些特点决定了其在辞书编纂中的重要参考价值。然而我们通常所用的大型辞书如《汉语大字典》《汉语大词典》等对包括敦煌佛经音义在内的佛经音义资料征引不够全面，从而造成了引证较晚、义项不全及释义不准等问题。对辞书编纂史来说，敦煌佛经音义的作用是不可替代的。

敦煌佛经音义对辞书编纂史的研究和发展具有多方面的作用，我们可依此来校正古籍，也可用来校订现存古辞书，对失传的古辞书进行辑佚等，在这些方面它的作用是无可取代的。下面以《尔雅》《方言》《释名》《通俗文》《广雅》《声类》《纂文》为例来说明这个问题。

（一）　《尔雅》

《尔雅》，我国最早解释词义的专著，第一部按义类编排的综合性辞书，疏通包括五经在内的上古文献词语的重要工具书，被认为是中国训诂学的开山之作，在训诂学、音韵学、词源学、方言学、古文字学方面都有重要影响。由汉初学者缀缉周汉诸书旧文，递相增益而成。

全书共收词语4300多个，分为2091个条目。这些条目按类别分为"释诂""释言""释训""释亲""释宫""释器""释乐""释天""释地""释丘""释山""释水""释草""释木""释虫""释鱼""释鸟""释兽""释畜"等十九篇。前三篇与后十六篇有显著的区别，可以分成两大类。即"释诂""释言""释训"解释的是一般语词，将古书中同义词分别归并为各条，每条用一个通用词作解释，类似后世的语文词典。后十六篇是根据事物的类别来分篇解释各种事物名称，类似后世的百科名词词典。其中"释亲""释宫""释器""释乐"等四篇解释的是亲属称谓和宫室器物的名称，为考证词义和古代名物的重要资料。后世经学家常用此书来解说儒家经义，至唐宋时，成为"十三经"之一，现有晋郭璞注、宋邢昺疏的《十三经注疏》本通行于世。在敦煌佛经音义中，《尔雅》通常作《尔疋》，主要用于解释字、词含义。例如：

P.3095《一切经音义》：齄烝，于物反，《尔疋》：齄，气也。李巡曰：齄，盛气也。

P.3095《一切经音义》：祠礼（祀），徐理反，祭无已也，谓年常祭祀洁（敬无已也）。《尔疋》：祭祀也。舍人曰：祀，地祭。

Φ.230《一切经音义》：艾白五盖反，《尔雅》云：艾，冰台。言其色似艾也。

Φ.230《一切经音义》：四衢《尔雅》云：四达谓之衢。郭璞注曰：交道四出也。

Φ.230《一切经音义》：间间上居觅反，下古闲反，依上音，《尔雅》云：间，代也。谓间错相代也。又隔也。依下音，间犹处所也。

　　Ф.230《一切经音义》：奎星，口携反，《尔雅》：降娄也。李巡曰：降娄，白虎宿也。经文有作金星，太白星也。

　　Ф.230《一切经音义》：罪戾，力计反，《尔雅》：戾，罪也。《汉书》：有功无其意曰戾，有其功有意曰罪。戾，定也。

　　P.3095"爨，《尔疋》：气也。""祠礼（祀），《尔疋》：祀，地祭。"Ф.230"《尔雅》云：艾，冰台。""衢，《尔雅》云：四达谓之衢。""《尔雅》云：间，代也。谓（间）错相代也。""奎星，《尔雅》：降娄也。""《尔雅》：戾，罪也。"引文中《尔雅》均用来释物。

（二）《方言》

　　《方言》，原名《輶轩使者绝代语释别国方言》，作者西汉扬雄。"輶轩使者绝代语释"是指前代使者调查方言所得到的"绝代语"，即对古代语言的解释。"别国方言"即指不同邦国的特色语词。全书共计十三卷，体例仿《尔雅》，但卷内条目似不及《尔雅》严谨有条理。大体上，卷一、二、三是语词部分，其中有动词、形容词，也有名词；卷四释衣服；卷五释器皿、家具、农具等；卷六、七又是语词；卷八释动物名；卷九释车、船、兵器等；卷十也是语词；卷十一释昆虫；卷十二、十三大体与《尔雅》的"释言"相似，往往以一词释一词，而没有方言词汇比较方面的内容，与前十卷大不相同。所收的词条计有675条，每一词条下作者往往先提出一个或几个同义词作为条目，然后或用一个词来解释它们，或分别说明各个词的使用地域，所以实际词目远远超过了条数。类及古今各地的词语，大部分注明通行范围。全书所涉及的地域，东起齐鲁，西至秦陇、凉州；北起燕赵，南至沅湘九嶷，东北至北燕、朝鲜，西北至秦晋北鄙；东南至吴、越、东瓯，西南至梁、益、蜀、汉，中原地区则几近包罗无余。

《方言》是我国语言学史上第一部对方言词汇进行比较研究的专著，为我们研究汉代社会生活提供了资料。尤为重要的是，《方言》给我们提供了研究汉语发展史、汉语方言史、汉语词汇史、汉语音韵史的丰富资料。在世界语言学史上也是一部开辟语言研究的新领域、独创个人实际调查的语言研究的新方法的经典性著作，因而被盛赞是"悬诸日月不刊之书"。

敦煌佛经音义引用《方言》主要用于解释词义，并说明该词的使用范围，有时兼引郭璞注，例如：

P.3095背《一切经音义》第十二卷：颔骨，胡感反，《方言》：颔，颐也。郭璞云：颔，车也，南楚之外谓之外晋谓之颔颐，今亦通语耳。

P.3095背《一切经音义》第十二卷：赧然，奴盖反，《方言》：赧，愧也。

P.3095背《一切经音义》第十三卷：瘜肉，《方言》作膶，同，思力反，《说文》肉奇也，《三苍》：恶肉也。

P.3095背《一切经音义》第十四卷：顾（顾眄），亡见反，《说文》邪视也。《方言》：自关而西秦晋之间曰眄。

P.3095背《一切经音义》第十一卷：六簙《说文》云：局戏，六箸十二棊也，古者乌曹作博。《方言》云：博或谓之棊，或谓之曲道，吴楚之间或谓之箭，或谓之簙。簙亦箸名也。

Φ.230《一切经音义》第廿九卷：赋给，甫务反，《说文》：

赋，敛也。《广雅》：赋，税也。《方言》：赋，动也。谓赋敛所以扰动也。

Φ.230《一切经音义》第卅一卷：甘锅，字体作䰙，古和反，《方言》：秦云土釜也。字体从䰙声。今皆作锅。

Φ.230《一切经音义》第卅八卷：炜烨，于匪、为猎反，《方言》：炜烨，盛儿也。《三苍》：光华也。

Φ.230《一切经音义》第册卷：户关，古文钥，同，余酌反，《方言》：关东谓之键，关西谓之关。经文作闗，《字林》书僮笒也。《篡文》云：关西以书篇为书闗。

P.3095"《方言》：颔，颐也。郭璞云：颔，车也，南楚之外谓之外。晋谓之颔颐，今亦通语耳。""赧，块（愧）也""瘾作腮，同，思力反。""自关而西秦晋之间曰昒。""博或谓之棊，或谓之曲道，吴楚之间或谓之箭，或谓之簿。簿亦箸名也。"Φ.230"《方言》：赋，动也。谓赋敛所以扰动也。""秦云土釜也。字体从鬲声。今皆作锅。""炜烨，盛儿也。""关东谓之键，关西谓之关。"上述例子引用《方言》均用来释义，同时说明该词在不同的地域其意义和用法也不尽相同。

（三）《释名》

《释名》，训诂著作，东汉刘熙撰。共二十七篇，分八卷。体例仿《尔雅》，而专用音训，以音同、音近的字解释意义，推究事物所以命名之由来，其中虽有穿凿附会之处，但于探求语源，辩证古音和古义，很有参考价值。清毕沅有《释名疏证》，王先谦有《释名疏证补》和《释名疏证补附》。敦煌佛经音义中《释名》主要用于释物，常与"因以为名""因以为名也""因以为名焉"共用。或与"……是也"
"……非也"搭配使用，表示定义。例子如下：

P.3095背《一切经音义》第十二卷：柱髀，蒲米反，北人行此
音。又必尔反，江南行此音。《释名》：髀，卑也，在下称也。

P.3095背《一切经音义》第十二卷：颔骨，胡感反，《方言》：
颔，颐也。郭璞云：颔，车也，南楚之外谓之外晋谓之颔颐，今亦
通语耳。《释名》云：正名辅车。

P.3095背《一切经音义》第十一卷：隉甈，他盍反，《释名》
云：施之大床前小榻上，所以登上床者，曰（因）以为名焉。

Φ.230《一切经音义》第十五卷：四衢《尔雅》云：四达谓之
衢。郭璞注曰：交道四出也。《释名》曰：齐鲁谓四齿把为櫂，以
櫂把地，即有四处，此道似之，曰（因）以为名。

Φ.230《一切经音义》第廿卷：圊厕，《字林》七情反，《广
雅》：圊、囫、屏，厕也。皆厕之别名也。《释名》云：或曰清，言至
秽处宜修治使洁清也。或曰圂，言溷浊也。

Φ.230《一切经音义》第卅卷：殡（敛），古文殢，同，力艳
反，衣尸也。《释名》云：者，也，藏不复见也。小［户］内，大
敛于阼阶，是也。

S.3469《一切经音义》：晨朝，食仁反，《尔雅》：晨，早也。
《释名》云：晨，伸也，言其清旦日光复伸见也。

P.3095《一切经音义》：彗星，苏醉反，《字林》囚芮反，
《释名》云：彗星，星光稍稍似慧（彗）也。《尔疋》彗星欓枪，
孙炎曰：妖星也。四曰慧（彗）。郭璞曰：亦谓之索（孛）。《释

名》云：言其似扫慧（彗）也。

　　P.3734《一切经音义》：楼纂，子管反，锡杖下头铁也。字应作鑚，子乱反，关中名鑚，江南名鐏，鐏音在困反，《释名》：予（矛）下头曰鐏也。

　　P.3095"柱髀"条引用《释名》："卑也，在下称也"。"颔骨"条引用《释名》"颔骨，正名辅车，言其骨。" Φ.230"圊厕"条引用《释名》："或曰清，言至秽处宜修治使洁清也。或曰圂，言溷浊也。""殡敛"条引用《释名》："窆者，窆也，藏不复见也。小窆［户］内，大窆于阼阶，是也" S.3469"晨朝"条引用《释名》："晨，伸也。" P.3095"彗星"条引用《释名》："彗星，星光稍稍似慧（彗）也。" P.3734"楼纂"条引用《释名》："矛下头曰鐏也。" 主要用于辨明古意。P.3095"髢甄"条引用《释名》："施之大床前小榻上，所以登上床者"。Φ.230"四衢"条引用《释名》："齐鲁谓四齿杷为櫌，以櫌杷地，即有四处，此道似之"。上述例子引用《释名》主要用于探求语源。

　　（四）《通俗文》

　　《通俗文》原书今已不存。据考证，这是一部解释通俗用语的辞书，其中有不少当时流行的俗字异体。作者服虔，东汉河南荥阳人。

　　对于《通俗文》的记载，《颜氏家训·书证》有："《通俗文》，世间题云'河南服虔字子慎造'。虔既是汉人，其叙乃引苏林、张揖，苏、张皆是魏人。且郑玄以前，全不解反语，《通俗》反音，甚会近俗。阮孝绪又云李虔所造。河北此书，家藏一本，遂无作李虔者。《晋中经簿》及《七志》，并无其目，竟不得知谁制。然其文义允惬，实是高才。殷仲堪《常用字训》，亦引服虔《俗说》，今复无此书，未知即是《通俗文》，为当有异？近代或更有服虔乎？不能明也。"《颜氏家训·勉学》："世之学徒，多不晓字。不知书音是其枝叶，小学乃其宗系。至见服虔、张揖音义则贵之，得《通俗》《广雅》而不屑。一手之中，向背如此，况异代各人乎？"颜之推虽在《书证》中对《通俗文》及其作者服虔提出了许多疑问，但在《勉学》中则做了充分肯定和高度评价。

敦煌佛经音义引用《通俗文》众多，主要有两大用途是解释字、词义和条列异文俗体，例如：

P.3095背《一切经音义》第十一卷：哕噎，于越反，《说文》：哕，气悟（牾）也。《通俗文》：气逆曰哕。

P.3095背《一切经音义》第十一卷：氍毹，渠俱反，下山于反，《通俗文》：织毛蓐曰毹，细者谓之氀。经文作甈，力于反，甈，氀也，甈非字体。

P.3095背《一切经音义》第十二卷：背偻，力矩反，《广雅》：偻，曲也。《通俗文》：曲脊谓之伛偻。经文有作瘘，音陋，瘘非字义。

P.3095背《一切经音义》第十三卷：虫蛆，《字林》千余反，《通俗文》：肉中虫谓之蛆。《三苍》：蛆，蝇乳肉中也。经文作蛆，子余反，唧蛆也；又作疽，久癰也，二形并非此义。

P.3095背《一切经音义》第十三卷：疮痍，羊之反，《三苍》：痍，伤也。《通俗文》：体疮曰痍，头疮曰痬。《左传》曰：生伤于头。

P.3095背《一切经音义》第十四卷：矬人，才戈反，《广雅》：矬，短也。《通俗文》：侏儒曰矬。经文作痤，《说文》小肿也。痤非经义。

P.3095《一切经音义》：船舫，甫妄（妄）反，《通俗文》连舟曰舫，併两舟也。

Φ.230《一切经音义》第廿二卷：坌之，蒲顿反，《通俗文》：磈土曰坌。《说文》：坌，尘也。

Φ.230《一切经音义》第廿三卷：手抱，《说文》作捊，捊或作抱，同，步交反，捊，引取也。《通俗文》作掊，蒲交反，手把曰掊。

Φ.230《一切经音义》第廿七卷：哮吼，古文虓，同，呼交、呼狡二反，《通俗文》：虎声谓之哮唬。《埤苍》：哮吓，大怒声也。唬音呼家反。

Φ.230《一切经音义》第卅卷：孚乳，《通俗文》：卵化曰孚。

Φ.230《一切经音义》第卅二卷：罗毦，仁志反，《通俗文》：毛饰曰毦。稍上垂毛一曰毦。

Φ.230《一切经音义》第册卷：欶乳，又作嗽，同，所角反，《三苍》云：欶，吮也。《通俗文》：含吸曰嗽。经文作，此俗字也。

P.3734《一切经音义》：（恳）恻，古文㥶，同，口很反，《通俗文》：至诚曰恳。恳，信也，亦坚忍也。

P.3095"哕噎"条引用《通俗文》："气逆曰哕。""蛆"条引用《通俗文》："肉中虫谓之蛆。""疮痍"条引用《通俗文》："体疮曰痍，头疮曰疡""船舫"条引用《通俗文》："连舟曰舫，併两舟也。"Φ.230"垒之"条引用《通俗文》："磈土曰垒。""巩器"条引用《通俗文》："作掊，蒲交反，手把曰掊。""哮吼"条引用《通俗文》："虎声谓之哮唬。""孚乳"条引用《通俗文》："卵化曰孚。音匹付反。""罗氄"条引用《通俗文》："毛饰曰氄。"其中《通俗文》用于解释字、词义。

P.3095"氍毹"条引用《通俗文》："织毛蓐曰毹，细者谓之氍毹。""背偻"条引用《通俗文》："曲脊谓之伛偻。""矬人"条引用《通俗文》："侏儒曰矬。"Φ.230"嗽乳"条引用《通俗文》："含吸曰嗽。"P.3734"恳恻"条引用《通俗文》："至诚曰恳。"上述例子引用《通俗文》用于条列异文俗体。

（五）《广雅》

《广雅》，作者张揖，三国魏清河人。该书卷首有张揖《上广雅表》，自言此书分上中下三卷。唐以来析为十卷，卷目次序依据《尔雅》，博采汉人笺注、《三苍》《说文》《方言》诸书，增广《尔雅》所未备，故名《广雅》，是研究古代词汇和训诂的重要资料。清代王念孙有《广雅疏证》，订讹补缺，由音求义，较为精审。敦煌佛经音义《广雅》有时作《广疋》，主要用于解释词义，例子有：

P.3095背《一切经音义》第九卷："厮下，又作廝，同，思移反，《广疋》：厮谓命使也。

P.3095背《一切经音义》第九卷：怖遽，渠庶反，《广雅》：遽，畏惧也。疾急也。

P.3095背《一切经音义》第九卷：著后，中庶反，著之言处也。《广疋》：着，补也。亦立也。

　　P.3095背《一切经音义》第十一卷：不御，鱼据反，御，侍也，进也。　《广疋》：御，使也。

　　P.3095背《一切经音义》第十一卷：脱能，吐活、他外反，《广雅》：脱，可也。脱，尔也。谓不定之辞也。

　　P.3095背《一切经音义》第十二卷：背偻，力矩反，《广雅》：偻，曲也。经文有作瘘，音陋，瘘非字义。

　　P.3095背《一切经音义》第十四卷：矬人，才戈反，《广雅》：矬，短也。

　　Φ.230《一切经音义》第十六卷：茹菜上攘莒反，《广雅》云：茹，食也。

　　Φ.230《一切经音义》第十九卷：髡树上口昆反，《广雅》云：髡，截也。

　　Φ.230《一切经音义》第廿六卷：黐胶，敕之反，《广雅》：黐，黏也。

　　P.3095《广雅》："厮谓命使也。""遽，畏惧也。疾急也。""着，补也。亦立也。""御，使也。""脱，可也。""偻，曲也。""矬，短也。"Φ.230《广雅》云："茹，食也。""髡，截也。""黐，黏也。"上述例子引用《广雅》多用来释义，也兼有对比解释以突出某个义项的作用，也可用来指明虚词及其语法作用，如别内外之辞等。

（六）《声类》

　　《声类》三国时魏人李登著，收字11520个，书已不存。《魏书·江氏传》有云：忱弟静别放故左校令李登《声类》之法，作《韵集》五卷，宫、商、角、徵、羽各为一篇。《隋书·经籍志》云：《声类》十卷，魏左校尉李登撰。《隋书·潘徽传》云：末有李登《声类》、吕静《韵集》，始判清浊，才分宫羽，而全无引据，过份浅局，诗赋所须，卒难为用。唐人封演《闻见记》云：魏时有李登者，撰《声类》十卷，凡一万一千五百二十字，以五声命字。敦煌佛经音义引用《声类》的例子我们找到一条，主要用于解释字义，如下：

Φ.230《一切经音义》第廿三卷：餧飤，石经今作食，同，囚焱反，《声类》：飤，哺也。《说文》：飤，粮也。从人，仰食也，谓以食供设与人也，故字从食从人意也。经文作饲，俗字也。

"餧飤，《声类》：飤，哺也。"该例引用《声类》用来解释"飤"，即哺乳之义。同时引用《说文》等来补充解释"飤"，完善其意义。

（七）《纂文》

《纂文》，作者何承天，东海郯县（今山东郯城西南）人，南朝著名思想家、天文学家、史学家和文学家。著作有《礼论》《分明士制》《孝经注》《纂文》《姓苑》等。敦煌佛经音义引《纂文》的例子较少，主要用于说明事物，同时注明用词范围，我们找到一例，如下：

Φ.230《一切经音义》第卅卷：户关，古文钥，同，余酌反，《方言》：关东谓之键，关西谓之关。经文作钥，《字林》书僮笘也。《纂文》云：关西以书篇为书篇。篇非此义。笪，赤占反。

"关（闗），经文作篇，《纂文》云：关西以书篇为书篇。"此例用于说明"关（關）"，即"书籥"，并引用《方言》申明其使用范围在关西。

二、敦煌佛经音义与字典研究

编纂大型字典，首先要做的是给汉字注音。注音包括历史音和现代音。本文所论主要是大型字典中现代音的标注。至于历史音，黎锦熙先生在《中国大辞典》着手准备阶段拟定"编纂条例"时曾经指出："隋唐宋音（据韵书系统：《唐韵》《广韵》《集韵》《五音集韵》《音韵阐微》所有反切等必载之。）如有变读，可依据诸家反切补充。"①作为注解佛经字词的词典，敦煌佛经音义运用直音和反切法对所有被释词做了注音，虽与《切韵》系韵书的注音有些许差异，但其所依据的语音系统与《切韵》系韵书是一致的，故而其于历史音的标注有相当大的价值。以《汉语大字典》为例，收字54000多个，而标注今音的不到16000字，这就要求为近40000个从未有人注过今音的汉字标上现代音。"给这些汉字标注现代音，只能根据古韵书、字书以及古文献注疏中的反切、直音、读若等语音资料，循古今音变的规律，折合成现代音。所谓语音资料……主要指的是《广韵》《集韵》中的反切。此外，陆德明的《经典释文》、慧琳《一切经音义》、宋《礼部韵略》、元《古今韵会举要》以及《音韵阐微》等都是有参考价值的。"②而作为其中之一的《慧琳音义》，其内容包括了玄应《一切经音义》和前代的其他佛经音义，而这些都是敦煌佛经音义的主要组成部分，故敦煌佛经音义不仅对汉语音韵研究有很大价值，对现代大型字典的注音也很有裨益。下面以《说文》《字林》《字书》《三苍》《苍颉篇》为例进行说明。

---

① 黎锦熙：《汉语释词论文集》，北京：科学出版社，1957年，第139—140页。
② 陈炳迢：《辞书编纂学概论》，上海：复旦大学出版社，1991年，第133页。

《说文》全称为《说文解字》，系我国第一部系统分析字形和考究字源的文字学著作，作者是东汉许慎。作为我国最早的字典，它在辞书编纂史上有着本文十四卷又叙目一卷。今存宋初徐铉校本，每卷分上下，共三十卷。收字9353个，又重文1163，按文字形体及偏旁构造分列540部，首创部首编排法。字体以小篆为主，有古文、籀文等异体，则列为重文。每字下的解释，先说字义，再说形体构造及读音，依据象形、指事、会意、形声、转注、假借六书来解释字义。

《说文》的研究几乎成为传统文字学研究的全部内容，其作为一部极其重要的经典性著作，由于长期辗转传抄，很多地方恐怕已非许氏之旧。今天我们研究《说文》，应以匡正讹误作为第一步。1933年，马叙伦先生在其《说文解字研究法》中指出："许书在唐以前，附诸缣纸，传写易讹……陆德明《经典释文》、李善《文选注》、玄应、慧琳《一切经音义》引录至多，其他如《玉篇》《切韵》，凡宋以前群籍所称举者，亦每与铉、锴二本显有违殊兹损；戴侗《六书故》所引唐本、蜀本，莫友芝所得唐写本木部残卷，亦多异录……是以学者治许书，必先知其本然。而宋以前旧本，不可复睹，必于群籍所征引者求之。昔钮树玉、钱坫、严可均、朱士端、李咸、沈涛各有意于其业，然如慧琳、希麟之书，诸家未见，况今古失书又时出，拾遗正谬，资证者多。宜借前人之功，成不刊之业。苟能追复本来，其于许书，亦思过半矣。"①研读《说文解字》并注意其讹误，有助于提高我们的研读水平，也能培养我们严谨的治学精神。在这方面，敦煌佛经音义有很重要的作用。

---

① 马叙伦:《说文解字研究法》,北京:中国书店,1988年,第1—2页。

从《说文》的流传来看，它在唐代经过李阳冰的改篆，宋代又经徐铉等校订，成为今日所见到的大徐本。几经变迁，大徐本也不再是《说文》之旧貌。敦煌佛经音义屡引《说文》，它所包括的玄应《一切经音义》、慧苑《新译大方广佛花严经音义》、云公《大般涅槃经音义》、窥基《法华经音训》均早于李阳冰；而敦煌佛经音义的撰作又早于徐铉，因此虽不能说它征引的一定是《说文》原貌，但也较多地保留了《说文》原貌。敦煌佛经音义《说文解字》一律简写作《说文》，主要用于区别异体字、为例字注音和解释字义。在《文字篇》中，我们已经利用敦煌佛经音义的材料对《说文》的引用作了探讨，实际上也可以反映敦煌佛经音义在辞书编纂史研究方面的作用，如下面例子：

S.3469《一切经音义》：哽噎，又作鯁，同。古杏反，哽，噎也。《声类》云：哽，食骨留嗌中也。今取其义。下于结反，《说文》：噎，饭窒也。《诗》云中心如噎，传曰：忧不能息也。嗌音益。

P.3095《一切经音义》：创皰，古文戗、戈（刃）二形，同，楚良反，《说文》：创，伤也。经文作疮，近字耳。又音（楚恨反，创）始也，非今所取。皰，又作皰，同，辅孝反，《说文》：疱，面生气也。经文作疱，俗（字耳）。

Φ.230《一切经音义》：餧飤，石经今作食，同，囚恣反，《声类》：飤，哺也。《说文》：飤，粮也。从人，仰食也，谓以食供设与人也，故字从食从人意也。经文作饲，俗字。

P.3734《一切经音义》：覣铄，又作睒，同，式冉反，《说文》：暂见也。不定也。下舒若反，铄，光明也。

S.3469"哽噎"条，引用《说文》："噎，饭窒也。"来解释"噎"。但作者似并不满意《说文》"饭窒"的解释，而增补了《诗》和《诗传》的说法，即"中心如噎""忧不能息"。从吃饭时因噎住感觉不舒服的意思转到心情不舒畅，从生理的层面进入心理层面，丰富了词的义项。P.3095"创疱"引用《说文》："疱，面生气也。"与经文"疱"字写法相同，保留了俗字。Φ.230"餧飤"条，引用《说文》："飤，粮也。从人，仰食也，谓以食供设与人也，故字从食从人意也。"《说文》从会意字的字形结构上解释了"飤"，保留了俗字。P.3734"觌铄"条，引用《说文》："暂见也。不定也。"解释"觌"。

《字林》，作者吕忱，晋代任城人。《字林》的特点是"更按羣典，搜求异字。"以补许慎《说文解字》之漏略。全书收字12824个，多于《说文》3471个。该书在六朝及唐代影响很大，一度成为科举考试的重要内容。宋元以后，随着《玉篇》《类篇》《广韵》《集韵》等书的编纂或重修，因渐渐不被运用而慢慢消失了。敦煌佛经音义引用《字林》的例子有：

S.3469《一切经音义》涕泣，他礼反，《字林》：涕，泣也。无声而泪曰泣。

S.3469《一切经音义》战掉，徒吊反，《字林》：掉，摇也。经文作挑，勒聊反，挑，抉也。又作恌字，与愮同，音遥。《诗》云忧心愮愮，是也。二形并非此义。抉音于穴反也。

P.3095背《一切经音义》彗星，苏醉反，《字林》囚芮反，《释名》云：彗星，星光稍稍似慧（彗）也。《尔疋》彗星欃枪，孙炎曰：妖星也。四曰慧（彗）。

P.3095背《一切经音义》第九卷：咄善，《字林》丁兀反，《说文》：咄，相谓也。

P.3095背《一切经音义》第十一卷：怼恨，古文譴，《字林》同，丈泪反，《尔疋》：怼，怨也。

P.3095背《一切经音义》第十一卷：僧坊，甫房反，《字林》：坊，别屋也。

P.3095背《一切经音义》第十一卷：拍毽，古文作毬，今作鞠，《字林》巨六反，郭璞注《三苍》云：毛丸可蹋（戏）者曰（鞠）。

P.3095背《一切经音义》第十二卷：欬逆，枯戴反，《说文》：欬，逆气也。《字林》云：欬，癒也。经文多作咳，胡来反，咳谓婴儿也，咳非今用。

P.3095背《一切经音义》第十四卷：生涎，诸书作次、深、涎三形，同，详延反，《字林》慕欲口液；《三苍》作涎，小儿唾也。

Φ.230《一切经音义》第廿卷：圊厕，《字林》七情反，《广雅》：圊、圂、屏，厕也。皆厕之别名也。

Φ.230《一切经音义》第廿七卷：锋芒，古文秙，同，无方反，《字林》：禾秒也，谓其刃锋利如芒也。

Φ.230《一切经音义》第卅卷：孚乳，《通俗文》：卵化曰孚。音匹付反。《方言》：鸡伏卵而未孚。《字林》匹于反。

Φ.230《一切经音义》第卅一卷：嘲调，正字作啁，同，竹包反。下徒吊反，《苍颉篇》云：啁，调也。谓相调戏也。经文有作呓，相承音艺，未详何出。或作諓，五戒反，《字林》：欺啁也。

亦大喟曰儗也。

俄弗230《一切经音义》第卅二卷：瑕疵，《字林》才雌反，
《说文》：疵，病也。

《字林》："涕，泣也。""掉，摇也。""彗，囚芮反。""咄善，
丁兀反。""怒，古文謶，同，丈泪反。""坊，别屋也。""涎，慕欲
口液。""圊，七情反。""芒，禾秒也，谓其刃纃利如芒也。""孚
乳，匹于反。""调，欺啁也。""疵，《字林》才雌反。"上述例子引
用《字林》主要有两个用途，或用来解释词义，或用来给词语注音。

《字书》，产生于六朝时期，成书时间大约在510—527年间，为"抄
录诸家字学之书，会粹一篇"，大约在北宋以后亡佚。编写目的主要是
帮助普通识字人阅读和交流，其性质是以当时日常实际用字情况为收
释原则的一本普通词典。敦煌佛经音义引用《字书》例子较多，可用
以辑佚和考证该书原貌。主要用途为释义和标注异体字。例子如下：

Φ.230《一切经音义》第廿六卷：黐胶，敕之反，《广雅》：
黐，黏也。《字书》：木胶也，谓黏物者也。

Φ.230《一切经音义》第卅一卷：菅草，古颜反，《尔雅》：
菅，茅属也。《诗传》曰：白花，野菅也。经文作薕，《字书》与
蕳字同，蕳，兰也。《说文》：蕳，香草也。薕非此用。

Φ.230《一切经音义》第卅二卷：罜，又作罤，同，胡封（卦）
反，《字书》：网也。

Φ.230《一切经音义》第卅六卷：（魖）魖，《说文》（蜩）
蛡，从虫。《字书》从鬼，同，亡强、力掌反，《通俗文》：木石

怪谓之（魊）魉，言木石之精也。淮南说状如三岁小儿，赤黑色，赤目赤爪，长耳美发也。

《字书》："䣊，木胶也，谓黏物者也。""菅，与菵字同，蒌，兰也。""罳，网也。""魍魉，从鬼，同，亡强、力掌反。"上述例子引用《字书》，主要用来注音和释义，间或说明异体字。

此外，敦煌佛经音义对字典的释义也不无裨益。"释义是字典编纂的灵魂，一部字典的优劣，在很大程度上取决于释义的质量。"[1]大型字典的释义比起一般的字典来说，更有它的难度。一方面要求义项尽可能完备，凡是见于古文献信而有征的义项都应该收录[2]；另一方面要求给每一个汉字做解释，而有些字正是历代字书虽收但未释义的"阙义字"。就义项的完备来说，可以利用敦煌佛经音义弥补现有大型字典主要是《汉语大字典》义项的缺漏。

《三苍》，也作《三仓》，字书。秦李斯撰《苍颉篇》、赵高撰《爰历篇》、胡毋敬（一说胡母敬）撰《博学篇》，是为《三苍》，汉时亦合称《苍颉篇》。汉时扬雄撰《训纂篇》，东汉贾鲂撰《滂喜篇》，与前《苍颉篇》（包括《爰历篇》《博学篇》），亦合称为《三苍》。大抵四字为句，两句一韵，便于诵读，主要用于教学童识字。今皆不传，清孙星衍、任大椿，近人王国维等皆有辑本，以王国维辑本最为详备。敦煌佛经音义引《三苍》主要是用于解释字义，也有用来区别异体字或俗字的，例如：

---

① 赵振铎：《字典论稿·有关释义的几个问题》，《辞书研究》1991年第2期，第69—77页。

② 成于思：《〈汉语大字典〉义项问题初探》，《辞书研究》1980年第3辑，第9—19页。

P.3095背《一切经音义》第九卷：滞下，《字林》同，竹世反，赤利也。《三苍》：滞，下病也。

P.3095背《一切经音义》第十卷：诊之，《说文》丈刃反，诊视之也。《三苍》：诊，候也。《声类》：诊，验也。

P.3095背《一切经音义》第十卷：综习，子宋反，《三苍》：综，理经也。谓机缕持丝文者。屈绳制经，令得开和也。

P.3095背《一切经音义》第十一卷：拍毬，古文作毬，今作鞠，《字林》巨六反，郭璞注《三苍》云：毛丸可蹋（戏）者曰（鞠）。蹋鞠，兵势也。起战国时，讬云黄帝。

P.3095背《一切经音义》第十三卷：瘜肉，《三苍》：恶肉也。

P.3095背《一切经音义》第十三卷：虫蛆，《字林》千余反，《三苍》：蛆，蝇乳肉中也。经文作蛆，子余反，唧蛆也；又作疽，久癰也。

P.3095背《一切经音义》第十三卷：疮痍，羊之反，《三苍》：痍，伤也。《通俗文》：体疮曰痍，头疮曰疡。

P.3095背《一切经音义》第十四卷：生涎，详延反，《字林》慕欲口液；《三苍》作涎，小儿唾也。

Φ.230《一切经音义》第廿二卷：迴复，《三苍》作洄，水转也。迴水也，深也。

Φ.230《一切经音义》第廿三卷：驶河，《三苍》：古文使字，山吏反，《苍颉篇》：驶，疾也。字从史。

Φ.230《一切经音义》第廿七卷：毳衣，尺锐反，《三苍》：羊细毛也。《说文》：兽细毛也。

Φ.230《一切经音义》第卅卷：欶乳，又作嗽，同，所角反，

《三苍》云：欸，吮也。《通俗文》：含吸曰嗽。经文作唻，此俗字也。

P.3095"《三苍》：滞，下病也""诊，候也。""综，理经也。""毛丸可蹋戏者曰鞠。""瘜肉恶肉也。""蛆，蝇乳肉中也。""痍，伤也。"Φ.230"《三苍》：羊细毛也。""欸，吮也。"上述例子引用《三苍》用来释义。P.3095"《三苍》：作涎，小儿唾也。"Φ.230"《三苍》：作洄，水转也。""使字，山吏反。"上述引用《三苍》用来条列异文。

《苍颉篇》《爰历篇》《博学篇》统一称为《苍颉篇》，皆以秦篆编写，汉初改写为隶书，又称《三苍》。魏晋时曾与《训纂篇》《滂喜篇》合称《五苍》，以六十字为一章，共五十五章。《苍颉篇》又作《苍颉篇》，可谓字书之祖，因其书古体太多，很早就失传了，现存部分汉简，以阜阳为多。敦煌佛经音义所引用的《苍颉篇》因与《三苍》区分，故应为李斯所作的单本，可为我们辑佚和考证《苍颉篇》原貌提供重要依据。相关例子如下：

P.3095背《一切经音义》第十卷：怏怏，于亮反，《说文》：怏，心不服也。《苍颉篇》：怏，懑也。

P.3095背《一切经音义》第十卷：恕己，尸预反，《苍颉篇》：恕，如也。《声类》：以心度物曰恕。

P.3095背《一切经音义》第十二卷：开剖，普厚反，剖犹破也。《苍颉篇》：剖，析也。《说文》：剖，判也。

P.3095背《一切经音义》第十四卷：道检，居俨反，《苍颉篇》：检，法度也。检亦摄也。

Ф.230《一切经音义》第廿卷：坐此，慈卧反，案，坐，罪也，谓相缘罪也。《苍颉篇》：坐，辜也。

Ф.230《一切经音义》第廿三卷：驶河，《三苍》：古文使字，山吏反，《苍颉篇》：驶，疾也。字从史。经文从夬作駃，古穴反，駃騠，骏马也。《列女传》曰生三日超其母，是也。駃非字义。夬音古快反。

Ф.230《一切经音义》第卅一卷：得衷，知冲反，《左传》：楚僻我衷。杜预曰：衷，正也。衷，中、当也。《尚书》：衷，善也。《苍颉篇》：别内外之辞也。经文作中，平也。随作无在。

Ф.230《一切经音义》第卅三卷：淫佚，今作妷，同，与一反，佚，乐也。《苍颉篇》：佚，惕也。惕音荡。

P.3095"《苍颉篇》：快，怼也。""恕，如也。""剖，析也。""检，法度也。"Ф.230"《苍颉篇》：坐，辜也。""驶，疾也。""衷，别内外之辞也。""佚，惕也，惕音荡。"上述例子引用《苍颉篇》用来释义，或指出本义或指出引申义，或指明用法，或指明特殊读音。以作为《说文》《左传》《尚书》等注释的佐证和补充。

第三章　敦煌佛经音义与文献整理

一、文献概述

据本文统计，敦煌佛经音义共引用文献45种，包括经、史、子、集诸部，例如《诗经》《周易》《周礼》《礼记》《左传》《公羊传》《史记》《汉书》《后汉书》《三国志》《论语》《楚辞》《说文解字》《尔雅》《方言》《释名》《字林》《字书》《韵集》《声类》等都在其中占有重要分量。其中以经部小学类最重，共364个词条，占全部所引文献条目的88.78%。其中源自《说文解字》的引文最多，共114个词条，占全部引文27.80%。在《说文解字》之后，引文词条较多的依次是《广雅》共42条，《三苍》（《苍颉篇》）共41条，《通俗文》28条，《尔雅》27条，《方言》26条，《字林》23条，《释名》20条，《字书》14条，《诗经》（《韩诗》)10条，《声类》《周礼》（《礼记》）各9条，《埤苍》6条。这些文献的搭配使用不仅有助于更好地注解字词，在音义注释方面助益良多，使人能够更多地了解唐以前各种字词的读音与释义，了解其词义发展的全过程，对语言从上古向中古转变过程中依据的规律和存在的特殊情况有细致且全面的掌握。同时，在文献的保存和整理方面也做了很大贡献。敦煌佛经音义虽多是残卷，但从其为数不少的引文来看，依稀能够窥见唐以前以至先秦时期文献保存和流传的概貌。特别是对后世尤其是今天早已残缺不全或失传的文献如《三苍》《韩诗》等的辑佚与考证具有重要参考价值。而对于引文数量较多的文献如《说文解字》《尔雅》《方言》《通俗文》等亦可用来考证当时或唐以后的传世本，并对其进行校勘与补充。

此外，敦煌佛经音义还引用了部分比较罕见或已失传的文献，如《字林》《字书》《字诂》《韵集》《声类》等。这些文献很多虽已残缺甚或失传，但他们在中国语言学史上的地位和影响依然存在。这些文献对中国传统语言学、文字学、音韵学、训诂学的发展都有重要作用和意义。如晋吕静《韵集》和三国李登《声类》不仅是同时代人学习和运用反切的重要依据，对音韵学的发展有重要作用；同时也是中国传统音韵学的重要著作《切韵》诞生的理论依据和注音基础，对反切由成形向隋唐成熟发展起到了承前启后的作用，其对当时预料的整理和保存也是音韵学或传统语言学由魏晋向隋唐发展的有力佐证。但可惜的是，这两部著作在后世逐渐失传，所幸敦煌佛经音义引用了其部分条目，我们亦可从中条理其行文体例及注音释义特色，虽不能还原其全貌，但也可推究大概。敦煌佛经音义对这些文献的引用，也是对其语言学资料的保存。另外，敦煌佛经音义引用的《字林》《字书》等文献，似不是我们所熟知的宋人著作，不知系何时何人所作，值得从其引文详细考证，详见下文。

二、文献分类叙录

（一）小学类

小学主要指中国传统语言学，即对中国古代语音、文字、训诂发展的研究，主要包括音韵学、古文字学、训诂学等。敦煌佛经音义所引的小学类文献有《尔雅》《三苍》《方言》《小尔雅》《说文解字》《释名》《诏定古文官书》《通俗文》《广雅》《字诂》《埤苍》《声类》《字林》《韵集》《字苑》《篆文》《诂幼文》《文字集略》《玉篇》《字样》《字书》等共计21种，占全部文献种类的44.4%，几乎接近一半。这些文献涉及音韵、文字、词汇、训诂各方面，时间由先秦到两汉魏晋南北朝，既有流传范围较广、影响较大的著作，也有已经失传仅存个别条目的残卷。既有专门字书、词书，又有小学类理论研究，内容博杂丰富。由此可见，敦煌佛经音义所含之《玄应音义》作者释玄应对唐以前小学文献的涉猎范围之广，程度之深，其小学功底与造诣堪称典范。下面根据引文对21种文献分别介绍。

1. 《尔雅》

迄今保存下来的我国最早的词典，按意义编排而成。应是战国晚期的学者缀拾前代故训而成，它是先秦时期的著作。汉文帝时期已经被列于学官，置了博士。《尔雅》共十九篇，有词语条目，也有百科条目。前三篇为《释诂》《释言》《释训》，解释一般词语。《释亲》以下十六篇以解释名物为主。《释亲》解释亲属称谓。《释宫》解释房屋和道路的名称。《释器》解释日用器物、饮食和兵器的名称。《释乐》解释乐器的名称。《释天》以下五篇解释天地山川等自然现象。《释天》包括的范围较广，解释四时、祥、灾、月、风雨等。《释地》解释有关地理的名称。《释丘》解释丘和厓岸两类。《释山》解释山名和形成的高地。《释水》解释有关河流的名称，及水上交通的工具，所以连类而及。《释草》以下各篇是动植物的名称。《释草》解释草本植物的名称。《释木》解释木本植物的名称。《释虫》解释各种昆虫的名称和共同特性。《释鱼》解释各种鱼类及爬行动物名称。《释鸟》解释鸟类名称。《释兽》解释各种兽类名称。《释畜》解释家畜的名称，包括马牛羊狗鸡。

汉代扬雄《方言》、刘熙《释名》均受《尔雅》体例的影响，汉代以后还出现了"尔雅某"的词典，编纂体例类似《尔雅》，如《尔雅翼》。此外"某尔雅"则更多。如三国张揖《广雅》、宋陆佃《埤雅》等。这些书中，只有《广雅》较好地继承了《尔雅》综合性编纂的特色。

敦煌佛经音义中，《尔雅》有时原文书写，有时写作《尔疋》或《尒雅》。据《异体字字典》可知，"尔""尒"互为异体字。同时，"雅"之异体字为"鸦""鵶"，"疋"非其异体字。查阅敦煌文献发现"雅"多写作"疋"，尤其在《尔疋》《广疋》两部文献里，而传世本依然作《尔雅》《广雅》，可推知"疋"为"雅"之俗字，在敦煌文献中运用较多，似主要通行于中古时期的敦煌地区。现就敦煌佛经音义中27条《尔雅》引文进行分析：

号哭，胡刀反，《尔雅》：号，呼也。大呼也。

彗星，苏醉反，《尔疋》："彗星欃枪"，孙炎曰：妖星也。郭璞曰：亦谓之索（孛）。

怖遽，渠庶反，经文有作憷，书史所无。唯郭璞注《尔疋·释言》中"凌，憷也"。

祠礼，《尔疋》："祭祀也"。舍人曰：祀，地祭。

《尔雅》敦煌佛经音义多写作《尔疋》或《尒雅》，"尒"是"尔"的俗体字，"疋"系"雅"的俗体字。上述四例均引用《尔雅》对词条进行解说。号哭，《尔雅》采用直训法，大呼为其释义。彗星，敦煌音义除引用《尔雅》外，还引用孙炎、郭璞的注来解释，这也是用《尔雅》释义的一个特色，即连同前代注疏一起。怖遽用《尔雅》解说遽的经文写法，同义相证。祠礼，《尔雅》采用类名释种名的办法，先将祠归为祭祀类，再细说其为地祭。

2. 三苍

同"三仓"。指秦李斯《苍颉》篇、赵高《爰历》篇、胡毋敬《博学》篇，汉代亦称《苍颉篇》，是秦统一文字之后，介绍小篆楷范的字书。清顾炎武《吕氏千字文序》："盖小学之书，自古有之。李斯以下，号为《三苍》，而《急就篇》最行于世。"汉代合此三书为一，断六十字为一章，统称为《苍颉篇》。凡五十五章，计3300字，小篆的常用字已大略具备。后以《苍颉篇》为上卷（包括《爰历》《博学》），西汉扬雄《训纂》为中卷，以东汉贾鲂《滂喜》为下卷，也合称为《三苍》，又作《三仓》，为四言韵文，便于学童诵读记忆。今皆不传。清孙星衍、任大椿，近人王国维等皆有辑本，王国维辑本较为详备。敦煌佛经音义引《三苍》共41条，数目较大，可通过这些条目梳理其最初之内容、体例及对童蒙识字的解决方法等。

怅怏，于亮反，《说文》：怏，心不服也。《苍颉篇》：怏，恝也。

诊之，《说文》丈刃反，诊视之也。《三苍》：诊，候也。

恕己，尸预反，《苍颉篇》：恕，如也。

综习，子宋反，《三苍》：综，理经也。谓机缕持丝文者。

怅怏、诊之、怨己、综习四条均引用《三苍》或《苍颉篇》来解释其义。怅怏《苍颉篇》释为怒，怨恨。诊之《三苍》释为候脉，诊脉、视脉之义，候脉过程就是诊视过程。怨己《苍颉篇》释为如，怨、如双声，依从、遵从之义。综习《三苍》释为理经。《苍颉篇》或《三苍》释义多为直训法，用一个同义词或近义词直接解释。

3.《方言》

《方言》，全称《輶轩使者绝代语释别国方言》，西汉扬雄所作，是我国最早的一部方言著作。这部书是扬雄在收集了周代记录的方言资料和实际调查了当时方言的基础上整理出来的。今存13卷，见东晋郭璞《方言注》，共669条，11900多字，其中一部分为汉、魏学者所增。体例仿《尔雅》，所收词汇虽不标门类，但基本上是按内容分类编排的。释词一般是先列举一些不同方言的同义词，然后用一个通行地区广泛的词来加以解释，还要说明某词属于某地方言。有时也先提出一个通名，然后说明在不同方言中的不同名称。"方言"即邦言，"别国方言"即指不同邦国之特色语词。刘歆《遗扬雄书》言："属闻子云独采集先代绝言、异国殊语"。

《方言》不仅是中国语言学史上第一部对方言词汇进行比较研究的专著，在世界语言学史上也是一部开辟语言研究的新领域、独创个人实际调查的语言研究的新方法的经典著作。《尔雅》《方言》《说文解字》构成了我国古代最著名的辞书系统。敦煌佛经音义共引《方言》26条，主要训释方言字词，通常用来解释通语，同时说明其在不同方言区的说法。现依例分析：

怡悦，古文嬜同，弋之反，《尔雅》：怡，乐也。《方言》：

怡，喜也。

　　瓌异，又作傀，同，古回反，傀，美也；《方言》：傀，盛也。

　　蟠龙，蒲寒反，《方言》：未升天龙谓之蟠龙。

怡悦、瓌异、蟠龙三词引用《方言》解说其词义。怡悦《方言》怡释为喜，与《尔雅》释义相近。瓌异《方言》释瓌之异体字傀作盛讲，义为大、美。蟠龙《方言》释为未升天之龙，义为尚在盘曲之龙。《方言》解释词义有时用直训法，有时用描写方式，有时用词的方俗称呼。

4.《小尔雅》

训诂学著作。最早出现的仿《尔雅》体例，并对其进行补充的著作。被称为"尔雅之羽翼，六艺之余续"。原本不传，今存所谓《小尔雅》是《孔丛子》的一篇。汉代训诂书，班固《汉书·艺文志》著录一篇，无撰人名氏。《艺文志》本于刘歆《七略》，西汉时当已有此书。不过，现存的《小尔雅》是从《孔丛子》第十一篇抄出别行，已经与《艺文志》不同，一度被认为是伪书，颇有争议。后代对此书的研究有《隋书·经籍志》李轨《小尔雅解》一卷，清代胡承珙《小尔雅义证》、宋翔凤《小尔雅训纂》等。敦煌佛经音义中《小尔雅》有时也作《小雅》，音义原文引《小尔雅》共4条，现依例分析。P.3095背，P.3734：

　　赧然，《小尔雅》云：面愧曰赧。

　　敷在，《小尔雅》：颂、赋、敷，布也。

　　督令，《小雅》：督，正也。注云：谓御正之也。

　　亟立，《小雅》：亟，数也。

赧然、敷在、督令、亟立均引用《小尔雅》解说其词义。赧然《小尔雅》释为面愧，面部有愧疚之色。敷在《小尔雅》释为布，颁布、平量之义，此处使用了声训。督令《小雅》督释为正，监督、查看使正之义。亟立《小雅》亟义为数，多次之义。《小尔雅》释词沿用《尔雅》方式，主要采用直训法，比较简短。

5.《说文解字》

东汉许慎著，是我国现存最早的字典。许慎根据文字的形体，创立540部首，将9353字分别归入540部，另有重文1163个，共解说字103341。全书将540部据形系联归并为14大类，字典正文就按这14大类分为14篇，卷末叙目别为一篇，共十五篇。《说文解字》共十五卷，其中包括序目一卷。许慎在《说文解字》中系统地阐述了汉字的造字规律——六书。"六书"包括象形、指事、会意、形声、转注、假借，是古人分析汉字结构而归纳出来的六种条例，"六书"的理论贯穿于整部书中。《说文解字》最大的贡献在于完善了汉字结构分析的理论和方法。

《说文解字》是一部系统的文字理论著作，是春秋战国以来文字学理论的总结。阐述了文字的性质、汉字的起源、发展以及汉字的结构规律等问题。对文字的社会作用、文字的产生、汉字演变的历史都有极好的论述。从统计资料来看，敦煌佛经音义引用说文最多，可作为考证唐以前《说文解字》研究的依据。敦煌佛经音义引《说文》最多，共114条，可见其在解说文字方面的重要作用。现依例分析：

哽噎，噎，下于结反，《说文》：噎，饭窒也。

创䤵，古文戗、叉（刃）二形，同，楚良反，《说文》：创，伤也。《说文》：皰，面生气也。

　　肴馔，又作篡，同士眷反，《说文》：馔，具饮食也。

　　哽噎、创皰、肴馔三词引用《说文》解释其词义，哽噎《说文》噎释为饭窒，即饭阻塞引起窒息。创皰《说文》创释为伤，皰释为面部因气盛而引起的颗粒，即今粉刺。肴馔《说文》馔释为具饮食即准备饮食之义。《说文》解释词义多从本义出发，主要解说字词本义。

　　6.《释名》

　　"晰名物之殊，辨典礼之异"：大千世界，万物纷呈，其名各异。百姓大众呼物品而欲究其得名之由。适应这种心理需要，我国东汉末年出现了一部专门探求事物名源的佳作，即《释名》。

　　《释名》，训解词义的书。东汉末刘熙作，是一部从语言声音角度来推求字义由来的著作，它就音说明事物得以如此称名的缘由，并注意到当时的语音与古音的异同。

　　《释名》共八卷。卷首自序云：自古以来器物事类"名号雅俗，各方名殊……夫名之于实各有义类，百姓日称，而不知其所以之意，故撰天地、阴阳、四时、邦国、都鄙、车服、丧纪，下及民庶应用之器，论叙指归，谓之《释名》，凡二十七篇"。说明刘熙撰此书的目的是使百姓知晓日常事物得名的原由或含义。其二十七篇依次是：释天、释地、释山、释水、释丘、释道、释州国、释形体、释姿容、释长幼、释亲属、释言语、释饮食、释采帛、释首饰、释衣服、释宫室、释床帐、释书契、释典艺、释用器、释乐器、释兵、释车、释船、释疾病、释丧制。所释名物典礼共计1502条，虽不够完备，但已可窥见当时名物典礼之大概。

《释名》在吴末已广为流布，为学者所重视。对后代训诂学因声求义的影响很大；同时也是研究汉语语源学的要典，其体例仿照《尔雅》。但《释名》产生后长期无人整理，到明代，郎奎金将它与《尔雅》《小尔雅》《广雅》《埤雅》合刻，称《五雅全书》。因其他四书皆以"雅"为名，于是改《释名》为《逸雅》。从此《释名》又别称《逸雅》。敦煌佛经音义共引《释名》20条，现依例分析。

> 号哭，胡刀反，《释名》云：以其善恶呼名之也。
>
> 晨朝，食仁反，《释名》云：晨，伸也，言其清旦日光复伸见也。
>
> 彗星，苏醉反，《释名》云："彗星，星光稍稍似慧也。"
>
> 《释名》云："言其似扫慧也。"

号哭、晨朝、彗星三词的解释均引用了《释名》。号哭《释名》号释为以善恶称呼事物或人。晨朝《释名》晨运用声训释为伸，义为清晨到来又可见日光之义。彗星《释名》用描写手法言明彗星的星光像扫帚，这是彗星得名缘由。《释名》解释词义有时直训，有时声训，有时描写。

7. 《诏定古文官书》

又作《古文官书》，记录和释读古文的重要著作，后汉卫宏撰，已佚。今天见到最早著录此书的是《隋书·经籍志》："《古文官书》，后汉议郎卫敬仲撰。"又《隋书·经籍志》："《诏定古文官书》一卷，后汉卫宏撰。"此后未见著录。唐孔颖达、司马贞、释玄应等屡有称引，韩愈尚亲见，见其《科斗书后记》："贞元中，愈事黄丞相幕府于汴州，识开封令服之者，阳冰子，授余以其家科斗《孝经》，汉卫宏《官书》，两部合一卷。"段玉裁说此书亡于汉末。

唐宋人称引《古文官书》一名，颇多歧义。《隋志》称《古文官书》，《唐志》称《诏定古文官书》，《新唐志》称《诏定古文字书》。此外，其相关称呼还有《古文奇字》《定古文尚书》《召定古文尚书》《诏定古文字书》《卫宏字说》等。关于此书内容，能找到的有《史记·儒林传序》正义，《后汉·陈蕃传》所引之《诏定古文官书序》："秦既焚书，患苦天下不从所改更，而诸生到者拜为郎，前后七百人。乃密令种瓜于骊山坑谷中温处，瓜实成，诏博士诸生说之，人人不同。乃令就视，为伏机，诸生贤儒皆至焉，方相难不决，因发机，从上填之以土，皆压之，终乃无声。"孔颖达《五经正义》引卫宏《诏定古文尚书序》："孝文帝时，天下无治《尚书》者，独闻济南伏生故秦博士，治《尚书》，年九十余，老不可征，乃诏太常使人往受之。太常遣错受《尚书》伏生所"。敦煌佛经音义引《诏定古文尚书》找到1条，现依例分析，P.3095背：

　　　　曰桴，案《诏定古文官书》枹、桴二字同体，扶鸠反。

曰桴，《诏定古文官书》主要解说桴之字体与读音，提到了桴的异体字，没有释义。因只有一条例证，且《诏定古文官书》原书已佚，我们只能推测该书对解说字体、字音颇多造诣，惜已佚，实为憾事。

8.《通俗文》

东汉末服虔撰，我国第一部俗语词辞书，也是我国第一部面向当时通语的规范语文辞书，在小学史与辞书史上具有重要地位。收词面向东汉末正在使用的通语，收录了大量新词新义，补收了很多《说文》

未收的新字。所收为正字，注音采用反切与直音两种方法，释义只解释东汉末最常用的意义，释义允恰。服虔，字子慎，河南荣阳人。东汉经学家、语文学家，《后汉书》有传。

《通俗文》书成之后，风行一时，《颜氏家训》称"河北此书家藏一本"，后代著名注释书、辞书、类书，如《文选》注、《一切经音义》《广韵》《龙龛手镜》《太平御览》等都曾引用此书，但宋辽之后，未见征引，逐渐失传，此后一直默默无闻。清代小学昌盛，辑佚蔚然成风，自任大椿、王念孙《小学钩沉》率先辑校《通俗文》之后，《通俗文》先后出现9种辑本。但到目前为止，对《通俗文》的内容、性质、体例、价值等尚无全面深入的研究。敦煌佛经音义共引《通俗文》28条，我们也可从中推测其内容和体例。

哕噎，于越反，《说文》：哕，气悟（牾）也。《通俗文》气逆曰哕。

欠呿，又作咕，同，丘庶反，《通俗文》：张口运气谓之呿。

背偻，力矩反，《广雅》：偻，曲也。《通俗文》：曲脊谓之伛偻。

哕噎、欠呿、背偻三词引《通俗文》解说其词义。哕噎《通俗文》释为气逆，即肺气或胃气升降出入反常，引起恶心、呕吐等症状。欠呿《通俗文》呿释为张口运气，即张口吹气。背偻《通俗文》释为曲脊即脊背弯曲，腰背弯曲之义。《通俗文》解释词义主要采用直训加描写的方式，既直接解释词义又描述的比较具体。

9.《广雅》

《广雅》是我国最早的一部百科词典，收字18150个，仿照《尔雅》

体裁编纂的一部训诂学专著。书取名为《广雅》，就是增广《尔雅》的意思。篇目分为19类，各篇的名称、顺序，说解方式、全书体例都和《尔雅》相同，有些条目顺序也与《尔雅》相同。不同的是，《广雅》取材范围比《尔雅》广泛。三国魏时张揖撰。张揖，字稚让，魏明帝太和中为博士。张揖在《上广雅表》里说，《尔雅》一书所集训诂还很不完备，所以把群书"文同义异，音转失读，八方殊语，庶物易名，不在《尔雅》的都详录品核，以著于篇。"意在增广《尔雅》，因此所释仍用《尔雅》旧目，自《释诂》《释言》《释训》以下，直至《释兽》《释畜》凡19篇。其书搜集极广，举凡汉代以前经传的训诂、《楚辞》《汉赋》的注释，以及汉代的字书《方言》《说文解字》等书的解说都兼括在内。是研究汉魏以前词汇和训诂的重要著作。

　　《广雅》原书分上、中、下三卷，隋代避隋炀帝杨广讳，改称《博雅》。《隋志》作四卷，《唐志》改作十卷，书名仍称《广雅》，沿用至今。清代王念孙始治《广雅》，成《广雅疏证》十卷，每卷又分为上、下。王氏疏证《广雅》，其最大特点在于就古音以求古义，引申触类，不限形体。书中推阐"声近义同""声转义近"之理，随处皆是。其以声音通训诂，书中屡言"某之言某也"，探求词源、词族意。敦煌佛经音义共引《广雅》42条，远超《尔雅》《方言》，可见其在唐代的流传之广，现选取部分例子分析如下：

　　　　战掉，徒吊反，《广雅》：掉，振动也。
　　　　厮下，思移反，《广疋》：厮谓命使也。
　　　　怖遽，渠庶反，《广雅》：遽，畏惧也。
　　　　著后，《广疋》：著，补也。亦立也。

战掉、厮下、怖遽、著后引用《广雅》解释其义。战掉《广雅》掉释为振动；厮下《广雅》厮释为命使、役使之义；怖遽《广雅》遽释为畏惧；著后《广雅》著释为补。《广雅》解说词语亦采用直训法，但比较委婉，不太好理解，还需要进一步解释。

10.《字诂》

作者张揖，字稚让，清河人，一云河间人，曹魏太和中为博士，三国时期文字训诂学家。魏江式《进古今文字表》："魏初博士清河张揖著《埤仓》《广雅》《古今字诂》。究诸埤广，缀拾遗漏，增长事类，抑亦于文为益者，然其《字诂》方之许篇，古今体用，或得或失。"唐陆德明《经典释文》，博采前代著述，将此书与《说文解字》相提并论。从魏晋到唐，《古今字诂》一直受到普遍重视，流传甚广，唐代简称为《字诂》，宋以后失传。清人尚有辑录，龙璋《小学佚》中辑录最为详备。敦煌佛经音义引《字诂》我们发现1条，分析如下，P.3095背：

建子，姊枼反，案《字诂》交建。

建子引用《字诂》解说其字体，建子《字诂》作交建，建迅疾之义。

11.《埤苍》

魏张揖撰，今已亡佚。《隋书·经籍志》载有魏初博士张揖著《埤苍》三卷，六朝隋唐著述多有征引，宋代亡佚。此书既有篇章又有字义训读，并非单纯的童蒙识字课本，而是在《急就篇》等童蒙识字基础上发展而成的，具备识字课本功能的字典。现有清代任大椿、马国翰、黄奭、陶方琦等人辑佚本，王念孙对任大椿本曾做过校注，如清嘉庆二十二年（1817年）山阳汪廷珍刻小学钩沉本、清光绪三年（1877年）雪沧钞小学钩沉本等。敦煌佛经音义引《埤苍》6条，现分析如下，P.3095背，Φ.230，P.2901：

髋骨，《埤苍》：臗，尻也。

哮吼，《埤苍》：哮吓，大怒声也。

礚石，《埤苍》：礚，石也。

礭陈，《埤苍》作塙，又作石高，同。

连㯓，《埤苍》：围系也。

饩施，《埤苍》：饩，馈也。

髋骨、哮吼、礚石、礭陈、连鮂、饩施均引用《埤苍》解释其词义。髋骨《埤苍》释作尻即臀部、脊骨的末端。哮吼《埤苍》释为哮呵，大怒声。狧石《埤苍》以类名释之石。礭陈《埤苍》释作塙即确，坚不可摧之义。连鮂《埤苍》释作围系。饩施《埤苍》饩释作馈，馈赠食物之义。《埤苍》解释词语亦采用直训法，但所选词比较常见，故易理解。

12.《声类》

三国时魏人李登著，收字11520个，是我国古代最早的韵书。关于李登与他著述《声类》的资料，史书记载较少，现今发现的资料只有《魏书·江氏传》有云："忱弟静别放故左校令李登《声类》之法，作《韵集》五卷，宫、商、角、徵、羽各为一篇。"《隋书·经籍志》云："《声类》十卷，魏左校尉李登撰。"《隋书·潘徽传》云："末有李登

《声类》、吕静《韵集》，始判清浊，才分宫羽，而全无引据，过分浅局，诗赋所需，卒难为用。"唐人封演《闻见记》云："魏时有李登者，撰《声类》十卷，凡一万一千五百二十字，以五声命字。"敦煌佛经音义共引《声类》8条，可从中推知其大概内容。S.3469，Φ.230，P.2901：

> 哽噎，哽，噎也。《声类》云：哽，食骨留嗌中也。
>
> 诊之，《声类》：诊，验也。
>
> 恕己，《声类》：以心度物曰恕。
>
> 痳疬，力金反，《声类》：痳，小便数也。
>
> 餧飤，《声类》：飤，哺也。
>
> 晴阴，《声类》雨止曰晴。
>
> 剬割，《声类》剬，同，之究反。
>
> 祭餕，《声类》作醊，同。

哽噎、诊之、恕己、痳疬、餧飤、晴阴、剬割、祭餕均引用《声类》来解释词义和读音、字体。哽噎《声类》哽释为食物骨头卡在咽喉处。诊之《声类》诊释为验，验证之义。恕己《声类》恕释为以心度物，以己心考虑他物，即体谅之义。痳疬《声类》释为小便数即小便困难之义。餧飤《释名》飤释为哺，喂养之义。晴阴《声类》晴释为雨止，雨过天晴之义。剬割《声类》解说剬的字体与读音，与剬同，之究反。祭餕《声类》解说餕的字体，餕同醊。从敦煌佛经音义所引内容看，《声类》除了解说字词读音，还谈字体与意思，且音义所引《声类》大部分在解释词义。

13.《字林》

《字林》著录七卷，《隋书·经籍志》题晋弦令吕忱撰。吕忱，史书无传。曾在西晋义阳王手下做过小官，应该是西晋初年人。《字林》是继许慎《说文解字》之后的又一部以小篆为解释对象的字典，依据《说文解字》分540部，共收字12824，是为补《说文解字》漏洞而作。唐以前与《说文解字》并重。在隋唐时很受人们重视，常与《说文解字》相提并论，并屡见称引。北魏郦道元就曾经多次引用《字林》来证成自己的说法。唐人编写正字规范的书籍，往往也参考《字林》收字。《字林》在南宋已罕见传本，明朝编写《永乐大典》也未见收录，说明它久已亡佚。清任大椿有《字林考逸》八卷，陶方琦有《字林考逸补本》一卷。敦煌佛经音义经梳理，共引用《字林》23条，从中可见其在唐代的发展和运用。

> 战掉，徒吊反，《字林》：掉，摇也。
> 彗星，苏醉反，《字林》囚芮反。
> 咄善，《字林》丁兀反。
> 滞下，《字林》同，竹世反，滞，赤利也。

战掉、彗星、咄善、滞下引用《字林》来解说字的读音和意思。战掉《字林》掉释为摇，与前文《广雅》振动义同。彗星《字林》解说彗的读音，囚芮反。咄善《字林》解说咄的读音，丁兀反。滞下《字林》解说滞的读音和意思，竹世反，赤利之义。从引文看，《字林》对字音、字义都有涉及。

14.《韵集》

《隋书·经籍志》："《韵集》六卷，晋复安令吕静撰。"《魏书·江氏传》有云："忱弟静，别仿故左校令李登《声类》之法，作《韵集》五卷，宫、商、角、徵、羽各为一篇。"《切韵序》："吕静《韵集》，夏侯该《韵略》，阳休之《韵略》，李季节《音谱》，杜台卿《韵略》等各有乖互，江东取韵与河北复殊。"说明此书在隋代依然盛行并具有重要影响，但传至后代早已散佚，只有一些条目散见于其他文献中。敦煌佛经音义引《韵集》本文仅找到1条，现依例分析，Φ.230：

醦㶅，案《韵集》：音古孝反，酒醦也。

醦㶅引《韵集》来解说读音和意思，用于指发酵的酒醦、酵母之类。

15.《字苑》

晋葛洪撰，龙璋辑，一卷，已佚。葛洪为东晋道教学者。字稚川，自号抱朴子，汉族，晋丹阳郡句容（今江苏句容县）人。著有《抱朴子》《西京杂记》等。"胅，骨差也。谓骨节差忒不相值。故胅出也。苏林《汉书注》云：'宎胅。宎谓入，胅谓出。'《尔雅注》云：'胅起高二尺许'，《山海经·结匈国注》云：'臆前胅出如人结'。玄应书'顀头胅额'皆是。宎胅，《苍颉篇》作容胅。葛洪《字苑》作凹凸。今俗通用作坳突。从肉。"敦煌佛经音义引《字苑》本文仅找到1条，分析如下，P.2901：

腜叶，《字苑》：腜，柔脆也。

腴叶引《字苑》解释腴的意思，即柔脆即柔嫩的叶子。

16.《纂文》

《纂文》，训诂书，三卷。南朝宋何承天撰。何承天，东海郯人也。聪明博学，幼渐训议，儒史百家，莫不该览。先是，《礼论》有八百卷，承天删减并合，以类相从，凡为三百卷，并《前传》《杂语》《纂文》并传于世。《纂文》仿《尔雅》体例，《唐志》入小学类，今已佚。今有清人马国翰辑本一卷，见《玉函山房辑佚书》。敦煌佛经音义引《纂文》共4例，分析如下，Φ.230：

户关，《纂文》云：关西以书篇为书籥。

椢羡，《纂文》云：木未判为椢。

开披，《纂文》云：破，折也。

不𤐫，《纂文》云：意足曰𤐫。

户关、椢煮、开披、不𤐫引用《纂文》解说词义。户关《纂文》释为书篇，且言明系关西语。椢煮《纂文》椢释为木未判即木头还未被劈开时的样子。开披《纂文》披释为折，义为断。不𤐫《纂文》释为意足，满足之义。

17.《诰幼文》

南朝刘宋颜延之撰，小学类著作，为童蒙而作。主要是音注和训释，音注有直音、反切，训释有互训、推源、义界，祖述《说文解字》。史籍所称其异名有"诰幼""诂幼""诘幼""告幼童文"等，学界多以"幼诰"为是。《隋书·经籍志》："梁有《诂幼》二卷，颜延之撰。《广诂幼》一卷，宋给事中荀楷撰。亡。"晋司马彪《后汉书·艺文志·舆服志》："戎车，其饰皆如之……俯胄甲弩之箙。"刘昭注："颜延之《幼诰》：弩，矢也。"《新唐书·艺文志》："颜延之《纂要》六卷，又《诘幼文》三卷。"可见北宋初期此书还见存，后渐佚。敦煌佛经音义引"幼诰"书名《诰幼文》，仅见一条，兹分析如下，P.2901：

连撩，《诰幼文》作乾，皆一也。

连鄮《诰幼文》解说其字体，因互为异体字的二字都是生僻字，文献很少征引，查证困难，只能将其列于此处作为了解《诰幼文》的参考。

18.《文字集略》

南朝梁阮孝绪撰，今已亡佚。现有清任大椿辑，王念孙校，清嘉庆二十二年（1817年）山阳汪廷珍刻小学钩沉本，清光绪三年（1877年）雪沧钞小学钩沉本，清光绪十年（1884年）龙氏刻小学钩沉本，清光绪湖北崇文书局刻小学钩沉本，江都李氏半亩园刻《小学类编》小学钩沉本。此外，还有清顾震福辑，清光绪十八年（1892年）山阳顾氏刻小学钩沉续编本，以及清马国翰、王仁俊、黄奭、龙璋等人的辑佚本《文字集略》一卷。敦煌佛经音义引《文字集略》我们仅发现一例，现分析如下，P.2901：

鞬撅，宜作抉，建言反，《文字集略》云：撅，樗蒲，采名。

鞬撅引《文字集略》释撅为樗蒲，古代的一种带有博弈性质的棋类游戏，因其中用于掷采的投子最初用樗木制成，故称樗蒲。从中可以看出《文字集略》主要释字，且采用直训法，以类名总释种名。

19.《玉篇》

南朝梁顾野王撰，是魏晋南北朝时期的一部重要字典，仅存残卷，共2100余字。写作目的是为了"总会众篇，校雠群籍，以成一家之制。"全书共三十卷，编成于梁武帝大同九年（543年），在江式《古今文字南朝》之后29年。现今通行的玉篇是第三次修订的，修订于宋真宗大中祥符年间，称为《大广益会玉篇》，就是现今通行的《玉篇》。

《玉篇》以楷书为字头，在字头上用反切注音，释义之后有比较多的例证，不仅有原文，还有旧注，辞书的材料也征引不少，这在佐证释义，揭示用法上起了很好的作用。此书最大的特点是处理重文异体时用了互见的办法。敦煌佛经音义所引之《玉篇》乃梁顾野王之原本《玉篇》，共两条，现依例分析，北8722（李39）：

　　覠示，正作觀也，上方經作觀；又《玉篇》音現。
　　觜辞，上卑吉反，又音佛。又《玉篇》音巇。

覠示、觜辞引《玉篇》主要用来释音。覠示《玉篇》音現，觜辞《玉篇》音巇，均使用直音法，且《玉篇》读音与前文读音多不同。

20.《字样》

包括《五经字样》和《九经字样》。《五经字样》即《五经文字》，唐代宗时张参撰，成书于大历十一年（776年），共三卷。由于唐代民间书写文字时俗、正字通用的情况十分严重，缺乏全国统一的或权威性的字书。为适应需要，玄宗在天宝十载（751年）诏儒官校定经本，张参遂之定《五经字样》（又称《五经文字》），成为判定文字正、俗、误的标准字书。"书于太学讲堂之壁，学者咸就取正焉。又颁字样于天下，俾为永制，由是省司停纳习本"。《五经字样》不止五经，实际包括十二经。主要依据《说文》《字林》及《经典释文》来刊定文字正误，对诸儒存疑较大的文字则采取"朱字记之"的办法，可以说该书综合了诸书的优点，对文字的刊定非常精细，对五经文字的正体和音韵都进行了规范。

唐文宗太和七年（833年），玄度奉敕校订九经字体。玄度以张参《五经文字》为依据，参考《说文》及其他字书，于开成年间编成《新加九经字样》一卷，统称《九经字样》。本书延续《五经文字》体例，共收421字，共76部。《九经字样》和《五经文字》相辅而行。唐代雕版印刷还不发达，文宗时被刻石传播。

敦煌佛经音义所引之《字样》，我们仅发现一例，来自P.3971，后晋可洪《藏经音义随函录》即《可洪音义》。此处《字样》或为《五经字样》，或为《九经字样》，但系《九经字样》的概率更大。一则，两书时间更接近；二则，《九经字样》是《五经字样》的补充，更为完备，通行范围可能更广。现依例分析，P.3971：

味勾，正作句也。《字樣》雲無著厶者。

味勾引《字样》分析字形，《字样》认为勾无厶。

21.《字书》

作者和成书时代不详，不知由何人作于何时。有清代任大椿辑佚，王念孙校《字书》二卷，清嘉庆二十二年山阳汪廷珍刻小学钩沈本等版本。此外清顾震福、黄奭等人亦有辑本《字书》三卷、《字书》一卷问世。鉴于后三种《字书》未标明撰者，而唐以前与唐后也未见相似名称之著作，而任大椿等人对魏晋时亡佚之字书做了许多钩沉，或可推测后三种辑佚本即敦煌音义所引之《字书》，其年代或可在唐以前。现依据例证分析：

厮下，思移反，《字书》：厮，役也。

咄善，《字书》：咄，叱也。

厮下、咄善引《字书》解释词义。厮下《字书》厮释为役，命令役使之义。咄善《字书》咄释为叱，喝呼之义。

（二）十三经类文献

除小学类文献外，敦煌佛经音义所引其他经部文献还有《十三经》典籍。《十三经》指儒家的十三部经书，即《易》《书》《诗》《周礼》《仪礼》《礼记》《春秋左传》《春秋公羊传》《春秋穀梁传》《论语》《孝经》《尔雅》《孟子》。《十三经》的内容极为宽博，《易》《诗》《书》《礼》《春秋》谓之"经"；《左传》《公羊传》《谷梁传》属于《春秋经》之"传"；《礼记》《孝经》《论语》《孟子》均为"记"，《尔雅》则是汉代经师的训诂之作。这十三类文献，以"经"的地位最高，"传""记"次之，《尔雅》又次之。"十三经"是儒家思想文化的源头，内容博大精深，囊括了传统文化的诸多方面：诸如天人合一的思维模式、天下为公的大同理想、以民为本的治国原则、和谐人际的伦理主张、自强不息的奋斗精神等。这些思想的精华已渗透在中华民族的性格之中，具有强大的凝聚力，至今仍有积极的影响。

汉朝时，以《易》《诗》《书》《仪礼》《春秋》为"五经"，立于学官。唐朝时，《春秋》分为"三传"，即《左传》《公羊传》《谷梁传》；《礼经》分为"三礼"，即《周礼》《仪礼》《礼记》。这六部书再加上《易》《书》《诗》，并称为"九经"，也立于学官，用于开科取士。唐文宗开成年间，在国子学刻石，内容除了"九经"之外，还加上了《论语》《尔雅》《孝经》。五代十国时，后蜀国主孟昶刻"十一经"，收入《孟子》，而排除《孝经》《尔雅》。南宋时《孟子》正式成为"经"，和《论语》《尔雅》《孝经》一起，加上原来的"九经"，构成"十三经"。

敦煌佛经音义所引《十三经》类著作，包括《诗经》《韩诗》《尚书》《周礼》《礼记》《周易》《左传》《公羊传》《论语》。现分别介绍如下：

1.《诗经》《韩诗》

《诗经》是我国最早的一部诗歌总集，收集了西周初年至春秋中叶（前11世纪至前6世纪）的诗歌，共305篇，反映了周初至周晚期约五百年间的社会面貌。内容分为《风》《雅》《颂》三个部分。《风》是周代各地的歌谣；《雅》是周人的正声雅乐，又分《小雅》和《大雅》；《颂》是周王庭和贵族宗庙祭祀的乐歌，又分为《周颂》《鲁颂》和《商颂》。

《诗经》的作者佚名，绝大部分已经无法考证。《诗经》在先秦时期称为《诗》或《诗三百》。西汉时被尊为儒家经典，立为"五经博士"之一，始称《诗经》。后代关于《诗经》的注释及研究有汉《毛诗故训传》、郑玄《毛诗笺》、孔颖达《毛诗正义》、朱熹《诗集传》等。

《韩诗》指汉初燕人韩婴所传授的《诗经》。"韩诗"于汉文帝时立为博士，成为官学，西汉时与鲁诗、齐诗并称三家诗。"三家诗"指汉朝时三个解说《诗经》含义的学派。分别是齐人辕固《齐诗》、鲁人申培公《鲁诗》、燕人韩婴《韩诗》。因这三家诗有共通性，又合称"三家诗"。"三家诗"都用汉代通行的隶书写成，所以被称为"今文学派""今文经学"，西汉时曾立为学官（博士）。"三家诗"现均已亡佚，仅存《韩诗外传》。汉时，研究《诗经》的还有鲁人毛亨和赵人毛苌，所传毛诗属于古文经。毛诗与三家诗一起构成四家诗。今本《诗经》即由毛诗流传而来。敦煌佛经音义共引《诗》《韩诗》《诗传》共10条，分别源自S.3469，Φ230，P.3734，P.2901，现分析如下：

> 哽噎，噎，《诗》云中心如噎，传曰：忧不能息也。
> 战掉，掉，摇也。《诗》云："忧心惴惴，是也。"
> 恃怙，《韩诗》云：无父何怙，怙，赖也；无母何恃，恃，负也。
> 线塼，《毛诗》载弄之瓦，注云纺塼也。《诗》中作专。

哽噎、战掉、恃怙、线塼引用《诗》《韩诗》《毛诗》来解说词义。哽噎《诗》噎释为中心如噎即心中有哽噎之物，《毛传》解作忧虑不能停止。战掉《诗》掉释为忧心惴惴即心中忧虑不安。恃怙《韩诗》分别对恃、怙做了解释，恃怙都有依赖、担负之义，意指父母是孩子的依靠，担负着抚养的责任。线塼《毛诗》用载弄之瓦来解释塼，塼即纺塼，古代女性所用之物，《毛诗》此处用的是塼的文化义。《诗》《韩诗》《毛诗》在解释词义时除了直训法外，更多解说词语的引申义和文化义，这跟它文学作品的体裁有关。

2.《尚书》

《尚书》又称《书》《书经》，是中国现存第一部古典散文集和最早的历史文献，以记言为主。《尚书》所记载的年代，起于传说中的尧舜禹时代，终于东周秦穆公时代。内容涉及政治、军事、经济、地理等各个方面，但主要是对各种文告和君臣们讨论政事的记录，被视为治国政典。《尚书》最早单叫作《书》。古代典籍中，常出现"《书》曰"，《书》大多指后来的《尚书》，有时也可在"书"前冠以朝代名。后随着内容体裁的不同，《书》逐步成为专门记载帝王言论及活动的政事性书籍。

《尚书》自汉初以来，有今文、古文两种不同的传本。《今文尚书》28（29）篇，是经师伏生所传，在两汉时期居于统治地位。汉武帝设五经博士，《今文尚书》取得正统地位。西汉《尚书》有三家：欧阳家、大夏侯、小夏侯，以欧阳氏为主，汉石经用的是欧阳家的版本。《古文尚书》在汉武帝时被发现，比《今文尚书》多出16篇。用先秦六国时的文字书写，由孔安国将其转换成隶书字体——"隶古定"。但由于没有立学官，只能在民间习传，影响较小。后三国曹魏时，《古文尚书》地位上升，被立于学官。西晋永嘉之乱后，今文《尚书》散亡，后出《古文尚书》多出的十六篇亦不知所踪。

今存于《十三经注疏》的《古文尚书》是东晋时梅赜所献，共58篇。其中的33篇与汉代传本文字大抵相同（只有少数章的分合、定名不同），另外25篇经宋代以来的考异争论总体认为是东晋人的伪作。这个版本经过后世人的注疏、"音义"，后孔颖达《尚书正义》，经官方颁布，成为《尚书》的标准本。唐玄宗时被刻为"开成石经"，成为一切版刻本之祖。到清代，被《十三经注疏》采用，一直沿用至今。清人孙星衍作《尚书今古文注疏》，广泛汲取前人考订成果，摒弃25篇伪作，将篇目重新厘定为29卷，大抵恢复了汉代《尚书》传本的面貌。

敦煌佛经音义引《尚书》我们仅发现1例，Φ230，分析如下：

> 得衷，《尚书》：衷，善也。

得衷引《尚书》来解释词义。衷《尚书》释为善，是衷的引申义，此处当形容词用。

3.《周礼》《礼记》

《周礼》原名《周官》《周官经》，是古文经学重要的典籍之一。与《仪礼》《礼记》并称为"三礼"。是《十三经》中唯一一部阐释儒家理想官制的著作，对中国古代官制的建构产生过深远影响。《周礼》全书约45000多字，原为六篇《天官》《地官》《春官》《夏官》《秋官》《冬官》。后《冬官》亡佚，以《考工记》代替。《周礼》涉及范围广泛，举凡城乡建制、礼乐兵刑、天文历法、宫室车服、农商医卜、工艺制作等，几乎无所不包，是我们认识和研究古代官制、政治史的一把钥匙。

《周礼》被列入经书的时间，据《汉书·艺文志》载："《周官》经六篇，王莽时刘歆置博士。"陆德明《经典释文·叙录》："王莽时，刘歆为国师，始建立《周官经》为《周礼》。"从此，《周礼》开始受到人们的重视。东汉时，《周礼》注疏大兴，郑玄"括囊大典，网罗众家"而注"三礼"。由于郑玄的推崇，使得《周礼》位居"三礼"之首。

今本《礼记》也称《小戴礼记》或《小戴记》，为儒家经典之一。《礼记》中的"礼"指《仪礼》，"记"是对经文所作的解释说明。共四十九篇，其中《曲礼》《檀弓》《杂记》因篇幅太长而分为上下两篇，实为四十六篇。《礼记》记载了夏商周特别是周王朝的典章制度，以及冠婚丧祭燕射朝聘等礼仪，集中反映了儒家礼治的思想和主张。西汉时，《仪礼》取得经学地位，《礼记》只是从属于《仪礼》，到汉末才独立成书，并取得经学地位。西汉时，《礼记》被称为"礼"或者"记"，东汉时与《周礼》《仪礼》合称为"三礼"，魏晋之后又有《小戴礼》之称。唐孔颖达主编《礼记正义》，第一次以官方名义将《礼记》升为经，且地位在《周礼》《仪礼》之上。"三礼"之学，《礼记》最盛。清代礼学昌盛，最具代表的是孙希旦《礼记集解》。因《周礼》《礼记》共属"三礼"，故本文在统计时将两书放置一起。敦煌佛经音义引《周礼》《礼记》共9条，分别源自S.3469，P.3095背，Φ230，P.2901，分析如下：

> 不登，《周礼》：以岁时登。郑玄曰：登，成也。
>
> 贾客，《周礼》商贾郑玄曰：行曰商，处曰贾。
>
> 卜筮，《礼记》：龟为卜，蓍为筮，卜筮者所以决嫌疑，定犹豫，故疑即筮之。
>
> 箭中，《礼记》：射中即得为诸侯，不中不得为诸侯是也。

不登、贾客、卜筮、箭中四条引《周礼》和《礼记》来解释词义。不登《周礼》登释为成熟，每年都有成熟季节。贾客《周礼》郑玄注对贾、贾分别做了解释，强调行走四方做商品交换的称为商，固定一处的称作贾。卜筮《礼记》对卜与筮分别做了解释。用龟占卜称作卜，用蓍草称作筮，卜筮的原因是有疑惑和犹豫，故占卜以确定。箭中《礼记》重点解说射中对诸侯的重要性，此是箭中的文化义。《周礼》《礼记》在解释词语时虽也采用直训法，解释词语的普通义，但更多时候是在谈文化义，尤其是周代的礼仪制度。

4.《周易》

《周易》又称《易经》（《易经》也可指《周易》的卦爻辞），即六十四卦卦形及卦爻辞，是中国传世最古老的典籍之一。历史上，《周易》为儒家群经之首，又是道家"三玄"（老庄易）之一，是我国现存最古老的文化经典，被尊为中国文化之源。

《周易》最早见于《周礼·春官大卜》："大卜……掌三《易》之法，一曰《连山》，二曰《归藏》，三曰《周易》。其经卦皆八，其别皆六十有四。"一般认为《连山》为夏《易》，《归藏》为殷《易》，《周易》则是周代之《易》，并认为《周易》是在前代两《易》，尤其是在《归藏》基础上损益而成的。在周代，三《易》同时并存，一起流传。《周易》以乾卦居首，乾为天，为健，代表男性。以乾卦为首，说明周朝已经发展到父系社会。

"周"有两种解释：第一种周普、周备之意。郑玄《易论》："《周易》者，言《易》道周普，无所不备也。"第二种周代说。孔颖达《周易正义》："《周易》称周，取岐阳地名。《毛诗》云'周原膴膴，堇荼如饴'是也。又文王作《易》之时，正在羑里，周德未兴，犹是殷世也，故题周别于殷，以文王所演故谓之《周易》。其犹《周书》《周礼》，题周以别余代。故《易纬》云'因代以题周'是也。"朱熹《周易本义》："周，代名也。《易》，书名也。"一般认为周是周代之周。"易"取"日月为易，刚柔相当。"变化之义。敦煌佛经音义引《周易》计3条，源自S.3469，P.3095背，分析如下：

震动，之刃反，《周易》：震，动也。

月蚀，神蠳反，《周易》云：月盈即蚀。

轻躁，《周易》震为躁。郑玄曰：谓不安静也。

震动、月蚀、轻躁均引《周易》解说其含义。震《周易》释为动，即地动。蚀《周易》释为月盈，即月满为蚀，月亮达到圆满状态后又会逐渐变得残缺，就像被蚕食或腐蚀了一块。躁《周易》释为震即动，郑玄称作不安静。

5.《左传》《公羊传》

《春秋》是中国现存第一部编年体的史书。儒家经典之一。以鲁国十二公为次序，起于鲁隐公元年（前722年），迄于鲁哀公十四年（前481年）。今传本《春秋》相传是孔子删削《鲁春秋》而成。孟子说过："世衰道微，邪说暴行有作，臣弑其君者有之，子弑其父者有之。孔子惧，作《春秋》。"（《孟子·滕文公下》）

流传到现在的《春秋》有三种，即《左传》《公羊传》和《谷梁传》，汉代学者认为它们都是讲解《春秋》的著作。这三传的内容大体相同，最主要的差异是《左传》用秦以前的古文写成；《公羊传》和《谷梁传》则用汉代的今文写成。《公羊》和《谷梁传》两传记事只到鲁哀公十四年，《左传》则到鲁哀公十六年；《公羊传》和《谷梁传》在鲁襄公二十一年（前552年）记载了"孔子出生"，而《左传》中却没有。

《春秋》三传中，《左传》被认为较重要，也有学者认为它是一部与《春秋》有关的、又相对独立的史书。《左传》原名为《左氏春秋》，汉代改称《春秋左氏传》，简称《左传》。全书约18万字，按照鲁国从隐公到哀公一共12个国君的顺序，记载了春秋时代254年间各诸侯国的政治、军事、外交和文化等方面的重要史实，内容涉及当时社会生活的各个方面。作者在记述史实的同时，也透露出了自己的观点。理想和情感态度，记事写人具有相当的艺术性，运用了不少巧妙的文学手法，尤其是写战争和外交辞令，成为全书中最为精彩的部分。因此，《左传》不仅是一部杰出的编年史著作，同时也是杰出的历史散文著作。

有关《左传》的作者，至今仍然没有一致看法。唐代以前，一般认为作者是与孔子同时的鲁国史官左丘明，唐以后不断有人提出怀疑，但大多数人认为《左传》的编定成书是在战国初年。

西晋杜预将本来分开的《春秋》和《左传》编在一起，加上前人的注释，称为《春秋经传集解》。唐代孔颖达为杜预注作疏并附上陆德明的《左传音义》，称为《春秋左传正义》。《左传》在唐代被官方列入"十二经"，在宋代列入"十三经"，一直流传到现在。

《春秋公羊传》，儒家经典之一。上起鲁隐公元年，止于鲁哀公十四年，与《春秋》起讫时间相同。相传其作者为子夏的弟子，战国时齐人公羊高。起初只是口说流传，西汉景帝时，传至玄孙公羊寿，由公羊寿与胡毋生（子都）一起将《春秋公羊传》着于竹帛。《公羊传》的体裁特点，是经传合并，传文逐句传述《春秋》经文的大义，与《左传》以记载史实为主不同。《公羊传》是今文经学的重要经籍，历代今文经学家时常用它作为议论政治的工具。同时，它还是研究先秦至汉年间儒家思想的重要资料。《公羊传》注疏有东汉何休《春秋公羊解诂》、唐徐彦《公羊传疏》、清陈立《公羊义疏》。敦煌佛经音义共引《左传》《公羊传》6条，分析如下：

　　号哭，胡刀反，《左传》豺狼所嗥，是也。

　　得衷，《左传》：楚僻我衷。杜预曰：衷，正也。

　　疮痍，《左传》曰：生伤于头。

　　酒醴，《左传》：定王享之，肴烝。杜预曰：烝，生也。

　　震动，之刃反，《公羊传》曰：地震者何？地动也。

　　麒麟，《公羊传》：麒麟，仁兽也。

　　号哭、得衷、疮痍、酒芳均引用《左传》对其进行解释。号《左传》释为豺狼所嗥，豺狼的吼叫声称号，这是从号之本义而言，指野兽的嚎叫声，后延及人。得衷引《左传》及杜预注释衷为正，即楚国倾邪而我方正。疮痍《左传》专指头伤。酒芳《左传》释为肴烝，杜预用声训将烝解作生，取将生食烹熟之义。震动、麒麟均引用《公羊传》解说其意思。震《公羊传》释地震为地动、震动之义。麒麟《公羊》释为仁兽，以类名释种名。

　　6.《论语》

　　《论语》，记载孔子的言语行事，也记载孔子若干学生的言语行事的一部书。班固《汉书·艺文志》："论语者，孔子应答弟子、时人及弟子相与言而接闻于夫子之语也。当时弟子各有所记，夫子既卒，门人相与辑而论纂，故谓之论语。"《文选·辩命论·注》："昔仲尼即殁，仲弓之徒追论夫子之言，谓之论语。"可见，《论语》的"论"是论纂的意思，"语"是语言的意思，"论语"就是把"接闻于夫子之语"论纂起来的意思。

　　《论语》传到汉代，有三种本子：第一，鲁《论语》二十篇；第二，齐《论语》二十二篇，其中二十篇与鲁《论语》相同，多《问王》和

《知道》两篇；第三，《古文论语》二十一篇，把《尧曰篇》的"子张问"另分为一篇。篇次也与前两个不一样。西汉张禹"张侯论"（《鲁论》）为儒生尊奉，何晏《论语集解》并提到了三论，古文论后世不传。东汉末年，郑玄《论语注》以鲁论为基础，参照其他两论。今天所通行的是鲁论。敦煌佛经音义引《论语》计2条，P3095背：

轻躁，《论语》曰：言未及而言谓之躁。

温故，《论语》：温故而知新。何晏曰：温，寻也。

清躁、温故，音义引用《论语》分别对躁、温做了解释。躁义为性急不冷静，《论语》将其释为未及而言即未到时间或合适的时机就急着表达自己的意思称作躁。温《论语》引用《何晏集解》解说温为寻，寻应作加热之燖，将给物体加热延及重温所学知识，使其更清晰，并能从中获得新知。

（三）史传类文献

史传类主要指史书类著作及其校注，包括先秦史书类典籍及汉以后著作。敦煌佛经音义所引用的史书有《国语》《史记》《汉书》《后汉书》《三国志》及对这几部史书所做的注，如《汉书》韦昭注等。

中国古代历代统治者皆重视史书编撰，史官建制沿革自成体系，官修史书是传统史籍的主流；同时，私人编纂之风也盛行不衰。史学家辈出，史书体裁多样，史料内容丰富，在世界上首屈一指。重视史学家个人修养，秉笔直书，不虚美隐恶，编写信史，以古鉴今，重视总结历史经验和教训，重视史籍教育警戒作用，官私皆重视收集、保存和整理史料。先秦时期史籍留存到现在的不多，只有《尚书》《逸周书》《春秋》《左传》《国语》《战国策》《竹书纪年》《世本》《山海经》《穆天子传》等十余种。此外，先秦时期具有重要史料价值的其他典籍还有《周易》《诗经》《论语》《孟子》《仪礼》《周礼》《礼记》《荀子》《管子》《墨子》《孙子兵法》《老子》《庄子》《韩非子》《吕氏春秋》《楚辞》等。这些书含有重要史料，对史学家撰写历史，特别是文化史、思想史、哲学史、经济史、军事史、文学史等很有参考价值。

1.《国语》

《国语》是一部先秦时期的历史文献汇编。它是将春秋时期各诸侯国国君及各重要人物的言论记载下来，并利用其他资料加以补充而形成。是一部国别体的以记言为主的史料集，因此被称作《国语》。"语"在西周和春秋时期是一种和国家政治有关的记言的文献，在当时是与春秋、诗、故志、训典同类的文献典籍，其中包含着先王的德治精神。《国语·楚语上》："教之春秋，而为之损善而抑恶焉，以戒劝其心；教之诗，而为之导广显德，以耀明其志；教之语，使明其德而知先王之务用明德于民；教之故志，使之废兴者而戒惧焉；教之训典，使知族类，行比义焉。"①

《国语》的作者据推测是一个十分熟悉各国史料的人，将自己手中掌握的各国之"语"编到一起，并根据材料来源分别在"语"前面冠以不同的国名。"国语"者，各国之语也。《国语》记载的历史事件上起西周穆王，下迄鲁悼公，前后跨越五百多年。共二十一卷，分八个部分，分别是《周语》《鲁语》《齐语》《晋语》《郑语》《楚语》《吴语》《越语》。全书共记载了240个独立条目，其中《晋语》最长，共九卷，127

---

① 尚学峰等译注：《国语》，北京：中华书局，2007年，290页。

条，《郑语》最短，只有两条。

《国语》记载的内容主要是当时各级贵族与治国相关的言论。由于说话人的身份、国别及时代不同，其思想倾向也各有差异。《周语》《鲁语》带有较多的周代礼乐文化特点，思想比较接近儒家。《齐语》记管仲辅佐齐桓公成就霸业，内容与《管子》相似。《越语》范蠡说勾践，讲阴阳刚柔，持盈定倾之术，颇近于黄老道家。《晋语》有些言论讲纵横捭阖的权谋，带有纵横家的色彩。书中最有价值的内容是那些劝谏规诫之辞，体现了西周以来出现的进步思想。敦煌佛经音义引《国语》本文找到1条，分析如下：

> 耽涵，《国语》云：耽，嗜也。

耽涵，《国语》耽释为嗜，运用直训法直接解释词语。

2.《史记》《汉书》《汉书音义》

"前四史"是"二十四史"中的前四部史书。包括西汉史学家司马迁的《史记》、东汉班固的《汉书》、南朝范晔的《后汉书》以及西晋陈寿的《三国志》。"二十四史"是中国古代各朝撰写的二十四部史书的总称，历来被奉为史书正统，故又称"正史"。上起黄帝（前2550年），止于明朝崇祯十七年（1644年），计3213卷，约4000万字，统一用纪传体编写。二十四史内容丰富，记载了历代经济、政治、文化、艺术和科学技术等各方面的资料。

《史记》系纪传体通史，一百三十卷，西汉司马迁著，约成书于西汉武帝时。"史记"一词，东汉之前乃一切史书之统称，后始为司马迁史书之专名。原书最初被称作《太史公书》，到东汉桓帝才改称为

《史记》。此书体例为纪传体之滥觞，分为十二本纪、十表、八书、三十世家、七十列传，以纪和列传为主体，故名纪传体，记载了上自黄帝，下至汉武征和三年，跨越三千年的历史。司马迁撰写《史记》的目的在于"究天人之际，通古今之变，成一家之言""原始察终，见盛观衰"。鲁迅誉之为"史家之绝唱，无韵之《离骚》。"

历代对《史记》的评注主要有三家：刘宋裴骃《史记集解》、唐司马贞《史记索隐》和张守节《史记正义》，这三家都是对史记有总结性评注。清梁玉绳《史记志疑》是有清一代史记研究的集大成之作。近代有日本学者泷川资言《史记会注考证》较为著名。当代有韩兆琦《史记笺证》，以三家注和《史记会注考证》为基础，是《史记》注释详尽之作。敦煌佛经音义引《史记》我们找到1条，分析如下，P.2901：

我曹，《史记》十余曹备之，如淳曰：曹，辈也。

我曹，义为我辈之人。《史记》引如淳注曹释为辈，释义方式主要在注解词语，引用人物传记故事作为解说较少。

《汉书》，又称《前汉书》，由国东汉时期历史学家班固编撰，是中国第一部纪传体断代史，"二十四史"之一。全书主要记述了上起西汉的汉高祖元年（前206年），下至新朝的王莽地皇四年（23年），共230年的历史。包括纪十二篇，主要记载西汉帝王的事迹；表八篇，主要记载汉代的人物事迹；志十篇，专述典章制度、天文、地理以及各种社会现象；传七十篇，主要记载各类人物的生平以及少数民族的历史等，共一百篇，八十万字。唐代颜师古认为《汉书》卷帙繁重，便将篇幅较长者分为上、下卷或上、中、下卷，成为现行本《汉书》一百二十卷。

班固（32年—92年），东汉历史学家班彪之子，班超之兄，字孟坚，扶风安陵人（今陕西咸阳）。班固著《汉书》未完成而卒，汉和帝命其妹班昭就东观藏书阁所存资料，续写班固遗作，然尚未完毕，班昭便卒。同郡的马续是班昭的门生，博览古今，汉和帝召其补成七"表"及"天文志"。

《汉书·艺文志》，是我国现存最早的目录学文献。是作者根据刘歆《七略》增删改撰而成的，仍存六艺、诸子、方技六略三十八种分类体系。总共著录图书三十八种，五百九十六家，一万三千二百六十九卷。《汉书·艺文志》开创了史志目录的先例，汉以后史书多仿其例而编有艺文志或经籍志。由于《七略》已佚，《汉书·艺文志》便成为中国现存最早的图书目录。敦煌佛经音义引《汉书》计6条，分析如下，S.3469，P.3095背，Φ230：

月蚀，《汉书》云："日月薄蚀。"韦昭日："气往迫之曰薄。"

厮下，《汉书》："厮舆之卒"，张晏日："厮，微也。"韦昭曰："析薪曰厮，炊烹曰养。"

掷石，案《汉书》，甘延寿投石拔距，张晏注云：飞石重十二斤，为机发，行三百步。延寿有力，能以手投之也。

罪戾，《汉书》：有功无其意曰戾，有其功有意曰罪。

"月蚀""厮下""掷石""罪戾"都引用《汉书》对其意义作了注解。"月蚀"《汉书》对其解说引用韦昭注，并使用声训薄迫进行解说。"厮下"同样引用韦昭注对"厮"进行注解；析薪曰厮，说明"厮"具体含义，指负责劈柴，地位不高，故《汉书》及张晏注都释为地位低微或出卖体力的劳动者。"掷石"引用《汉书》甘延寿例来说明掷石的具体情况。"罪戾"引《汉书》对"罪"和"戾"两词做了区分，有结果无动机称作"戾"，有结果有动机称为"罪"。戾可以看成过失，罪，动机结果兼具，就是故意犯罪，程度和受罚都应比戾重。

《汉书音义》，东汉蔡谟著。根据颜师古《汉书叙例》，在颜氏之前的《汉书》音义共五家：应劭、服虔、晋灼、臣瓒、蔡谟。服应二书单行，晋灼成书为集注，臣瓒增加几家集合而成二十四卷，蔡谟又将臣瓒的著作附入《汉书》各卷之中，成为《汉书》的第一个注本。蔡书即《隋书·经籍志》著录的《汉书》一百一十五卷本。该书是南朝至唐以来，《汉书》在世间流行的最主要的注本之一。

蔡书在历代目录中都没有记载，只在蔡谟的传记和唐代一些注释家的只言片语中略被提及。裴骃《史记集解序》云："聊以愚管，增演徐氏。采经传百家并先儒之说，豫是有益，悉皆抄内。删其游辞，取其要实，或义在可疑，则数家兼列。《汉书音义》称'臣瓒'者，莫知姓氏，今直云'瓒曰'。又都无姓名者，但云'汉书音义'。"《史记正义》称"裴骃采九经诸史并《汉书音义》及众书之目而解《史记》"，对比颜师古《汉书注》发现，裴骃所引前人《汉书》注释和颜师古引用的部分有许多相同之处，可以知道裴骃、颜师古对汉代史实的注释都得益于同一部《汉书》的集注。根据《汉书叙例》及相关资料，颜师古所引用的应是臣瓒的《汉书集解音义》，而裴骃所引则是蔡谟的《汉书音义》。

往讨，《汉书音义》曰：讨，除。

往讨，音义引用《汉书音义》对讨进行了注解，讨义为除，声讨、驱除之义。《汉书音义》主要从读音角度解释词。

（四）其他文献

除了小学类、十三经类和史书类文献外，敦煌佛经音义还引用了诸子散文，如代表道家思想的《列子》《淮南子》，以及中国古代文学源头之一的《楚辞》，还有政论性散文《盐铁轮》《白虎通》，以及宣扬古代后妃之德以"戒天子"的《列女传》。此外，还有记录异国异族风土人情，尤其是蜀地风物的《异物志》，以及记载农业种植等生产生活的《四民月令》。

1.《列子》

列子，本名列御寇，周朝郑国圃田，古帝王列山氏之后。著名的思想家、哲学家，介于老子与庄子之间，道家学派承前启后的重要传承人物；先秦道家创始于老子，发展于列子，而大成于庄子。著有《列子》。其学说本于黄帝老子，归同于老、庄。列子对中国人思想影响甚大，在先秦诸子中列子对生命表现出最达观，最磊落的心态。主张循名责实，无为而治。

《列子》又名《冲虚经》，道家学派的重要典籍，郑人列御寇所著。著作年代不详，大体是春秋战国年代。唐时，与《道德经》《庄子》《文子》并列为道教四部经典。

《列子》一书，刘向整理时存者仅为八篇《汉书·艺文志》著录《列子》八卷。西晋遭永嘉之乱，渡江后始残缺。其后经由张湛搜罗整理加以补全。今存《天瑞》《仲尼》《汤问》《杨朱》《说符》《黄帝》《周穆王》

《力命》等八篇，共成《列子》一书，其余篇章均已失传。今本《列子》不下几十种，书前多有流向或张湛的序，各版本内容相差不远，有大量寓言、民间故事、神话传说。今人杨伯峻先生的《列子集释》，征引了历代主要注疏，又附录《张湛事迹辑略》及刘向、张湛等人的序和柳宗元、朱熹、梁启超、马叙伦、杨伯峻等人的考校辨伪。敦煌佛经音义引用《列子》我们找到1条，分析如下，P.3095背：

视瞚，《列子》同，尸闰反。

视瞚，音义引用《列子》对瞚的读音和字形作了注解，没有涉及意思，解说比较简单。因只找到一条，没有其他作为参考，不能准确判断《列子》在敦煌音义中的具体释义形态是否都如视瞚一般简单，只能简单说明。

2.《淮南子》

《淮南子》，又名《淮南鸿烈》《刘安子》，是西汉皇族淮南王刘安及其门客集体编写的一部哲学著作，属于杂家作品。《淮南子》在继承先秦道家思想的基础上，糅合了阴阳、墨、法和一部分儒家思想。东汉高诱《淮南鸿烈解序》："其旨近老子淡泊无为，蹈虚守静，出入经道。言其大也，则焘天载地；说其细也，则沦于无垠；及古今治乱存亡祸福、世间诡异瑰奇之事。其义著，其文富，物事之类无所不载。然其大较，归之于道。""鸿"是广大的意思，"烈"是光明的意思。班固《汉书·艺文志》将其归入"杂家"，《四库全书总目》亦归入"杂家"，属于子部。

《淮南子》共分为内二十一篇、中八篇、外三十三篇，内篇论道，中篇养生，外篇杂说。通行本为二十一卷。明正统《道藏》本将《原道》《俶真》《天文》《地形》《时则》《主术》《氾论》分为上下卷而成二十八卷本。后代对其校注和研究有清代王念孙《读书杂志》中《淮南子》部分，俞樾《诸子平议》、刘文典《淮南鸿烈集解》，刘家立《淮南子集证》、吴承仕《淮南子旧注校理》、杨树达《淮南子证闻》，张双棣《淮南子校释》、何宁《淮南子集释》、陈广忠《淮南子斠诠》等。敦煌佛经音义引《淮南子》我们共找到2例，分析如下，P.3734、P.2901：

　　　　负捷，《淮南子》曰：捷载粟米而生。

　　　　瓯裂，《淮南子》曰兽穷即攫。

　　负捷，瓯裂，音义引用《淮南子》来解释"捷"和"攫"。"捷"者，指担载粟米而生的一类人。兽穷，即兽到了穷途末路的时候为了保命会用锋利的爪子抓取对它们带来危险的人或动物。《淮南子》解释词语一般用直训法。

　　3.《楚辞》

　　《楚辞》，继《诗经》之后，对中国文学具有深远影响的一部诗歌总集。屈原《离骚》是《楚辞》代表作，故《楚辞》又称"骚体诗"，中国古代文学"风""骚"并立，"风"指《诗经》，"骚"指《离骚》。

　　楚辞，也作"楚词"。"楚辞"之名，始见于西汉武帝之时，这时"楚辞"已经成为一种文学体裁。宋朝黄伯思《翼骚序》云："屈宋诸骚，皆书楚语，作楚声，纪楚地，名楚物，故可谓之'楚辞'。"这就是说，"楚辞"是指具有楚国地方特色的乐调、语言、名物而创作的诗赋，在形式上与北方诗歌有明显区别。本为楚地的歌辞，战国时期屈原吸收其营养，创作出《离骚》等巨制鸿篇，后人仿效，名篇继出，成为一种有特点的文学作品，通称楚辞。西汉刘向编辑成《楚辞》集，东汉王逸又有所增益，分章加注成《楚辞章句》。《四库全书总目》说："初，刘向裒集屈原《离骚》《九歌》《天问》《九章》，而各为之注。"但刘向编定的《楚辞》十六卷原本已佚。《楚辞章句》以刘向《楚辞》为底本，它除了对楚辞做了较完整的训释之外，还提供了有关原本的情况。在《楚辞章句》的基础上，南宋洪兴祖又作了《楚辞补注》。此后，南宋朱熹著有《楚辞集注》，清初王夫之撰有《楚辞通释》，清代蒋骥有《山带阁注楚辞》等。敦煌佛经音义引用《楚辞》我们仅找到1条，Φ.230，分析如下：

为臐，王逸注《楚辞》云：有菜曰羹，无菜曰臐。

为臐，臐音义引用《楚辞》释为无菜，食物中只有肉糜而没有菜称为臐；只有菜而没有肉称作羹。这是羹臐之别，析言之也，浑言两者都指带汁的肉或肉汤。

4.《盐铁论》

《盐铁论》，西汉时期的一本政论性散文集，桓宽所著。桓宽，字次公。汝南（今河南上蔡）人，生卒年不详。宣帝时举为郎，后任庐江太守丞。汉昭帝始元六年（前81年）期间召开"盐铁会议"，以贤良文学为一方，以御史大夫桑弘羊为另一方，就盐铁专营、酒类专卖和平准均输等问题展开辩论。桓宽根据当时的会议记录，并加上与会儒生朱子伯的介绍，将其整理改编，撰成《盐铁论》。该书共分六十篇，

第一篇至第四十一篇，记述了会议正式辩论的经过及双方的主要观点；第四十二篇至第五十九篇写会后双方对匈奴的外交策略、法制等问题的争论要点，最后一篇是后序。

《盐铁论》是研究西汉经济史、政治史的重要史料。由于《史记》对桑弘羊的记述不够完备，《汉书》又未立专传。《盐铁论》因有桑弘羊的对话，可补此不足。《盐铁论》的议论从实际出发，针砭时弊，颇中要害；语言简洁流畅，浑朴质实。由于桓宽的思想和贤良文学人士相同，所以书中不免有对桑弘羊的批评之词。1487年，涂祯刊本是较好的版本，现代参考版本有郭沫若《盐铁论读本》和王利器《盐铁论校注》。敦煌佛经音义引用《盐铁轮》我们仅找到1条，分析如下，Φ.230：

坐此，《盐铁论》曰：什伍相连，亲戚相坐，若引根本，而及花叶，伤小指而累四体。

坐此，《盐铁轮》运用描写、比喻的手法对其进行了解说。坐此，有连坐之义，本是古代酷刑之一。什伍相连，亲戚相坐，邻里、亲戚一旦有人获罪，整个邻里或家族就会全部获罪，很多时候都是被处以极刑。就像伤了根而祸及花叶，伤小指而连及四肢一样。

5.《白虎通》

又称《白虎通义》《白虎通德论》。章帝建初四年（79年），依议郎杨终奏议，仿西汉石渠阁会议的办法，召集各地著名儒生于洛阳白虎观，讨论五经异同。会议的宗旨就是要解决当时经学界盛行的支离繁琐的章距之学，协调各派学术，共证经义，取得"永为后世制"的效果。这就是历史上有名的白虎观会议。这次会议由章帝亲自主持，参加者有魏应、淳于恭、贾逵、班固、杨终等。会议由五官中郎将魏应秉承皇帝旨意发问，侍中淳于恭代表诸儒作答，章帝亲自裁决。这样考详同异，连月始罢。此后，班固将讨论结果纂辑成《白虎通德论》，又称《白虎通义》，作为官方钦定的经典刊布于世。《白虎通》是以今文经学为基础，初步实现了经学的统一。清代陈立写有《白虎通义疏证》。

《后汉书·班固传》："天子会诸儒讲论五经，作《白虎通德伦》，令固撰集其事。"《隋书·经籍志》："《白虎通》六卷，"未标作者是谁。《新唐书·艺文志》："班固等《白虎通》六卷。"元大德九年（1305年），张楷得刘世常家藏《白虎通》，遂刻板以流传，明清版本大致出于此。敦煌佛经音义引《白虎通》本文仅找到1条，Φ230分析如下：

贾客，《白虎通》曰：贾之言固也，固其物待民来以求其利者也。

贾客，音义引《白虎通》将贾释为固，将物品固定一处，等待人来购买以求利润。说明贾在汉代已经指固定一处经营商业的意思了。

6.《列女传》

《列女传》，介绍中国古代妇女事迹的传记性史书，作者是西汉的经学家、目录学家、文学家刘向。这部书对后世影响深远，此后许多正史都增加了《列女传》。为了便于区分，把刘向的《列女传》称为《古列女传》。

关于本书的成书目的，宋人王回序："《古列女传》八篇，刘向所序也。向为汉成帝光禄大夫，当赵后姊娣嬖宠时，奏此书以讽宫中。

其文美刺《诗》《书》以来女德善恶，系于家国治乱之效者。"汉成帝时妃嫔嬖宠、外戚专权，刘向编纂《列女传》"戒天子"，想以此达到教化妃嫔、维护礼制，并巩固皇权的目的。

《汉书·刘向传》载："向睹俗弥奢淫，而赵、卫之属起微贱，逾礼制。向以为王教由内及外，自近者始。故采取诗书所载贤妃贞妇，兴国显家可法则，及孽嬖乱亡者，序次为《列女传》，凡八篇，以诫天子。及采传记行事，著《新序》《说苑》凡五十篇奏之。数上疏言得失，陈法戒。书数十上，以助观览，补遗阙。上虽不能尽用，然内嘉其言，常嗟叹之。"

《列女传》共分七卷，共记叙了105名妇女的故事。分别是：母仪传、贤明传、仁智传、贞顺传、节义传、辩通传和孽嬖传。西汉时期，外戚势力强大，宫廷动荡多有外戚影子。刘向认为"王教由内及外，自近者始"，即王教应当从皇帝周边的人开始教育，因此写成此书，以劝谏皇帝、嫔妃及外戚。内容多是表彰美善，歌颂古代妇女高尚品德、聪明才智以及反抗精神的内容，而且有些情节生动惑人，颇具女性文学的特征。

《列女传》渊源流长，历经各代，版本繁杂，并在清代出现了王照园、梁端、萧道管三家集大成的校注本。敦煌佛经音义引《列女传》本文仅找到1条，分析如下，Φ230：

驸騠，骏马也。《列女传》曰生三日超其母，是也。

"驸騠"释义为骏马一种，音义引《列女传》具体说明它被称为骏马的原因，生三日而超越其母，故有骏马之说。

7.《异物志》

《异物志》是汉唐时期一类特殊的典籍，主要记载当时周边地区及国家的物产风俗，内容涉及自然环境、资源物产、社会生产、历史传说、风俗文化等许多方面。从汉到唐，至少有二十二种以上以《异物志》命名的著作。《异物志》随着中国古代民族融合及与其他国家交往的扩大而产生，并随这一过程的加深而繁荣，也同样因此而衰变消亡。《异物志》类著作初现于汉末，繁盛于魏晋南北朝，至唐开始衰变，宋以后退出历史舞台。历代典籍中所计《异物志》有：

杨孚《异物志》，东汉杨孚撰，一卷。《隋书·经籍志》《旧唐书·经籍志》《新唐书·艺文志》史部地理类著录，已佚。其书主要记载交州一带的物产和风俗。朱应《扶南异物志》，三国吴朱应撰，一卷。朱应，三国吴时为宣化从事，与中郎将康泰奉命"南宣国化"，出使了扶南、林邑及南洋诸国，回来后写了《扶南异物志》一书，叙述其经历，介绍了扶南、林邑、西南大沙洲（今南洋群岛），及天竺、大秦等国的物产与地理知识。一同出使的康泰也著有《吴时外国传》一书，介绍其所见所闻，亦佚。万震《南州异物志》，三国吴万震撰。一卷。万震，吴时曾为丹阳太守。其书所记，并不限于海南诸国，于西方大秦等国亦多有涉及。书中所记如乌浒、扶南、斯调、林阳、典逊、无论、师汉、扈利、察牢、类人等国的地理风俗物产，多为前代史书所阙，有很高的史料价值。

沈莹《临海水土异物志》，三国吴沈莹撰，一卷。沈莹，三国吴亦为丹阳太守。书中所记多为南部沿海地区物产风俗，像鱼类、鸟类、树木等动植物。谯周《异物志》，三国蜀谯周撰。不见史志著录，卷目不详。已佚。谯周，字允南，魏晋之际的著名学者。其所撰《异物志》，《史记集解》引作《巴蜀异物志》。此外还有晋续咸《异物志》、宋膺《异物志》、《凉州异物志》，陈祈畅《异物志》等，均佚。

薛珝《荆扬以南异物志》，三国吴薛珝撰。史志未载，卷目不详。薛珝，薛综之子，三国吴为选曹尚书，光禄勋，入晋后拜散骑常侍。其事见《三国志·吴书·薛综传》。薛综曾官合浦、交趾等地太守，薛莹随父常居岭南，对南方各地的物产风俗都相当熟悉，故有此书。《史记·司马相如列传·索隐》引作《荆扬巳物志》，引云：“扬梅其实外肉著核，熟时正赤，味甘酸。”《文选·吴都赋注》引《荆扬巴南异物志》云：“余甘如梅李，核有刺，初食之味苦，后口中更甜。高凉建安皆有之。”张澍在其所辑《凉州异物志》之《序》中说：“《一切经音义》引薛珝《异物志》，《隋志》作薛翊。”

敦煌佛经音义引薛珝《异物志》本文仅找到1条，Φ.230，分析如下：

> 鲻鱼，薛珝《异物志》云：镭鲻有横骨在鼻前，状如斧斤，江东呼斧斤为镭，故谓之镭鲻也。

鲻鱼，引用薛珝《异物志》对这种特殊的鱼作了详细注解，此鱼有状如斧斤的横骨，因此被称为金番鲻。

8.《四民月令》

崔寔，字子真，一名台，字元始。冀州安平人。东汉时期文学家。《四民月令》是其重要著作。是东汉后期叙述一年例行农事活动的专书，是崔寔模仿古时月令所著的农业著作，成书于2世纪中期，叙述田庄从正月直到十二月中的农业活动，对古时谷类、瓜菜的种植时令和栽种方法有所详述，亦有篇章介绍当时的纺绩、织染和酿造、制药等手工业。

四民，指士、农、工、商，此概念早于春秋时已出现；月令是一种文章体裁，现存《礼记》中有一篇《月令》，记述每年夏历十二个月的时令及政府执行的祭祀礼仪、职务、法令、禁令等，并把其归纳在五行相生的系统中。《四民月令》现存部分的文体与月令相似。共2371字，与狭义农业操作有关的共522字，占总字数的22%，再加上养蚕、纺绩、织染，以及食品加工和酿造等项合计也不到40%。其他如教育、处理社会关系、粜籴买卖、制药、冠子、纳妇和卫生等约占60%。

《隋书·经籍志》《旧唐书·经籍志》均有记载；宋朝初期，《太平御览》的仍有提及该书，但在《宋史·艺文志》已无相关记载，估计该书于北宋中期到南宋灭亡散失。敦煌佛经音义引《四民月令》我们仅找到1条，P.2901，分析如下：

秒粳，崔寔《四民月令》作炒。

秒粳，秒《四民月令》作炒，秒义为炒米，炒粳，即炒粳米。粳米富含蛋白质，营养丰富，对人体好处很多，古人也意识到这一功效，已开始对其进行加工食用。

敦煌佛经音义所引文献及条目见下表：

文献名称	敦煌佛经音义名称	所引条目	数量
《说文解字》	S.3469	号哭，经文作嘷，《说文》：嘷，咆也。 哽噎，噎，《说文》：噎，饭窒也。	2
	P.3095 背	咄善，《说文》：咄，相谓也。 创疱，《说文》：创，伤也。《说文》：疱，面生气也。 肴馔，《说文》：馔，具饮食也。 怅怏，《说文》：怏，心不服也。 唐损，《说文》：损，弃也。 怡悦，《说文》：怡，和也。 姝太，《说文》：姝，好也。色美。 璝异，又作傀，《说文》：傀，伟也。 溉灌，哥贲反，《说文》：溉，灌也。 诊之，《说文》：丈刃反，诊视之也。 哆噎，《说文》：哆，气悟（牾）也。 瘀疬，《说文》：水沃也。 劈裂，《说文》：劈，破也。 麒麟，《说文》：麕身牛尾，一角，头有肉。《说文》马文如綦文。 鞋衣，《说文》：鞋，窜毳饰也。 六簙，《说文》：局戏，六箸十二棊也。 胲，依字《说文》古才反，足大指也。 膈骨，《说文》：膈，腓肠也。字从肉，尚声。 髋骨，《说文》：髋髀上也。 视瞚，《说文》：瞚，目开閇数摇也。服虔云：目动曰眴也。 曰（因）的，《说文》：作旳。 欬逆，《说文》：欬，逆气也。 赧然，《说文》云：赧，面惭赤也。 挑其，《说文》：挑，抉也。 开剖，《说文》：剖，判也。 聪叡，《说文》：睿，深明也，通也。 挠大，《说文》：挠，扰也。 耽湎，《说文》：媅，乐也。 嗜也，《说文》：湎，沈于酒也。 瘜肉，《说文》：肉奇也。 矬人，《说文》：小肿也。 曰（因）鑽，《说文》：所以用穿物者也。 顾眄，《说文》邪视也。	34

续表

文献名称	敦煌佛经音义名称	所引条目	数量
	Φ.230	唐捐，《说文》云：唐，徒也。 谶记，《说文》：谶，验也。 怡悦，《说文》云：怡，和也。又喜也。 坌之，《说文》：坌，尘也。 连缀，《说文》曰：缀，合着也。 难冀，《说文》：觊，幸也。 餧飤，《说文》：飤，粮也。从人，仰食也，谓以食供设与人也，故字从食从人意也。 瓨器，《说文》：似罂，长颈，受十升也。 手抱，《说文》：作捊，捊或作抱，同，步交反，捊，引取也。 毳衣，《说文》：兽细毛也。 炉冶，《说文》：冶，销也。 赋给，《说文》：赋，敛也。 憩驾，《说文》作愒。 婚姻，今作昏，《说文》：妇家也。礼云：取妇以昏时入，故曰昏。 骏马，《说文》：骏，马之才良者也。 孚乳，《说文》：卵孚也。 和液，《说文》：液，津津润也。 遗烬，《说文》：火之余木也。 萱草，《说文》：蕿，香草也。 挠搅，《说文》：搅，乱也。 瑕疵，《说文》：疵，病也。 罐绠，《说文》：汲井绳也。 魍魉，《说文》：蝄蜽，从虫。 抟食，《说文》：抟，圜也。 麀狂，《说文》：狂，犬不可附也。 赖（赖）缔，《说文》：缔，结不解也。 车舆，《说文》：车，舆也。	28

续表

文献名称	敦煌佛经音义名称	所引条目	数量
	S.3538	龏疏，《说文》：房室曰疏。 呐其，《说文》:讷,认难也。 战,《说文》颤:谓调动不定也。 福煑,《说文》:以火乾肉曰儵。	4
	P.3734	督令,《说文》:督,察也。 觌铄,《说文》:暂见也。不定也。 系缚,《说文》:系,絜束也。 恳恻,《说文》:恻,痛也。 若铲,《说文》:一曰平铁也。 醹酒,《说文》:下酒也,一曰醇也。	6
	P.2901	甌裂,《说文》:擭,爪持。 垂胡,《说文》：牛颔垂下也。 滋味,《说文》：嗞,嗟也。 有翅,《说文》：翅,翼。 凌骋,《说文》:骋,轻也。慢也。 寶磺,《说文》:矿,铜金截(铁)璞。 铿然,《说文》:铿,坚也。 楜,《说文》：楜,棱也。 俛张,《说文》：作祷,同。 若侨,《说文》：侨,高也。 力勰,《说文》：勰,壮大。 练摩,《说文》：鍊,冶金也。 埠助,《说文》增也;厚也,补也。 订音,《说文》:订,平议也。 痼,《说文》:痼,病。 疗病,《说文》:作療,同,力照反。 敁庆,《说文》:敁敁,倾侧不安,不能久立。	40

续表

文献名称	敦煌佛经音义名称	所引条目	数量
	P.2901	粺哉，《说文》：糲一斛舂取九斗曰繫。 瞤动，《说文》：目摇动也。 剿勇，《说文》：作勦，同。 脂糜，《说文》：以米和羮也。 彤然，《说文》：丹饰。 稠概，《说文》：稠，多也。 轨地，《说文》：车辙。 祭醊，《说文》：醊，酹也。 礩，《说文》：礩，柱下石。 溺者，《说文》：小便也。 如甛，《说文》：甛，美也。 轰轰，《说文》：羣车声。 铜魁，《说文》：羮斗也。 银铛，《说文》：银铛，锁也。 晻忽，《说文》：晻，不明。 行走，《说文》：行示曰徇。 连摼，《说文》：作革见，皆一也。 鰥无，《说文》：鰥，无尾也。 飤此，《说文》：飤，粮也。 喟然，《说文》：大息，叹声。 米潘，《说文》：潘，淅米汁也。 罄竭，《说文》器中空也。 麦鬻，今作粥，《说文》：粥，糜。	
共计		114	

续表

文献名称	敦煌佛经音义名称	所引条目	数量
《尔雅》	P.3095 背	彗星，《尔疋》："彗星欃枪"，孙炎曰：妖星也。郭璞曰：亦谓之索（孛）。 怖遽，经文有作懅，书史所无。唯郭璞注《尔疋·释言》中"凌，懅也"。 爩烝，《尔疋》：爩，气也。李巡曰：爩，盛气也。 祠礼，《尔疋》："祭祀也"。舍人曰：祀，地祭。 怡悦，《尔雅》：怡，乐也。 怼恨，《尔疋》：怼，怨也。 麒麟，《尔雅》：白马黑唇曰骊，二形并非字义。 艾白，《尔雅》：云：艾，冰台。	8
	Ф.230	四衢，《尔雅》云：四达谓之衢。郭璞注曰：交道四出也。 间间，《尔雅》云：间，代也。 奎星，《尔雅》：降娄也。李巡曰：降娄，白虎宿也。 罪戾，《尔雅》：戾，罪也。 恃怙，《尔雅》：怙，恃也。 俌满，《尔雅》：佣，均也，齐等也。 赋给，《尔雅》：赋，量也。郭璞曰：赋税所以平量也。 憩驾，《尔雅》：憩，息也。 婚姻，《尔雅》：妇之父为昏也。 菅草，《尔雅》：菅，茅属也。 虎兕，《尔雅》：兕，似牛。郭璞曰：一角，青色，重千斤。	11
	P.2901	停憩，《尔疋》:憩，息也。 动他，《尔疋》:摇、动，作也。 串修，《尔疋》:串，习也。舍人曰:串，心之习也。 俟，《尔疋》:俟，待。 仇憾，《尔疋》:仇、雠，匹也。 轨地，《尔雅》:轨，迹也。 罄竭，《尔疋》:罄，尽也。 虫豸，《尔疋》:有足曰虫，无足曰豸。	8
共计		27	

续表

文献名称	敦煌佛经音义名称	所引条目	数量
	P.3095 背	怡悦，《方言》：怡，喜也。 姝太，《方言》：赵魏燕代之间谓好为姝。 瓌异，又作傀，《方言》：傀，盛也。 蟠龙，蒲寒反，《方言》：未升天龙谓之蟠龙。 颔骨，《方言》：颔，颐也。郭璞云：颔，车也，南楚之外谓之外晋谓之颔颐，今亦通语耳。 赦然，《方言》：赦，块（愧）也。 瘜肉，《方言》：作膔，同，思力反。 顾眄，《方言》：自关而西秦晋之间曰眄。	
	Φ.230	六簙，《方言》云：博或谓之箕，或谓之曲道，吴楚之间或谓之箭，或谓之簙。 赋给，《方言》：赋，动也。 孚乳，《方言》：鸡伏卵而未孚。 甘锅，《方言》：秦云土釜也。 罐绠，《方言》：韩、魏之间谓之绠。 炜烨，《方言》：炜烨，盛儿也。 户关，《方言》：关东谓之键，关西谓之关。 福爨，《方言》：爘，火乾也。 督令，《方言》：督，理也。	17
	P.3734	督令，《方言》：督，理也。	1
	P.2901	炒粳，《方言》：熬、煎，火干也。 炉锅，《方言》：秦地土釜也。 老爹，《方言》：爹、父、长，老也。 一觞，《方言》：盏，杯也。 祭饋，《方言》：饋，馈也。 餬口，《方言》：寄食也。 腜美，《方言》：腜，重也，东齐之间谓之腜。 捃拾，《方言》：捃，取也。	8
共计		26	
《三苍》 《苍颉篇》	P.3095 背	滞下，《三苍》：下病也。 怅怏，于亮反，《苍颉篇》：怏，怼也。 诊之，《三苍》：诊，候也。 恕己，《苍颉篇》：恕，如也。 综习，《三苍》：综，理经也。 鞲衣，《三苍》：而用反。 拍毬，郭璞注《三苍》云：毛丸可蹹戏者曰鞠。	13

续表

文献名称	敦煌佛经音义名称	所引条目	数量
		开剖，《苍颉篇》：剖，析也。 瘜肉，《三苍》：恶肉也。 虫胆，《三苍》：胆，蝇乳肉中虫也。 疮痍，《三苍》：痍，伤也。 生涎，《三苍》：作涎，小儿唾也。 道检，居俨反，《苍颉篇》：检，法度也。	
	Ф.230	诊之，《三苍》：云：诊，候也。 综习，《三苍》：云：综，理经也。 坐此，《苍颉篇》：坐，辜也。 迴复，《三苍》：作洄，水转也。 驶河，《三苍》：古文使字，《苍颉篇》：驶，疾也。字从史。 毵衣，尺锐反，《三苍》：羊细毛也。 云表，《三苍》：表，外也。 炉冶，《三苍》：冶，销铄也。 奁底，《苍颉篇》：盛镜器名也。 憩驾，《苍颉篇》：作愒，同，却厉反。 孚乳，《苍颉篇》：乳，字也，字养也，谓养子也。 得衷，《苍颉篇》：别内外之辞也。 嘲调，《苍颉篇》：云：嘲，调也。谓相调戏也。 婬佚，《苍颉篇》：佚，惕也。 垝弥，《三苍》：音佰（低），下音迷。 霈蚴，《三苍》：霈，渍也。 炜烨，《三苍》：光华也。 抟食，《三苍》：抟饭也。 蚩诼，《苍颉篇》：蚩，轻侮也。 欼乳，《三苍》云：欼，吮也。	20
	P.3734	若铲，《苍颉篇》：削平也。	1
	P.2901	停憩，《苍颉篇》：作愒，同。 涎洟，《三苍》：鼻液也。 不橜，《苍颉篇》：云平。 如篅，《苍颉篇》：作圌，同，市缘反。 米乍哉，《三苍注》云：繄，精米也。 苦橐，《苍颉篇》：云囊之无底者也。 米潘，《苍颉篇》：泔汁也。	
共计		41	

续表

文献名称	敦煌佛经音义名称	所引条目	数量
《释名》	S.3469	号哭，《释名》云：以其善恶呼名之也。 晨朝，《释名》云：晨，伸也，言其清旦日光复伸见也。	2
	P.3095 背	月蚀，《释名》云：日月食曰蚀。 彗星，《释名》云："彗星，星光稍稍似慧（彗）也。"《释名》云："言其□似扫慧（彗）也。" 滞下，《释名》：下重而赤白曰滞。 毹毲，《释名》云：施之大床前小榻上，所以登上床者。 柱牌，《释名》：牌，卑也，在下称也。 颔骨，《释名》云：正名辅车，言其骨姿态。	11
	Φ.230	四衢，《释名》曰：齐鲁谓四齿杷为欋，以欋杷地，即有四处，此道似之，曰（因）以为名。 圊厕，《释名》云：或曰清，言至秽之处宜修治使洁清也。 谶记，《释名》：谶，纤也，其义纤微而有效验也。 骹音，《释名》云：瞥，目眠眠然目平和如鼓皮也。	4
	P.3734	楼纂，《释名》：矛下头曰鐏也。 圊内，《释名》：言至秽。	2
	P.2901	步摇，《释名》云：上有垂珠，步即摇动。	1
共计		20	
《诗经》 《韩诗》	S.3469	哽噎，噎，《诗》云：中心如噎，传曰：忧不能息也。 战掉，掉，摇也。《诗》云：忧心惕惕，是也。 曰（因）的，《诗》云：彼发有的，传曰：的，射质也。	3
	Φ.230	恃怙，《韩诗》云：无父何怙，怙，赖也；无母何恃，恃，负也。 苟能，《韩诗》：苟，得也。 菅草，《诗传》曰：白华，野菅也。 挠搅，《诗》云：祇搅我心，是也。 线塼，《毛诗》：载弄之瓦，注云纺塼也。《诗》中作专。	5

续表

文献名称	敦煌佛经音义名称	所引条目	数量
	P.3734	酾酒,《诗》云："酾酒有藇",传曰:以筐曰酾。	1
	P.2901	羁縶,《诗传》曰:縶,绊。	1
共计		10	
《论语》	P.3095 背	轻躁,《论语》曰:言未及而言谓之躁。温故,《论语》:温故而知新。何晏曰:温,寻也。	2
共计		2	
《周易》	S.3469	震动,之刃反,《周易》:震,动也。	1
	P.3095 背	月蚀,神�995反,《周易》云:月盈即蚀。 轻躁,《周易》震为躁。郑玄曰:谓不安静也。	2
共计		3	
《周礼》《礼记》	S.3469	卜筮,《礼记》:龟为卜,蓍为筮,卜筮者所以决嫌疑,定犹豫,故疑即筮之。	1
	P.3095 背	祠礼,《礼记》:王为群姓立七祀,诸侯五祀,大夫三祀,士二祀,庶人一祀,或灶。郑玄曰:此非大神所祈大事者,小神居民间、伺小过、作谴告者也。 卜筮,《礼记》:龟为卜,蓍为筮。 箭中,《礼记》:射中即得为诸侯,不中不得为诸侯是也。	3
	Φ.230	不登,《周礼》:以岁时登。郑玄曰:登,成也。 庭燎,《周礼》:供坟烛庭燎。郑玄曰:坟,大也,树于门外曰大烛,于内曰庭燎。 温故,《礼记》郑玄注云:后时习之谓之温。 贾客,《周礼》商贾郑玄曰:行曰商,处曰贾。	4
	P.2901	榹架,《礼记》:男女不同榹架。	1
共计		9	
《左传》《公羊传》	S.3469	号哭,胡刀反,《左传》:豺狼所嗥,是也。 震动,之刃反,《公羊传》曰:地震者何? 地动也。 麒麟,《公羊传》:麒麟,仁兽也。 疮痍,《左传》曰:生伤于头。	4

续表

文献名称	敦煌佛经音义名称	所引条目	数量
	Φ.230	得衷，《左传》：楚僻我衷。杜预曰：衷，正也。	1
	P.3734	酒芳《左传》：定王享之，肴烝。杜预曰：烝，生也。	1
共计			6
《史记》《汉书》	S.3469	月蚀，《汉书》云："日月薄蚀。"韦昭曰："气往迫之曰薄。"	1
	P.3095 背	厮下，《汉书》："厮舆之卒"，张晏曰："厮，微也。"韦昭曰："析薪曰厮，炊烹曰养。" 掷石，案《汉书》，甘延寿投石拔距，张晏注云：飞石重十二斤，为机发，行三百步。延寿有力，能以手投之也。 往讨，《汉书音义》曰：讨，除。	3
	Φ.230	迴复，《宣帝纪》：作潎，迴水也。深也。 罪戾，《汉书》：有功无其意曰戾，有其功有意曰罪。	2
	P.2901	我曹，《史记》十余曹备之，如淳曰：曹，辈也。	1
共计		7	
《广雅》	S.3469	战掉，《广雅》：掉，振动也。	1
	P.3095 背	厮下，《广疋》：厮谓命使也。 怖遽，《广雅》：遽，畏惧也。 著后，《广疋》：著，补也。亦立也。 璝异，又作傀，《广雅》：傀伟，奇玩也。 痳疬，力金反，《广疋》：淋，渍也。 不御，鱼据反，《广疋》：御，使也。 蟠龙，蒲寒反，《广疋》：蟠，曲也。蟠，委也。 劈裂，《广疋》：劈，裂也。 脱能，吐活反，《广雅》：脱，可也。 髭衣，《广雅》：髭，屭也。 楚挞，《广雅》：挞，击也。 背偻，《广雅》：偻，曲也。 聪叡，《广雅》：睿，智也。 矬人，《广雅》：矬，短也。 赋给，《广雅》：赋，税也	15

续表

文献名称	敦煌佛经音义名称	所引条目	数量
	Ф.230	茹菜，上攘举反，《广雅》云：茹，食也。 髡树，上口昆反，《广雅》云：髡，截也。 圊厕，《广雅》：圊、图、屏，厕也。 黐胶，《广雅》：黐，黏也。 我适，《广雅》：适也，谓适近也，始也。 苟能，《广雅》：苟，诚也；苟，且也。 孚乳，《广雅》：孚，生也。 和液，《广雅》：酒、滋，液也。 刖足，《广雅》：刖，危也。 榛木，《广雅》云：木丛生曰榛，草丛生曰薄。	10
	P.3734	恳恻，《广雅》：恻，非（悲）也。 圊内，《广雅》：圊、图、屏，厕也。	2
	S.3538	虿剌，《广雅》：虿、蚔，蝎也。 襲疏，《广雅》：房，襲，舍也。	2
	P.2901	矛穳，《广疋》谓之钊。钊，小矛也。 仍仍，《广疋》云：仍，重也，因也。 不檠，《广疋》：杚，摩也。 鹿肺，《广疋》：聚，居也。 奸宄，《广雅》：宄，盗。 㥆湮湮，《广疋》：㥆，剥也。 所瀹，《广雅》曰：瀹，汤也。 碻陈，《广雅》曰：碻谓坚鞭牢固。 蠡，《广疋》：鲜，好也。 连鮈，《广疋》：鮈，束也。 脾美，《广疋》：脾，至也。 擗口，《广疋》：擗，分也。	12
共计		42	
《字林》	S.3469	战掉，《字林》：掉，摇也。	1
	P.3095 背	彗星，《字林》：囚芮反。 咄善，《字林》：丁兀反。 滞下，《字林》：同，竹世反，滞，赤利也。 怼恨，《字林》：同，丈涙反。 僧坊，《字林》：坊，别屋也。 拍毱，《字林》：巨六反。 欵逆，《字林》云：欬，癥也。 虫胆，《字林》：千余反。 生涎，《字林》：慕欲口液。	9

续表

文献名称	敦煌佛经音义名称	所引条目	数量
	Φ.230	圊厕，《字林》：七情反。 锋芒，《字林》：禾秒也。 孚乳，《字林》：匹于反。 嘲调，《字林》：欺调也。 瑕疵，《字林》：才雌反。 芦菔，《字林》：力何反，下蒲北反，似菘紫花者谓之芦菔。 剜身，《字林》：剜，削也。 蚩咲，《字林》：笑，喜也，字从竹从夭声，竹为乐器，君子乐然后笑。 户关，《字林》：书僮笘也。	9
	P.2901	若侨，《字林》：寄客为寓，作寓字。 开妶，《字林》：妶，开也，辟也。 祭餟，《字林》：以酒沃地祭也。 枥，《字林》：押其指也。	4
共计		23	
《字书》	P.3095 背	厮下，《字书》：厮，役也。 咄善，《字书》：咄，叱也。	2
	Φ.230	黐胶，《字书》:木胶也，谓黏物者也。 菅草，《字书》：与蕳字同，蕳，兰也。 明彭，《字书》：作冚，同，口角反，吴会间音口木反，卵外坚也。 魍魉，《字书》：从鬼，同。	4
	P.3734	督令，《字书》：令作督，同，都木反。 酾酒，《字书》：作酾芈，同。	2
	P.2901	哂然，《字书》：作吲。 寶磺，《字书》：作矿。 允毛，《字书》：落毛也。 轰轰，今作车匀，《字书》：作軥。 老瞎，《字书》：一目合也。 饦施，《字书》：饦，饷也。	6
共计		14	

续表

文献名称	敦煌佛经 音义名称	所引条目	数量
《声类》	S.3469	哽噎，哽，噎也。《声类》云：哽，食骨留嗌中也。 诊之，《声类》：诊，验也。 恕己，《声类》：以心度物曰恕。 痲疬，力金反，《声类》：痲，小便数也。 诊之，《声类》：诊，验也。	5
	Φ.230	餧飤，《声类》：飤，哺也。	1
	P.2901	晴阴（阴），《声类》：雨止曰晴。 剸割，《声类》：剸，同，之兖反。 祭餕，《声类》：作酸，同。	3
共计		9	
《通俗文》	P.3095 背	哕噎，《通俗文》：气逆曰哕。 欠㰦，又作呿，《通俗文》:张口运气谓之㰦。 氍毹，《通俗文》：织毛蓐曰　毹，细者谓之毾。 背偻，《通俗文》：曲脊谓之伛偻。 虫胆，《通俗文》：肉中虫谓之胆。 疮痍，《通俗文》：体疮曰痍，头疮曰疡。 矬人，《通俗文》：侏儒曰矬。 船舫，《通俗文》：连舟曰舫，併两舟也。 哕噎，《通俗文》云：气逆曰哕。 欠呿，《通俗文》云：张口运气也。	10
	Φ.230	坌之，《通俗文》：磤土曰坌。 手掊，《通俗文》：作掊，蒲交反，手把曰掊。 哮吼，《通俗文》：虎声谓之哮唬。 孚乳，《通俗文》：卵化曰孚。音匹付反。 罗耗，《通俗文》：毛饰曰耗。 魍魎，《通俗文》：木石怪谓之魍魉，言木石之精也。 齘啮，《通俗文》：齿尧唻曰齘。 欨乳，《通俗文》：含吸曰嗽。	8

续表

文献名称	敦煌佛经音义名称	所引条目	数量
	P.3734	恳恻，《通俗文》：至诚曰恳。	1
	P.2901	嗽，《通俗文》：合吸曰歃。 所瀹，《通俗文》：以汤爇物曰瀹。 腴叶，《通俗文》：枘，再生也。 侹直，《通俗文》：平直曰侹。 咤，《通俗文》：痛惜曰咤也。 楣焘，《通俗文》：合心曰楣。 枥，《通俗文》：考囚具谓之枥鄂 鞠颊，字亦作趣。《通俗文》：体不申谓之趣。	9
共计		28	
《字诂》	P.3095 背	泩（疌）子，姊枼反，案《字诂》交疌。	1
《列子》	P.3095 背	视瞳，《列子》同，尸闰反。	1
《小尔雅》	P.3095 背	赧然，《小尔雅》：云：面愧曰赧。 敷在，《小尔雅》：颁、赋、敷，布也。	2
	P.3734	督令，《小雅》：督，正也。注云：谓御正之也。 亟立，《小雅》：亟，数也。	2
共计		4	
《国语》	P.3095 背	耽湎，《国语》云：耽，嗜也。	1
《廿世本》	P.3095 背	曰（因）燧，《廿世本》曰：造火者燧人。	1
《诏定古文官书》	P.3095 背	曰（因）桴，案《诏定古文官书》枹、桴二字同体，扶鸠反。	1
《楚辞》	Φ.230	为曜，王逸注《楚辞》云：有菜曰羹，无菜曰曜。	1
《盐铁论》	Φ.230	坐此，《盐铁论》曰：什伍相连，亲戚相坐，若引根本，而及花叶，伤小指而累四体。	1
《列女传》	Φ.230	駃騠，骏马也。《列女传》曰：生三日超其母，是也。	1
《韵集》	Φ.230	醑烦，案《韵集》：音古孝反，酒醑也，	1
《尚书》	Φ.230	得衷，《尚书》：衷，善也。	1

续表

文献名称	敦煌佛经音义名称	所引条目	数量
《白虎通》	Φ.230	贾客，《白虎通》曰：贾之言固也，固其物待民来以求其利者也。	1
《异物志》	Φ.230	鮨鱼，薛珝《异物志》云：鐇鮨有横骨在鼻前，状如斧斤，江东呼斧斤为鐇，故谓之鐇鮨也。	1
《篆文》	Φ.230	户关，《篆文》云：关西以书篇为书籲。 梱奂，《篆文》云：木未判为梱。 开披，《篆文》云：破，折也。 不阗，《篆文》云：意足曰煤。	4
《淮南子》	P.3734	负捷，《淮南子》曰：捷载粟米而生。	1
	P.2901	甌裂，《淮南子》曰：兽穷即攫。	1
《四民月令》	P.2901	炒粳,崔寔《四民月令》作炒。	1
《字苑》	P.2901	膄叶，《字苑》：膄，柔脆也。	1
《诰幼文》	P.2901	连鉤，《诰幼文》作革乞，皆一也。	1
《文字集略》	P.2901	鞙撅，宜作抉，建言反，《文字集略》云：撅，樗蒲，采名。	1
《字样》	P.3971	呋勾，正作句也。《字樣》雲無著厶者。	1
《玉篇》	北 8722（李39）	覒示，正作覩也，上方經作覩；又《玉篇》音現。嵚辭，上卑吉反，經意是必，必，審也，誠也，寶也，又音佛，佛，理也；並正作謈也。應和尚以勇字替之，餘腫反，非也。又《玉篇》音蠍	2
《埤苍》	P.3095 背	髋骨，《埤苍》：臗，尻也。	1
	Φ.230	哮吼，《埤苍》：哮吓，大怒声也。 磁石,《埤苍》:磁，石也。	2
	P.2901	礭陈，《埤苍》：作塙，又作碻，同。 连鉤,《埤苍》：围系也。 饩施,《埤苍》：饩,馈也。	3
共计		6	

结 语

　　本书通过对敦煌佛经音义从众经音义、单经音义和音注单经三个方面的整理和叙录，尤其是对部分单经音义和音注单经的搜集整理，逐步举例论证敦煌佛经音义在语音、词汇、文字、训诂四个方面的特色，以及在辞书编纂和文献整理方面的学术价值。同时通过对敦煌佛经音义的整理及其语言学价值研究，探讨音义所体现的语言从上古向中古转变过程的特色和规律，其语音体系与归属，词汇分类与词义转变，文字形体演变与划分，训诂方法与术语论证，都既可追溯到传世语言源头，又带有鲜明西北方音特色。敦煌佛经音义所包含的部分特殊字词对《汉语大词典》《汉语大字典》的修订提供有益补充。此外，为注解字词敦煌佛经音义选用很多古代典籍来证明其读音和意思，其中包括后代已散佚的文献；对古代文献整理，尤其是对失佚文献辑佚提供重要佐证。通过研究，我们得到以下结论：

　　第一，敦煌佛经音义的语音系统不同于传世的《切韵》《广韵》等韵书所代表的中原方音，即中原雅言（当时的读书音）。但因为受到中原雅言读书音的影响，其部分体现了中原雅言的特色。经我们考察统计其部分字词的反切上下字发现，敦煌佛经音义所代表的语音系统与玄应《众经音义》的语音系统相符，属长安方音。通过对部分字词反切上下字的系联，找出其在声母、韵母、声调方面的特色。同时，我们发现敦煌佛经音义所代表的语音系统在归属长安语音系统的同时，又带有部分西北方音特色，是研究唐五代西北方音的重要参考资料，对此问题本文结合罗常培先生《唐五代西北方音》作了简单论述。

第二，随着语言从上古向中古的发展，对词汇的分类也越来越科学。《五经正义》将词汇分为实字和虚字，即实词和虚词。实词之下又将词汇分为静字和动字，包括名词、动词、形容词、拟声词等。我们依据《五经正义》对词类的划分，对敦煌佛经音义中实词进行了梳理与分析，对部分词语意思进行了文献论证，探索其词源及语义流传演变。通过这一过程，我们发现敦煌佛经音义词汇也具备中古词汇分类与词义演变特色与规律。

第三，敦煌佛经音义由于历时和共时的原因，形成了许多异体字、古今字、俗体字、和经文。异体字由两个或两个以上音、义完全相同的字词组成，敦煌佛经音义所含异体字除来自人们的长期使用和译经师的个人语言习惯外，其他的主要来自引用的古籍。敦煌佛经音义异体字主要以"某与某同"形式出现，属一般意义异体字，经过历时和共时沉淀，得到广泛运用。此外还有"亦作、或作、又作、有作"等表示的异体字，此类异体字多来自传统典籍或佛典，多属临时用法，不具有固定性，仅在一时一地使用。古今字是个相对概念，敦煌佛经音义通常用"古文""今文"和"古作""今作"来表示古今字。掌握异体字和古今字，有助于更好的研究敦煌佛经音义的校勘价值。

俗字是敦煌佛经音义收录较多的一种文字体系，主要来源于人们的约定俗成，如有意识地使用别字，久而久之就成了俗字。俗字是相对正字存在，敦煌佛经音义中正体字通常用正字、正作、宜作表示，俗体字一般用俗体、俗作表示。同时，需要说明的是，亦作、又作、有作类异体字和部分古今字也是俗体字的两个重要来源。

此外，佛经音义中还有数目众多的来自佛典的文字，我们统称为经文。这类字体主要应用于佛教典籍，在佛经传抄过程中因传抄者佛教造诣、知识水平与书写习惯的不同而产生，或用于一部经典，或用于多部经典，兼具一般性、固定性与偶然性、不稳定性。敦煌佛经音义中此类文字数目众多，共计92个，分别来自借音、借字、梵语等。同时，音义对经文用字作了评判，指出非字义、非字体的不合乎规范者。

第四，敦煌佛经音义不仅是语音、文字、词汇的集大成之作，也是训诂学的重要著作，其中所使用的训诂方法和训诂术语，尤其是训诂术语种类繁多，本文对此逐一作了统计，发现敦煌佛经音义共使用训诂术语4类23种，包括传统小学训诂术语与佛经音义独特术语两大类。对佛经音义独特术语如因以为名等作了重点分析，对其来源、用法及与传统术语不同之处做了探讨，这对于研究中古时期训诂学的发展情况具有重要参考价值。

第五，为更明晰地注解字词，敦煌佛经音义引用众多唐以前典籍来说明字音、注释词义，《说文解字》最多，《礼记·月令》等最少。文献涵盖经史子集诸部，有流传后世影响现今的《诗》《易》《史记》《汉书》，也有在魏晋流传较广但后世逐渐失传的《声类》《韵集》《月令》《异物志》。这些典籍敦煌佛经音义有大量引用，对注释字词、阐释其语义源流有很大帮助。同时，对失佚文献的引用有利于保存其条目，使我们可以管中窥豹，探究其原本，对文献保存与辑佚助益颇大。

同时，由于敦煌佛经音义文献众多，内容驳杂，且涉及学科面广，研究难度大，对其研究尚不够深入和全面，具体表现为：

第一，对敦煌佛经音义的整体研究不够深入，尤其对具体例字、例词的考证不够详尽。本文对敦煌佛经音义从语音、文字、训诂、文献等角度作了综合研究，由于这些问题前辈学人已有涉及，本人学艺有限，想要在他们的基础上有所突破比较困难，故只能就前人论述较少的部分展开，有所突破，但难免深度不够。同时由于研究内容属唐五代，此时期语言处于从上古向中古的转型期，还未最终成型，故对部分概念的把握不能做到十分确定，尚有不少需要商榷之处。

第二，未对发现的部分单经音义和音注单经做校勘考证。这点本来是书稿的一个组成部分，但由于这一问题涉及内容多、难度较大，需要长期研究，只好留待以后继续进行。

第三，曾设想对敦煌佛经音义和译经关系论证未涉及。由于语言文化学属交叉学科，需要语言学、佛教学、翻译学及历史学、文化学等多学科知识的综合，要求敦煌佛经音义与唐五代敦煌的佛教信仰之间联系紧密，音义原典在官修和民奉方面受欢迎程度较高。比对敦煌佛经音义与其原典的对应关系，我们发现，原典在敦煌乃至中原地区信众多，受欢迎程度高，音义数目就多，反之亦然。这点对于考证敦煌佛经音义的历史文化学价值具有重要意义，也是我们研究敦煌佛经音义重要组成部分。这两项属社会历史范畴，故打算在他书呈现以上内容。

附录1：敦煌佛经音义资料辑录

（据黄永武先生《索引》和敦煌音义原卷，参考张涌泉先生《敦煌经部文献合集》第十、十一册，及张金泉先生《敦煌佛经音义写卷述要》）

1.敦煌秘籍留真新编

《一切经音义》唐释玄应撰，同北图2901号

2.敦煌秘籍留真目录 卷下

《一切经音义》（P.2901号）

3.斯坦因劫经录

S.508　贤护所问经音

S.1179 S.1180　金光明最胜王经卷第九　（后附 氅、痰、瘰、豸瞿）

S.1220　胜天王般若波罗蜜经卷第五

S.13442　论鸠摩罗什通韵

S.1974　金光明最胜王经卷第一（后附湿、区等字字音）

S.2020　大方等大集经贤护分观察之余　（后附火、江等字字音）

S.2040　金光明最胜王经卷第七　（后附頮等字字音）

S.2142　（背）大宝积经难字

S.2166　金光明最胜王经卷第五　（后附字音）

S.2178　金光明最胜王经卷第三　（后附字音）

S.2258　贤护菩萨所问经卷第五　（后附骏、剃等字字音）

S.2289 S.2297　金光明最胜王经　（后附字音）

S.2425　诸星母陀罗尼经（沙门法成於甘州修多寺译，后附字音）

S.2453　金光明最胜王经　　（后附字音）

S.2464　唐梵番飞对音般若波罗蜜多心经

S.2522　金光明最胜王经卷第六　（后附字音）

S.2560　大方等大積经贤护分思维品第一　（后附字音）

S.2746　金光明最胜王经卷第一　（后附字音）

S.2759　诸星母陀罗尼经（沙门法成於甘州修多寺译，后附字音）

S.2765　金光明经卷四　（后附字音）

S.2804　金光明最胜王经卷第七　（后附字音）

S.2821　大般涅槃经音　（各字注音，有直音、反切……）

S.2827　诸星母陀罗尼经（沙门法成於甘州修多寺译，后附字音）

S.2881　金光明最胜王经音第三　（后附字音）

S.2891　金光明最胜王经第二（后附字音）

S.2934　金光明最胜王经卷第一　（后附字音）

S.2983　金光明最胜王经音第九　（后附字音）

S.3059　金光明最胜王经第三　　（后附字音）

S.3146　金光明最胜王经第七　　（后附字音）

S.3366　大般涅槃经音

S.3381　金光明最胜王经卷第二　（附字音）

S.3454　金光明最胜王经卷第一　（附字音）

S.3469　经音义 （拟）

S.3534　佛说千眼千臂观世音菩萨陀罗尼经卷下

S.3538　佛经音义上、中、下卷

S.3538　背一切经音义第一袟检对

S.3539　大宝积经第一袟略出字

S.3553　字词切音

S.3570　佛说大乘入楞伽经

S.3635　佛说佛顶尊生陀罗尼经

S.3774　金光明最胜王经卷第四 （后附字音）

S.3870　金光明最胜王经卷第八 （后附字音）

S.4089　诸星母陀罗尼经一卷 （后附字音）

S.4151　诸星母陀罗尼 （后附字音）

S.4170　金光明最胜王经卷第六 （后附字音）

S.4268　金光明最胜王经卷第一 （后附字音）

S.4621　诸星母陀罗尼经一卷 （后附字音）

S.4986　金光明最胜王经卷七 （后附字音）

S.5010　诸星母陀罗尼经 （后附字音）

S.5106　诸星母陀罗尼经一卷 （后附字音）

S.5136　金光明最胜王经卷三 （附字音）

S.5170　金光明最胜王经 （附字音）

S.5190　金光明最胜王经第七 （附字音）

S.5239　金光明最胜王经第六 （附字音）

S.5284　金光明最胜王经第十 （附字音）

S.5301　大宝積经一百三 （附字音）

S.5345　诸星母陀罗尼　　　（附字音）

S.5386　金光明最胜王经卷一　（附字音）

S.5508　藏经音义随函录

S.ee 5560　　一切经音义

S.5586　十一面观自在菩萨摩诃萨咒

S.5859　一切经音义欠数

S.6367　诸星母陀罗尼　　　（附字音）

S.6371　金光明最胜王经第十　（附字音）

S.6386 S.6414　金光明最胜王经第八（附字音）

S.6389 S.6390　金光明最胜王经第十 第十四　（附字音）

S.6416　金光明最胜王经第九　（附字音）

S.6432　金光明最胜王经第八　（附字音）

S.6437　金光明最胜王经第五　（附字音）

S.6466　金光明最胜王经第二　（附字音）

S.6566　金光明最胜王经第七　（附字音）

S.6625　金光明最胜王经第九　（附字音）

S.6674 S.6677　金光明最胜王经第十　　（附字音）

S.66913　大佛顶如来密因修证了义诸菩萨万行首楞严经音

S.66914　金光明最胜王经第一　（附字音）

S.6746　诸星母陀罗尼经一卷　（附字音）

S.6798　金光明最胜王经第七　（附字音）

S.6874　金光明最胜王经第六　（附字音）

S.6914　金光明最胜王经第二　（附字音）

S.6931　金光明最胜王经第三　（附字音）

4.伯希和劫经录

P.2160　魔诃摩耶经卷上

P.2271　一切经音义残节

P.2322　普贤所行行愿菩萨赞

P.2333　金光明最胜王经（残卷，中有一段，所载药名，均用梵音记出）

P.2778　汉字音译陀罗尼经（附梵文）

P.2901　残佛经音义（背为残佛书）

P.2948　佛经音义（两面抄）

P.3017　1、金字大宝经内略出交错伤损字数

　　　　2、金字大宝积经目（共四纸，每目两纸）

P.3025　大般涅槃经音义

P.3095　（背）一切经音义

P.3406　妙法莲华经难字音

P.3429　佛经音义残卷

P.3548　诸星母陀罗尼经一卷（全）（沙门法成於甘州修多寺译）

P.3651　佛经音义（残无题）

P.3660　大宝积经内梵音名词（背有太平兴国四年曹延禄牒）

P.3734　一切经音义（存廿八行）（在优婆塞五戒威仪经舍利弗问经等经内）

P.3823　大宝积经难字（小册子）

P.3916　不空羂索神咒心经

P.3920　佛说救拔焰口恶鬼陀罗尼经

P.3971　仁王护国般若波罗蜜经音（七行）

P.4057　2、大藏随函广释经音序（残）

P.4857　诸星母陀罗尼经一卷（全）（沙门法成於甘州修多寺译）

P.4752　佛本行集经（三藏法师阇那崛多译）

5.敦煌遗书散录

李氏鉴藏敦煌写本目录

0245　佛经音义（背有太平兴国字）

6.俄藏敦煌文献

Φ.230　一切经音义

I520　ⅡX-I267　一切经音义（溇嘍嶁傻）I

Dx.330　大方等大集经难字

Dx.256、583　一切经音义

Dx.11563　一切经音义

Dx.18974、18976、18977、18981（上、中、下）、19007、19010、19027、19033、19052　大方广佛华严经音

7.北图所藏

北临631　一切经音义点检录

北234、北235、津艺235　贤护所问经音

北8722　藏经音义随函录

北3481　大般若波罗蜜多难字音

附录2：其他佛经音义

1.S.3538

S.3538，定名为《经音义上中下卷》，后改为《佛经音义上中下卷》。有说明："书名缺，尚可看出其卷次，但每卷亦只有音义数条。"收释佛经有《等集众德三昧经》上中卷、《集一切福德经》中卷、《广博严净不退转轮经》第二卷，《佛说阿惟越致遮经》上中下卷、《胜思惟梵天所问经》第六卷。周祖谟先生认为此卷系玄应《一切经音义》第七卷，我们认同其说。词目顶格书写，注文换行空一至三格，注文字体与词目同，较接近玄应音义的本来面目。背面为玄应《一切经音义》的抄经录，其第七卷下标"了""王"二字，"了"表示抄经结束，"王"应为抄经者的姓氏，据此可推断，正面音义应为王氏抄经者在此次抄经活动中所誊抄。①

（上缺）也。经文作赐赉，非字体也。或作俫，非也。

邀迭，又作徼，同，舌古薨反，又于遥反，邀，要也，呼召

---

① 张涌泉：《敦煌经部文献合集》第十册，北京：中华书局，2008年，第4919—4921页。

也，亦求也。下徒结反，更代也。

中卷

播殖，又作诸（譒）、番支二形，同，补佐反，播种也。经文作番，非也。

集一切福德经中卷

薑蜇，他达反，下勒达反，《广雅》：蚤、蜇、螫、蚔，蝎也。经文作蛆蜥，非字体也。蚔音巨宜反。

广博严净不退转轮经第二卷

蹎蹶，又作庀、沑二形，同，丁贤反，下居月反，蹎蹶犹顿仆也。音蒲北反。

佛说阿惟越致遮经上卷

廱疏，力公反，《广雅》：房，廱，舍也。《说文》房室曰疏。疏亦窗。

中卷

呐其，又作讷，同，奴骨反，讷，迟钝也。《说文》：讷，认难也。

战又頁，字体作颤，又作战，同，之见反；下又作疾，同，有富反，《说文》颤又頁，谓调动不定也。经文作痏，音于轨反，疮也，痏非今用。

下卷

福熹，古文憯、阺二形，又作炽，同，扶逼反，《方言》：憯，火乾也。《说文》：曰憯。经文作煏，逼古及（反），火行也，煏非此义。

胜思惟梵天所问经第六卷

多轶，徒结反。摩玗，竹皆反。摩惧，求俱反。楞离，勒于反。

2.P.3734

P.3734，前后残缺，定名为《一切经音义》，内容为玄应《一切经音义》第十六卷《优婆塞五戒威仪经》《舍利佛问经》《戒消灾经》的音义。每条词目与注文字体相同，提行顶格书写，注文换行低一格接抄。①

优婆塞五戒威仪经

楼纂，子管反，锡杖下头铁也。字应作鐕，子乱反，关中名鐕，江南名鐏，鐏音在困反，《释名》：予（矛）下头曰鐏也。

三括，古夺反，括，结束也，括犹锁缚之也。此字应误，宜作摇，以招反，摇动也。

舍利弗问经

督令，《字书》令（今）作督，同，都木反，《小雅》：督，正也。注云：谓御正之也。《方言》：督，理也。《说文》：督，察也。

飙焰，又作包风，同，比遥反，谓暴风也。字从猋从风，猋从犬，非火也。

亟立，墟记反，《小雅》：亟，数也。数音所角反。

觊铄，又作暥，同，式冉反，《说文》：暂见也。不定也。下舒若反，铄，光明也。

---

① 张涌泉：《敦煌经部文献合集》第十册，北京：中华书局，2008年，第4928—4929页。

系缚，古文系、继二形，同，古帝反，《说文》：系，絜束也。系亦连缀也。

慊至，苦萆（簟）反，慊慊，言垴也，亦慊快也。骨力，音苦没反。

恳恻，古文混阑，同，口很反，《通俗文》：至诚曰（恳）恳。恳，信也，亦坚忍也。下古文，同，楚力反，《广雅》：恻，非（悲）也。《说文》：恻，痛也。

若铲，叉觅反，《说文》：一曰平铁也。《苍颉篇》：削平也。

圊内，七情反，《广雅》：圊、圂、屏，厕也。《释名》：言至秽。

釃酒，《字书》作釃苹，同，所宜、所解二反，《说文》：下酒也，一曰醇也。《诗》云"釃酒有藇"，传曰：以筐曰釃。

酒芎，之承反，《左传》：定王享之，肴烝。杜预曰：烝，生也。亦蒉箷之实也，亦进也。

负捷，力展反，《淮南子》曰：捷载粟米而生。许叔（督）重曰：捷，担之也。今皆作輂。

3. Dx.11563

Dx.11563，内容为玄应《一切经音义》第十九卷《佛本行集经》卷九音义，注解与传世本大致相同。存15行，每行上、下部均有残缺。每条词目与注文字体相同，提行顶格书写，注文换行低半格接抄。[①]

---

① 张涌泉：《敦煌经部文献合集》第十册，北京：中华书局，2008年，第4932—4933页。

（上缺）

□□□□□作鞬（德）□□□□□□□反

□□□□□反，《说文》齿参差也。轧□□□□

□□□□□牛俱二反，《说文》齿（不）□□□□□□（也）。

谓齿（不齐）平者□□□□

□□□（志）反，《广雅》：哎耗，屭也。□□□□

踯躅，又作蹢，同，丈亦反，下又作岖□□□□《字林》驻足不

进也。《广雅》：踯岖□□□□

不觌，亭历反，《尔雅》：觌、觌，见□□□□

□□□□反，《通俗文》：面（釁）□□□□□□

□□□□□□□谓不

□□□（责）反一□□□□□□□□□

4. P.2901

P.2901，首尾残缺，存112行，前五行及末行有残缺。拟题为《残佛经音义》或《佛经音义》，后经张金泉、徐建平二先生《敦煌音义汇考》和张金泉《P.2901佛经音义写卷考》比勘分析，确定本卷为玄应《一切经音义》摘抄，故定名为《一切经音义摘抄》。一度被认为是"反映当时唐代音读的注音文献"，"是当时读书人按当时语言念书的音义词典。"[1]"是为了方便阅读某本佛经所做的字形、音义的卷子。"[2]

本卷词条均摘自玄应《一切经音义》，共计335条，收录佛经106种。

---

[1] 竺家宁：《巴黎所藏P.2901敦煌卷子反切研究》，台湾彰化师范大学，"第十六届全国声韵学学术研讨会"论文集，1996年。

[2] 叶键得：《巴黎所藏P.2901敦煌卷子反切问题再探》，台北：《台北市立师范学院学报》，1999年总第30期，第241—251页。

其中卷五"线""剑刿""鹿郪""慷慨""一郎""笼罩"六条宋、元、明玄应《一切经音义》藏本均未见，而《金藏》和《高丽藏》本有，故张涌泉先生判断其所据玄应《一切经音义》系比传世本更完整的足本。

本卷所释词条选抄自玄应《一切经音义》，词条下列有异体别字，注解内容亦有节略，留存的部分大多与辨析字形有关，释义较为简洁，原书较繁重的引文亦常被删去，避唐讳。①

□□□也。□□，□□□計反，目病也。□□□子□□□閏反。聾瞶，古文額、瞶二形，今作額，又□□□生聾曰瞶。□□□膌非經義。衰耄，字體作瘥，同，所龜反，衰□□□□（僅）□（半），古文勎、麀二形，同，渠鎮反，僅，劣也；僅猶纔也。琗饌，□□□（又作籑），同，士卷反。眩惑，古文婡、迥二形同，侯遍反。（斲齜）□□斤反；下又作齚、□□形，同，五各反。閭又作梱，門限也。宣古文愃，同。毆裂宜作攫，九縛、居碧二反，《説文》：攫，爪持。《淮南子》曰獸窮即攫，是也。軛□□杌，同，於革反。

瓌異，又作傀、瓌，同，古回反。禦，古文敔，同。跛蹇，又作尬，同，補我反。怡懌，古文嬑，同翼之反。監領，古文瞽，同，公衫反。輨轄，上古緩反，下又作牽、鎋，二同，謂軸頭鐵。焦悴，古文瘁同，其季反。

炒粳，古文鬻、熬、烹、爢四形，今作韜。崔寔《四民月令》

① 张涌泉：《敦煌经部文献合集》第十册，北京：中华书局，2008年，第4939—4953页。

作炒，古文奇字作㷅，同，初狡反，《方言》：熬、煎，火幹也。慎微，古文慈，今作警，並同也。嘲，又作啁，同。蜎飛，或作翾，同，呼全反。燂，或作燖，古文燅，今作焠，並同，詳廉反，以湯去毛也。嗽，又作㰤，同，山角反，㰤，吮也。經文作嗽，俗字也。刀砧，又作椹、碪二形，同，豬金反，鈇砧也。

矛䂨，上又作矟，同，莫侯反。下千乱反，《廣疋》謂之鋋。鋋，小矛也。仏仍，又作訪、礽，二同，而陵反，《廣疋》云：仍，重也，因也。塵曀，古文壇，同，於計反。陂澤，上筆皮反，下匹莫反，大池也，山東名澤，幽州名澱，音殿，經文從水泊，借音，非體也。

毛㲲，布莽反，毛布也。經文作㲧，非也。呞食，又作齝、齛，同，牛曰齝。鐵柴，今作唊，又作觜，同，子累反，《方言》：觜，鳥喙。窠，又作料，同，苦和反。垂胡，又作頡、咽二形，同，戶孤反，《說文》牛領垂下也。經文作壺，非體。斤斸，下古文斲，同，竹角反。鞴囊，上或作橐，同，皮拜反。

爐鍋，字體作鬲，又作，同，古和反。《方言》秦地土釜也。停憇，又作愒，《蒼頡篇》作憩，同，墟例反，《尔疋》：憩，息也。羈縶，又作羇，同，豬立反，《詩傳》曰：縶，絆。亦拘執也。坑穽，古文阱、㡱，二同，才性反。掩襲，古文戩、褶，二同，辝立反，掩其不備曰襲。嘶，又作𠻝，同，先奚反。貪惏，或作婪，今亦作婪，同，力南反，愛財愛食也。

胃脬，普交反，盛尿者。經文作胞，裏也，非此用。洟洟，古文鮇，同，勑計反，《三蒼》鼻液也。自目曰涕，自鼻曰洟。滋味，古文孶、嗞二形，同，子夷反，滋，溢也，閏也。經文從口作嗤，《説文》：嗤，嗟也。有翅，古文翄、翄二形，同，施豉反，《説文》：翅，翼。適，商、這二形同。凌傷，上力繒反，侵凌也。下或作敭，今作易，同，以豉反，《説文》：傷，輕也。慢也。恐懅，又作遽，同，遽，畏懼也，亦急也。匳底，今作籨，同，力占反，盛鏡器盦，方底者。茵蓐，又作鞇，同，於人反，車中席。

我曹，又作儕，同，自勞反，《史記》十餘曹備之，如淳曰：曹，輩也。痱瘟，又作痱，同，蒲罪反；下力罪反，痱瘟，小腫。今取其義。梗澀，上哥杏反，梗，強也。澀，又作濇，所立反，謂不滑。雜糅，古文粗、糫，二同，女救反。謙恪，古文愙，同，苦各反，恪，恭、敬也。

垓劫，古文畡、姟二形，今作姟，同，古才反。履襪，古文韈，或作帓、袜二形，同，无發反，足衣也。蜚，共飛同，古字也。恢，又作㤥，同，苦迴反，恢亦大也。

須懯，天音帝，亦作須滯天、須瘹天，亦言善見天，亦作須嚏天，經文從無從足作舞，音讀作武，非。瘟天，烏合反。詭，又作恑，同，居毀反，恑，變詐也。

昆弟，又作晜，同，孤魂反。

尼垣，又作泤、洹、坦三形，同，直鐖反。三愆，古文諐、遧二形，今作愆，同，去連反，《説文》：過也，失也。猜焉，古文臘，同，今作锦，並同麁來反，猜，疑也。

被弶，渠向反，施以取禽獸。栽梓，古文檄、梓二形，今作蘗，同，五割反，梓，餘也，言木栽生。蜫虫，古文蚰，同，古魂反。綺繢，又作繢，同，胡憒反。口噤，古文唫，同，渠飲反。資稸，又作蓄，同，蓄，積、聚也。芳羞，古文作膟，同，私由反，雜味為羞。羞，熟也。仇匹，古文逑，同，渠牛反，謂相匹偶也。訥，古文作呐，同，奴骨反，訥，蹬。關闟，古文作鑰，同。饕餮，古文叨、飻二形，同炯，他高反。下又作飻，同，他結反。

寶礦，古文石卝，《字書》作礦，同，孤猛反，《說文》：礦，銅鐵璞。經從金作鈖，非。膺，又作臏，同，於凝反，膺，匈也，乳上骨。原隰，又作閣，同也。疏蘇，又作壺形，同，力周反。

躓，古文蹴、躓二形，今作疐，同，豬吏反。好拂，拂，拭、除塵也。

經文作垁、佛二形，非也。都較，古文木霍同，古學反，明也，亦比挍也。和詑，字又作諺，同，醜嫁反。

噴灑，又作歕，同，普悶反，經文從水作潰，音扶云反，水名也，潰非此義。薦臻，作洊，同，在見反。簷《字書》作櫩，同，以占反，謂屋梠也。齰楊，又作醋，同，仕白反，齰，齧也。經文作咋，莊白反，咋咋聲也，咋非此義。老叜，又作叟、傁二形，同，蘇走反，《方言》：叜、父、長，老也。詵林，又作駪、莘、莘三形，同，使陳反，傳曰：詵詵，眾多也。如餉，餉，遺也。或作饟，饋餉也。懊憹，今皆作恢，同，奴道反，懊憹，憂痛也。瞢憒，上莫崩、下公內反，瞢，不明；憒，亂也。營衛，又作瑩，二形同，役瓊反。

鏗然，又作摼、鏗二形，同，口耕反，《說文》：鏗，堅也。

俟古，文竢、𨑰、三形，同，事幾反，俟猶待也。

棚閣，蒲萌反，連閣曰棚。經文作閛，普耕反，門聲，閛非此義。嬈固，乃了反，下又作志，同，古護反，諸經有作劷，或作劷，音並同。哂然，《字書》作吲，或作欨，同，式忍反，齒本作呞，大笑即齒本見。踵，又作腫，同，之勇反。柧，古胡反，《説文》：柧，棱也。經文作觚，器名，非義也。俙張，《説文》作诔，同，竹流反，俙張，誑惑也。肺腴，上又作胇，同，敷穢反，下庾俱反，腴，腹下肥也。經作俞、腧，非。蛕虫，又作蚘，同，胡魁反，腹中虫也。

蹶，又作蹎、趌，同，丁賢反；下居月反；蹎蹶猶頓僕。虹，古文玒，同音。刖足，古文跀、趴二形，同。禍酷，古文倍、譽、焙三形，同，都篤反。

犇馳，古文驫，今作奔，並同。

儩，或作覷，同音。

動他，古文連，同，徒董反，《尒疋》：搖、動，作也。經文從言作謹，非也。若僑，渠消反，《説文》：僑，高也。《字林》寄客爲寓，作寓字。寓，寄也。

妖態，佚、妖、劮同，與一反；下又作能，同，他代反。

不揬，古文杚，同，公礙、公內二反，杚，量也。《廣疋》：杚，摩也。《蒼頡篇》云平。

災禍，又作栽、災、扸三形，同，式才反，天火曰災。萬歧，又作支阝、枝二形，同，巨宜反，謂道有支分者。

洞清，古文衕、迵二形，同，徒貢反，洞猶通也。經文從口作峒，非也。

禺徹，古文芮、禺二形，同，今作炳，同，碧皿反。晴陰，又作暒、姓二形，同，《聲類》雨止曰晴。

線，古文綫，今綫，同，私賤反。劍刎，古文歾，同，亡粉反。

鹿鄹，古文駏、郚二形，今作聚，同，才句反，《廣疋》：
聚，居也。慷慨，正作忼慨，同，古莽反，下苦代反，忼慨，大
息，不得志者。

一醆，又作盞、琖、酸三形，同，側限反，《方言》：盞，杯
也。

籠罩，羃、羃、菿三形，今作罩，同，陟挍反，捕魚籠。

風齲，又作牙禹，同，丘禹反。

尒炎，正字作焰，以贍反，梵言也，此云所知。

陽燧，古文作鐩、燧，今作燧，並同。

怵惕，又作愁，同也。

開闢，又作闢，同，于陂反，《字林》：闢，開也，辟也。經文
作闞，非。韶古文瞽，同，視招反。

力贔，古文夑、赑、奰三形，今作勡，同，皮冀反，《説文》：
贔，壯大。

播殖，又作譒、敽、匊，三同，補佐反。

箭笴，工旱反，箭莖也。

攘袂，而羊反，揎袖出臂曰攘袂。掐傷，枯狹反，又作剞，口
洽反，爪按曰掐，剞，入也。鄙褻，古文結、媟、瞽、渫四形，
同，思列反，褻，鄙陋也，黷也。中嚏，又作疐，同，丁計反，
噴鼻也。

彌彰，又作暲，同。練摩，古文鍊、涷、練三形，今作湅，
同，力見反，《説文》：鍊，冶金也。下古文劘、攡二形，同，莫
羅反，謂堅柔相摩。以楔，又作椾，同，先結反。

峻峭，又作陗，或作，峻阪曰陗。埤助，或作韠，同，避移

反，《説文》增也；厚也，補也。

悲惻，又作憿，同，楚力反。振給，古文玽，同，諸胤反。

舌哑，又作涎、次、㳄三形，同，似延反，口□□（液也）。

評曰，皮命反，謂量議也。《字書》：評，訂也。訂音徒頂反。《説文》：訂，平議也。操杖，作捔，同，錯勞反，操，把持也。駁色，補角反，□□（斑）駁，色不□□（純也）。□□（作屣），古文鞭二形，同，所綺、所解二反，《説文》：屣，鞻屬也；鞻，韋履也。都奚反。俾倪，又作僻倪，女牆也，言於孔中俾倪非常事。

策，古文册、筴、曹三形，同，楚革反，策，馬撾。曑方，楚力反，謂正方。串修，古文摜、遺，又作慣，同，古患反，《尔疋》：串，習也。舍人曰：串，心之習也。豪犛，又毫，下古文犛二形，今皆作氂，同，力之反，今皆作厘，理也，古字通用。

羽寶，宜作葆，又作羽包，同，補道反，謂合集五色羽名爲羽葆也。頤嗽，古文㗫，又作唻，同，子盍反，下山角反，《通俗文》合吸曰欶。瘡痍，古文戗、冮，今作創，同，楚良反，下羊之反，體瘡，曰痍，頭瘡曰瘍。奸宄，古文宠、二形，同，居美反，《廣雅》：宄，盗。俟，古文竢、涘、竾三形，同，事幾反，《尔疋》：俟，待。纼，又作紖、緣，同，直忍反，謂牛鼻繩。燔燒，又作膰，扶袁反。罝古文羅、罬，二同，子邪反。刬，又作鏟，同，初眼反。不革，古文愅、譁，三同，古核反，謂改。企望，古文𧿒，同，祛豉反。䕡豆，又作藋、穮二形，同，勒刀反，野豆謂之䕡豆，形如大豆而小，色黄，野生引蔓。如筰，側格反，筰猶壓也，今筰出汁。

漉，或作㳁，同，力木反。劇谭，上音皮，下又作沸，同，子

礼反，《廣疋》：劌，剝也。㴾，漉也，謂搦出汁也。所淪，又作
燖、汋二形，同，史灼反，《通俗文》：以湯煑物曰淪。《廣雅》
曰：淪，湯也。謂湯內出之。江東呼淪爲煠。煠音助甲反。人捦，
又作鈙、摲，二同，巨金反，捦，急持也。捶撻，又作箠，下古文
莌，同，他達反，捶，撻擊。䛠話，籀文作譮，古文作譮，同，胡
快反，話，詑言也。誇衒，古文眩、衒（中爲言），同，胡麪、公
縣二反。狎惡，古文，同，胡甲反，狎，習也，近也。

饑，古文作飢，又作饑，同。如篿，《蒼頡篇》作圖，同，市
緣反。堤，古文埞，同，都奚反。痼，又作痞，同，古護反，久病
也。《説文》：痼，病。療病，《説文》作瘝，同，力照反。典刑，
又作敠，同，丁嬝反。礭陳，《埤蒼》作塙，又作搞，同，苦學
反，《廣雅》曰：礭謂堅鞭牢固。

抱卵，字體作菢，又作勺，同，蒲冒反，雞伏卵謂之菢。

不眴，瞬、瞚同，尸閏反，目開閉數搖。

鮭，胡寡反，鮮明也，又物精不雜爲鮭。

軟中，正體作奭，而兗反，奭，柔弱。彌離車，或作彌庚車，
皆訛也。正言蔑庚車，謂邊夷無所知者。爲嫉，古文倿、悑，同，
自栗反，嫉，妬也。

敧庂，又作崎，同，丘知反，不正也。《説文》敧綜，傾側不
安，不能久立。吹篪，又作龠虒、笹，同，除離反，樂器。

泅水，古文汙，同，似由反，江南謂拍浮泅。

哉，字宜作䊩，𥼮，二同，子各反，《説文》：米萬一斛舂取
九鬥曰𥼮。《三蒼注》云：𥼮，精米也。江南亦謂臼市米爲𥼮。糲
音賴。論文作𥻳，非體。酬酢又作酧，又誧，主客酬酢。

瞤動，古文眴，同，而倫反，《説文》目搖動也。

劋勇，《説文》作勫，同，助交反，中國多言勦，勦音薑權反。

羆鉤，丁盍反，《字書》：羆，著也。經文作搭，非也。

騙鱜，上士洽、下魚洽反，馬面鱜，謂俳戲人也。經文作口夾嗋，上古協、下許及反，非此用。腜葉，又作枘，同，乃困反，《字菀》：腜，柔脆也。《通俗文》：枘，再生也。又作嫩，近字也。虀醤，又作韲，同，子奚反，淹韭曰韲。切細為虀，全物為菹。筋陡，又作筋，同，居殷反，下都口反，謂便捷輕捷也。恀迖，又作悟、仟，同，吾故反，經文作悮，非也。毷落，他臥反，《字書》落毛也。經文作毟，近字，兩通。戀嫪，盧報反，嫪，姻也。脂糎，古文餯、糌、餬，同，今作糝，同，桑感反，《説文》以米和羹也。燒炳，今作炳，同，而悦反。白氎，古文氉，同，徒煩反，毛布也。彤然，古文赨、蚒，徒宗反，《説文》丹飾。汗水，古文潭，同，桑故反，逆流而上曰汗。舊草，又作蕾、茜，同，千見反。牢韌，又作肕。羸瘵，古文癀、瘝、賸，同，才亦反。香互阝，丁禮反，互阝，舍也。滑稽，古沒、胡刮二反，下古奚反，滑稽猶俳諧，取滑利之義。斫燹，匹蔦反。

勇喆，古文嘉，今作哲，同，知列反。扷之，古文搢，同，亡粉反，扷，拭也。

仇憾，古文述，同，渠牛反，下胡闇反，《尒疋》：仇、儺，匹也。怨耦曰仇。

軌地，古文衑、迶二形，同，居美反，《廣雅》：軌，跡也。《説文》車轍。財賄，古文賵，同，呼罪反。

穳矛，古文鎵，今作穳，同，麁亂反，小矛也。矛或作鏵，同，莫侯反，經作鋑、樏二形，又作年。暖鳥又作鴅，同，鳥諫反。埋羅，古文亜、二形，今作垔，同，於仁反，帝釋象王名。經中或名埋那婆那，或言伊羅缽多羅，此譯雲香葉，身長九由旬，高三由旬，其形相稱也。埋烏賢反。舓手古文舓、舓，今作猞，又作舓，同，食而反，以舌取食。經末作唔，舓，未見所出。稠概，古文薉，同，居置反，《說文》：稠，多也。概亦稠也。晏然，經文從門作，非也。虓呴，又作唬，同，呼交反，師子鳴，從虎，九聲。侹直，古文頲，同，勑頂反，《通俗文》：平直曰侹，經文作艇，非也。頻伽，毗人反，經文作蹟、嚜，檢無所出。

剒割，《聲類》剬同，之克反，《說文》：剒，斷首也。亦截。祭餟，古文掇，《聲類》作酨，同，豬芮反，《說文》：餟，酹也。音力外反。《字林》以酒沃地祭也。《方言》：餟，餽也。拳攭，又作捲，同，渠員反，下又作扠，同，勑佳反，猶手挃也。磉，棗，桑朗反，《說文》：磉，柱下石。即柱礎。經文作鏁，誤也。兩鏚，又作獲，同，子孔反。剫，古文劤、鉻，同，力各反，去節曰剫。經文作落，非。地肥，劫初地脂也。經文作膃，非體。摽榜，摽從片，經文從木作榜，非也。，砥砥又作錄，同，力頻反，瓦破聲曰砥。《說文》蹈瓦聲躒躒也。經文作甍，誤也。荼帝，徒加反，經文或作嗏、嚓二形，非體。

五刻，古文剐，同，苦得反，刻，削也。經文作頬，非。盪缽，古文潒，又作蕩，同，盪，滌灑器。一函，胡緘反，經作刍，音陷，坑也，非此義。顫脢古文膻，又作軃，同，之繕反。下古文仝尤，今作疣，同，尤富反，四支寒。經作擾，非。溺者，字體作屌，《説文》小便也。經文作溺，古者多假借耳。攢箭，古文攢，同，徂丸反，攢，聚也。從木。金扉，音非，經文作，誤。如咶，又作餂，同，《説文》：咶，美也。經作酣，非。搆牛，古候反，謂搆捋取乳。經文作牿，古觸字，誤。氣劣，古文肬、炁二形，同。誦習，經文作讻，醜俠反，言不止也，非此義。纂修，古文，同，子卵反，或作續，繼也。綺語，語不正也。經文作誇，非體。

並饜，人名也，相承音飽，未詳所出。案古文餥、䭫二形，今作飽，飽猶滿也。此應厭字誤作也。饜音於焰反。歎吒，古文歎二形，同，他旦反；吒又作嗟，同，竹嫁反，《通俗文》：痛惜曰吒也。轟轟，今作軯，《字書》作軯，同，呼萌反，《説文》羣車聲。企望，古文跂、䟟，二同，舉跟曰踉。隊隊，古文隦，同，徒對反，言羣隊相隨逐。凍瘵，古文瘵，同，寒瘡也。穴泉，古文泫，同，絕緣飯，水自出爲泉。經中作湶，非體。

歃食，口咸反，謂歃啄而食也。經文有作貪，或誤作龕，皆非。榾薧，古文鯤，同，胡昆反，《通俗文》：合心曰榾。《篆文》云：木未判爲榾。經中作渾濁之渾，非此義。湢湢，思人、史及二反。毗紐，女九反，經文作，非也。

畐塞，普遍反，畐，滿也。經文作逼，誤也。襤褸，經文作藍縷，非體也。銅魁，苦回反，《説文》羹鬥也。經文銅、擱作二形，非體。老瞎，又作瞎，同，《字書》一目合也。

椸架，古文椴、椸，今作箷，同，餘支反，《礼記》：男女不同椸架。鄭玄曰：竿謂之椸，可架衣。不嚏，丁計反，噴鼻也。經文作嚏，非也。訛，古文譌、吪、吪三形，同，五戈反。

櫪槲，力的反，下桑奚反，《通俗文》：考囚具謂之櫪槲。

《字林》押其指也。臠臠，力轉反，肉臠也。經文作腱腱，非。步搖，《釋名》云：上有垂珠，步即搖動。經文作瑤，非也。餬口，又作鈷，同，《方言》寄食也。

鋃鐺，力黨、都唐反，《説文》：鋃鐺，鎖也。經文作狼，非。嗚噈，子六、子合二反，《聲類》噈亦嗚也。諄那，古文訰，同，之閏反。

曰䔢，正體作麩，古文作麱。

草蓌，又作菅二形同也。遍徇，又作，同，辝遵反，徇，循也；亦巡行也。行走宣令曰徇。《説文》：行示曰徇。字從彳。鱻，又作鮮，同，思錢反，《廣疋》：鮮，好也。亦善也。名戚，古文恿，今作勇，同。晻忽，古文陪，今暗，同，於感反，《説文》：晻，不明。苦橐，古文囩，同，撻各反，《蒼頡篇》云囊之無底者也。不嫫，莫奴反，醜者也。即嫫母是。

連絜，呼結反，《廣疋》：絜，束也。《埤蒼》：圍系也。言急束也。《説文》作覞，《誥幼文》作乾，皆一也。屈無，衢物反，《説文》：屈，無尾也。屈，短也。

腆美，古文作費，同，他典反，《方言》：腆，重也，東齊之間謂之腆。《廣疋》：腆，至也。腆，厚也，善也。

傅飾，方務反，傅猶塗附也。傅藥、傅粉皆是。餼施，古文槩，同，虛氣反，以牲曰餼，餼猶稟給也。《埤蒼》：餼，饋也。《字書》：餼，餉也。俱譚或作具譚，經多云瞿曇，皆是梵言輕重也。

靰鞅，五更反，下胡浪反，成壞身中風名。

開披，正字作破，同，普彼反，《纂文》云：破，折也。披猶分也。經文作擺，補買反，手擊也，擺非此義。

擗口，補格反，《廣疋》：擗，分也。謂手擗開也。經文作拍，非也。飤此，囚恣反，《説文》：飤，糧也。謂以食供設人曰飤。經文作飴，借音耳。

羅轒，扶分反，字比丘羅轒。經文從貴作韇，非也。

陵遲，古文作、夌，同，力蒸反。

米潘，敷袁反，《蒼頡篇》泔汁也。《説文》：潘，淅米汁也。江北名泔，江南名潘。經文作米番，非也。

陷，古文錎，同。

不慊，又作，同，於驗反，意滿也。《纂文》云：意足曰煠。是也。

物儩，又作澌，同，悉漬反，物空盡曰儩也。

喟然，又作嘳，《説文》：大息，歎聲。罄竭，古文窒，同，可定反，《説文》器中空也。《尔疋》：罄，盡也。經文罄，樂器名。捃拾，又作攈，同，居運反，《方言》：捃，取也。

闐闐，又作嗔（填），同，徒堅反。

掔，苦田反，與牽同，引也，挽也。

釪土竇，案字義亦作於窴，音徒見反，今作于闐，國名。

涕泗，自鼻出曰泗，自目出曰涕。

虫豸，直尔反，《尔疋》：有足曰虫，無足曰豸。

鞠頞，渠六反，案鞠謂聚斂也。字亦作趜。《通俗文》：體不申謂之趜。

麥鬻，又作粥，今作粥，同，之六反，《説文》：粥，糜。

梟磔，不孝鳥也。冬至日捕梟磔之。經文作捽，誤也。磔音竹格反。

　　開拓，古文片斤，今作拆，同，他各反，拓亦開也。

　　胞罠，補交反，下武貧反，大臣名也。經文作火氏，非也。

　　鞭撤，宜作塘，建言反，《文字集略》云：塘，樗蒲，采名。下居月反。

　　阿遾，籀文作遾，古文作㙯，今作速，並同。

　　弪伏，又作㑵，同，亡尒反，弪，止也，亦安也。

　　帶鞼，又作鞍，同，火見反，著腋者。

　　（羅剾）吒國，上古文作糾、斜，二同，他口反；剾烏溝反。

辥訣古穴反，死別曰訣。

　　吟哦，又作謌，牛金反；下吾哥反，江南謂諷詠爲吟哦。

　　草秸，又作稭、鞂，同，公八反□□。□（跟）劈，古文派、派（月旁）□□□。　（哯出）古文□□

5. S.3539

S.3539《大宝积经略出字》，共三行，第一行题"大宝积经第一帙略出字"，共摘抄《大宝积经》难字27个，分别出自《大宝积经》第一卷至第十八卷。《大宝积经》共一百二十卷，由唐菩提流志译。按照佛经写本每十卷为一帙的惯例，《大宝积经》共为十二帙，则此间抄本实为经书第一、二帙难字摘抄，故张涌泉先生将其拟题为《大宝积经略出字》，本文引用。"略出"为佛典习语，意为"节取"，"略出字"即"从经文中节取之字。"①

---

① 张涌泉：《敦煌经部文献合集》第十册，北京：中华书局，2008年，第5064—5065页。

《大宝积经》第一袟略出字　靁。趾。畋。毹。鎞（希）。
訑。镭。觚。綩綖。鏻。慌。謵。牒。赭。葳。鐏。潼。
沃。耀。欣。赈。煥。苹。　　（原文抄写至此止）

6.S.2142背

S.2142背，《大宝积经难字》。共37行，每行抄写难字17个左右。
首行题"《大宝积经》第一袟"字样。摘抄难字除个别出处待考外，其
余均源于唐菩提流志《大宝积经》。除小部分顺序杂乱者外，其余所列
难字均按经文先后顺序摘抄。张涌泉先生将该卷拟题为《大宝积经难
字》，本文引用。①

《大宝积经》第一袟　囊橐。励。暎。豫。担。瀑。蔽。
玩。槁。镭。胝。霓。攘。幡。疟。炬。捺。鸡。溪。
旅。鹬。赊。啮。橐。邸。钩锁。兆垓。忻。罍。訑。
骏。恢。淫。祴。裹。呻。盅。辞。瘳。完。姝。寐。
叩。拊。鐥。里。杳。粗。蹇。俳。訑。愦。觚。谊。
稍。滑。鰊。柎。阆。铿。歇。麤犷。胥。腨。颈。绀。
敏。虫。

弟二袟　淳。淑。釭。耗。麦弋。赭。裸。葳。牒。
弊。芜。构。潼。糜。缦。鐥。跳。馔。恪。璜。操。
整。娆。胞。蠲。聘。剖。苞。罍。綩綖。涎。适。倚。
鄙。炜晔。膳。顾。酌。窃。逊。掷。梱。匦。犇。伪。

① 张涌泉《敦煌经部文献合集》第十，北京：中华书局，2008年，第5068—5071页。

庠。详。媢。欣。鰊。俦。忻。蒸。赈。屣。呗。摧。煐。癫。缓。拖。彀。啸。娇。焰。瑳。浚。激。濯。滨。馥。苹。珥珰。蹈。阶。摽。擐。丛。瞬。茵。挚。顾。躁。泄。痰。剡。砾。沟。偃。繻惰。祚。低。鳗轭。垣墙。悚栗。衮。雉。沼。整。萦。映。亮。艉。裔。翩。驱。枨鲍。衔。鳖。瓴。椽。捅。挑。备。讵。攒。摇。燧。论。炷。茵。燎。魁脍。罥。

怡。臃。厍。胜。腭。暖。膜。整。憺。耆。鞔。猄。株杌。涉。娆。梯橙。蹶。暴。纯。掉。抡。牦。沤。混。懺（帜）。烬。迮。逃。厉。侮。径。摈。謇。蹬。黩。鹂。捷。墠。栽。

諠哗。叡。锐。键。昵。囵囤。球。桎梏。辟。鄙。刖。矫。纡。戚。誉。讥。贬。皓。纺。线。缕。荫。癫。痈疖。淡。挺。灼。埴。坏。敦。贮。繻惰。駞驼。剉。笮。弊。脆。抑。寱甏。颈。僻。奸。旅。頳。嶷。缭戾。伛。俯。欻。蜫。愤。稍。抗拒。勍。骁。挫。臧贼。璅。齿尧。谑。稚。恬。蓥。煐。窣。堵。僚。陷。掩。王肖。屏。膏。冤。墟。

瘀泥。腥。迭。陏。嘶。熀。啮。剜握。昂。去欠。噍。踈。憘。敛。采。蝇。挟。訾。笼。纽。邃。鞞。盐。岚。胆。肪。腋。腰。跨。足専。踝。蒸。暖。胞。稠。餔。窍。胀。瞩。窍。瓠。纴。骋。秔。糠檜。嘿。效。讯。挍。冢。床榻。蜈蚣。蚊纁。蝥。捣。戮。恕。诺。蹇。掐。险隘。崄。诡。缦。软。佷。储。傧。

钝。坠。谤。剧。赢。睐。抒。倮。股。恤。猨猴。杀。

餐。雉。筒。扰。诱诳。腐。腘突。钩。蹴。铺。瑑胶。

颣。擗。快。领。萎。劲。踯躅。嘲哗。赇。滴。

谪。雌。混。照。扣。综。殒。

羁。敛。腐。络。蚕。霾。蜃。瘩。厘。髀。坠。

棓。块。遽。握。綄緽。眴。

7. Dx.330

Dx.330《大方等大集经难字》，文书前抄有隋僧就所编《大方等大集经》第十二卷经文，并有《大集经廿四》《般涅槃经第八卷》标题。随后抄难字四行，字与字之间接抄不分。后为《沙弥十诫法并威仪一卷》前九行，后又为佛经难字六十八行，难字中间穿插佛经经文。除两字有注音外，其余难字均未注音，每字下有两三字的空格，可能系留待注音之用。前四行难字据考证为《大般涅槃经》第二、三、七、八卷，故定名为《大般涅槃经第一袟难字》。后六十八行因书写草率，且又夹杂佛经经文，故推断其为唐五代某个等级较低的僧人初读《大方等大集经》时随手摘录而成。因难字中含有武周新字，推断该僧人使用的是武周时版本。①

大集经廿四

廿五 荔。鬃。潮。藕。稀。踈。兹。滋。

廿六 霆。探。拱。谋。叛。砏跰。师。

---

① 张涌泉：《敦煌经部文献合集》第十册，北京：中华书局，2008年，第5106—5109页。

廿七　鹰。沉（沈）。

廿八　切。脂。熬。逊。麦孚。话。夭。瀑。舒（奸）。蟷。浇。沟渎。葵菜。

卅二　揍。

卅三　瘠。蝗。玩。暖。屑。麦并。朣。粥。夒。涎。宇。廊。檩。材。枨。骸。

卅五　昂。髌。赝。糜。倘。轸。些。摸。拓。纽。暄。暖。蟹。憨。锐。疹。亢。傲。奎。炒。粳。昵。参。

卅六　槁。骨力。桁。械。缤。蜎。絓。党。肤。捧。女宾。贺。羁。匙。奇皮。

卅七　吃。洛。剻。贮。铙。烁。砧。握。屠。脸。

卅八　憻。篁。

卅九　石卟。妓。箱。鏗。狡。妖。箫。竽。胆。倭。逢。翻。茫。钺。

卌　翠。蔚。蟊。薀。

卌三　缲。

卌四　综。沓。枭。黠九严反。鼬。萌。儚。哆。庐。沾。佗丑加反。醇。饐。魝。

卌五　菠。徒。

卌六　馀。仚。抓。瞳。雌。鄘。莛。搔。黔。嚼。把。诣。潦。

卌七　区。姜。嵩。翱。奈。堀。赊。跕。嬒。

卌九　剐。缨。

五十　稜。　零。　渊。

五十一　抵。　突。

五十二　所。　摁。　斟。　督。　赋。　樏。　恍。　霖。　滓。
况。　抓。　把。　酱。　蠩。　　（底卷抄写至此止）

8.津藝34、S.2020、S.508、北234（冬45）、北235（珍66）、S.2258

津藝34、S.2020、S.508、北234（冬45）、北235（珍66）、S.2258，
《贤护菩萨所问经音》。收录《贤护菩萨所问经》的第一、三、四、五
卷经音。《贤护菩萨所问经》又称《大方等大集经贤护分》《大集贤护菩
萨经》《大集贤护经》，共五卷，隋天竺三藏阇那掘多译。①

弃弃音。　担都谈反。　瞻占音。　跋蒲末反。　罣乎卦反。　穿川
音。　阃苦本反。　猫苗音。　猕弥音。　倦求卷反。　篾莫结反。　怯
去劫反。　筭息乱反。　抟徒端反。　酆方问反。　躭都南反。　戚七历
反。

炉卢音。　炼练音。　党都朗反。　贮竹吕反。　髓息垂反。　炭鱼
及反。　笥息字反。　羞四由反。

犀西音。　仇求音。　鬄他帝反。　铿苦更反。　蠻莫班反。　炜于
鬼反。　烨于涉反。

骏俊音。　剃他计反。　帔匹皮反。　鱓徒卧反。　伟子鬼反。　笇
息乱反。

9.S.1220

① 张涌泉:《敦煌经部文献合集》第十册,北京:中华书局,2008年,第5130—5131页。

S.1220，《胜天王般若波罗蜜经卷第五》。咒语有音注，注音者及写卷年代不详。

10.S.2258

S.2258，《贤护菩萨所问经卷第五》，后附骏、剃等字字音。

11.S.2425

S.2425，《诸星母陀罗尼经》，后附字音。文后有题记"沙门法成於甘州修多寺译"。

12.S.2560

S.2560，《大方等大集经贤护分思惟品第一》，后附字音。

13.S.3534

S.3534，《佛说千眼千臂观世音菩萨陀罗尼经卷下》，注音者及写卷年代不详。咒语有音注三个。

14. S.3570

S.3570，《佛说大乘入楞伽经》，注音者及写卷年代不详。第六卷陀罗尼品第九有音注。

15. S.3635

S.3635，《佛说佛顶尊胜陀罗尼经》，注音者及写卷年代不详。咒语有音注。

16. S.5586

S.5586，《十一面观自在菩萨摩诃萨咒》，注音者及写卷年代不详。咒语有音注四个。

17. P.2160

P.2160，《摩诃摩耶经卷上》，写于陈至德四年（586年）。注音者不详，咒语有音注。

18. P.2322

P.2322，《普贤所行行愿菩萨赞》，注音者及写卷年代不详。赞分十六会，第五及第十六各有一个注音。

19. P.3916

P.3916，《不空羂索神咒心经》，注音者及写卷年代不详。卷尾有音义二十一行，每行约四至五字，注音用双行小字。

10. P.3920

P.3920，《佛说救拔焰口饿鬼陀罗尼经》，仅存一音。注音者及写卷年代不详。

参考文献

古籍专著：

1. ［南朝］梁慧皎：《高僧传》，上海古籍出版社， 1991。

2. ［南朝］梁僧祐：《出三藏记集》，中华书局，1995。

3. ［南朝］梁宝唱：《经律异相》，上海古籍出版社， 1995。

4. ［南朝］梁宝唱：《比丘尼传》，中华书局，2006。

5. ［南朝］梁宝唱：《隋书》，中华书局，1973。

6. ［唐］道宣：《广宏明集》，上海古籍出版社，1991。

7. ［唐］道世：《法苑珠林》，上海古籍出版社，1995。

8. ［唐］玄奘等著，季羡林校注：《大唐西域记校注》，中华书局， 2008。

9. ［唐］玄应：《一切经音义》，新文丰出版有限公司，1973。

10. ［唐］陆德明：《经典释文》，中华书局，1983。

11. 释空海：《篆隶万象名义》，中华书局，1995。

12. ［宋］司马光：《资治通鉴》，中华书局，1982。

13. ［宋］赞宁：《高僧传》，上海古籍出版社，1991。

14. ［辽］释行均：《龙龛手镜》，中华书局，1985。

15. ［辽］释行均：《龙龛手镜》，（高丽本）中华书局，2005。

16. ［明］张子烈：《正字通》，上海古籍出版社，1996。

17. ［明］梅膺祚：《字汇》，上海辞书出版社，1991。

18. ［清］吴任臣：《字汇补》，上海辞书出版社，1991。

19. ［清］王引之：《经传释词》，江苏古籍出版社，2000。

20. ［清］王引之：《经义述闻》，江苏古籍出版社，1985。

21. ［清］郭庆藩：《庄子集解》，中华书局，1987。

22. ［清］王先谦：《荀子集解》，中华书局，1987。

23. ［清］刘淇：《助字辨略》，中华书局，2004

24. ［清］孙诒让：《契文举例》，齐鲁书社出版社，1993。

25. ［清］朱骏声：《说文通训定声》，中华书局，1998。

26. 罗常培：《唐五代西北方音》，"中央研究院"历史语言研究单刊甲种之十二，1933。

27. 汤用彤：《汉魏两晋南北朝佛教史》，商务印书馆，1938。

28. 黎锦熙：《汉语释词论文集》，科学出版社，1957。

29. 林尹：《新校正切宋本广韵》，黎明文化事业有限公司，1976

30. 张曼涛：《大藏经研究汇编》，台北大乘文化出版社，1977。

31. 王利器：《颜氏家训集解》，上海古籍出版社，1980。

32. 季羡林：《原始佛教的语言问题》，中国社会科学出版社，1982。

33. 季羡林：《中印文化关系史论文集》，三联书店出版社，

1982。

34. 杨树达：《积微居小学丛书》，中华书局，1983。

35. ［日］小野玄妙：《佛教经典总论》，新文丰出版公司，1983。

36. 余嘉锡：《古书通例》，上海古籍出版社，1983。

37. 张锡厚：《王梵志诗校辑》，中华书局，1983。

38. 马祖毅：《中国翻译简史》，对外翻译出版公司，1984。

39. 吕叔湘：《近代汉语指代词》，学林出版社，1985。

40. 郭在贻：《训诂丛稿》，上海古籍出版社，1985。

41. 《大正新修大藏经》，新文丰出版公司，1985。

42. 马叙伦：《说文解字研究法》，中国书店，1988。

43. 杭州大学古籍所：《敦煌语言文学论文集》，浙江古籍出版社，1988。

44. 江蓝生：《魏晋南北朝小说词语汇释》，语文出版社，1988。

45. 蒋礼鸿：《敦煌变文字义通释》，上海古籍出版社，1988。

46. 蒋礼鸿：《敦煌变文字义通释》，上海古籍出版社，1988。

47. 慈怡等：《佛光大辞典》，书目文献出版社，1989。

48. 蔡镜浩：《魏晋南北朝词语例释》，江苏古籍出版社，1990。

49. 袁宾：《禅宗著作词语汇释》，江苏古籍出版社，1990。

50. 陈炳超：《辞书编纂学概论》，复旦大学出版社，1991。

51. 丁福宝：《佛学大词典》，上海书店，1991。

52. ［日］太田辰夫著，江蓝生等译：《汉语史通考》，重庆出版社，1991。

53. 项楚：《敦煌文学丛考》，上海古籍出版社，1991。

54. 项楚：《王梵志诗校注》，上海古籍出版社，1991。

55. 朱庆之：《佛典与中古汉语词汇研究》，文津出版社，1992。

56. 王云路、方一新：《中古汉语语词例释》，吉林教育出版社，1992。

57. 孙锡信：《汉语历史语法要略》，复旦大学出版社，1992。

58. 唐长孺主编：《吐鲁番出土文书》（一），文物出版社，1992。

59. 何乐士、杨伯峻：《古汉语语法及其发展》，语文出版社，1992。

60. 刘坚：《近代汉语虚词研究》，语文出版社，1992。

61. 刘有辛：《文字训诂论集》，中华书局，1993。

62. 俞理明：《佛经文献语言》，巴蜀书社出版社，1993。

63. 爱哲顿：《混合梵文语法及词典》，印度德里，1993。

64. 唐长孺主编：《吐鲁番出土文书》（二），文物出版社，1994。

65. ［日］幸嶋静志：《〈长阿含经〉の原语の研究》，东京平河出版社，1994。

66. 董志翘、蔡镜浩：《中古虚词语法例释》，吉林教育出版社，1994。

67. 蒋礼鸿：《敦煌文献语言词典》，杭州大学出版社，1994。

68. 杜斗成：《北凉译经论》，甘肃文化出版社，1995。

69. 曹广顺：《近代汉语助词》，语文出版社，1995。

70. 吕澂：《中国佛学源流略讲》，中华书局，1995。

71. 于谷：《禅宗语言和文献》，江西人民出版社，1995。

72. 张涌泉：《汉语俗字研究》，岳麓书社出版，1995。

73. 志村良治著，江蓝生、白维国：《中国中世语法史研究》，中华书局，1995。

74.《汉语大字典》，四川辞书出版社、湖北辞书出版社，1995。

75.《法藏敦煌西域文献》（1—27册），上海古籍出版社，1995—2002。

76.《敦煌吐鲁番学研究论集》，书目文献出版社，1996。

77.《中国古籍善本书目》，上海古籍出版社，1996。

78. 张涌泉：《敦煌俗字研究》，上海教育出版社，1996。

79. 张金泉、徐建平：《敦煌音义汇考》，杭州大学出版社，1996。

80. 金克木：《梵佛探·怎样读汉译佛典》，河北教育出版社，1996。

81. 梁启超：《中国近三百年学术史》，东方出版社，1996。

82. 唐长孺主编：《吐鲁番出土文书》（三），文物出版社，1996。

83. 唐长孺主编：《吐鲁番出土文书》（四），文物出版社，1996。

84. 吴福祥：《敦煌变文语法研究》，岳麓书社出版社，1996。

85. 任继愈：《中国佛教史》，中国社会科学出版社，1997。

86. 蓝吉富：《佛教史料学》，东大图书股份有限公司，1997。

87. 方广錩：《敦煌佛教经录辑校》，江苏古籍出版社，1997。

88. 黄征、张涌泉：《敦煌变文校注》，中华书局，1997。

89. 方一新：《东汉魏晋南北朝史书词语笺释》，黄山书社，

1997。

90. 王云路：《汉魏六朝诗歌语言论稿》，陕西人民教育出版社，1997。

91. 颜洽茂：《佛教语言阐释——中古佛经词汇研究》，杭州大学出版社，1997。

92. 王力：《汉语语音史》，中国社会科学出版社，1998。

93. ［日］幸嶋静志：《正法华经词典》，创价大学国际高等佛教研究所，1998。

94. 许理和：《佛教征服中国》，江苏人民出版社，1998。

95. 季羡林：《敦煌学大辞典》，上海辞书出版社，1998。

96. 李宗江：《常用词演变研究》，汉语大词典出版社，1999。

97. 董志翘：《〈入唐求法巡礼行记〉词汇研究》，中国社会科学出版社，2000。

98. 王云路、方一新编：《中古汉语研究》（一），商务印书馆，2000。

99. 汪维辉：《东汉——隋常用词演变研究》，南京大学出版社，2000。

100. 张涌泉：《汉语俗字丛考》，中华书局，2000。

101. 梁晓红：《佛教与汉语史研究——以日本资料为中心》，上海古籍出版社，2000。

102. 韩小荆：《可洪音义研究——以文字为中心》，巴蜀书社，2000。

103. 裘锡圭：《文字学概要》，商务印书馆，2001。

104. 王力：《汉语史稿》，中华书局，2001。

105. 吴金华：《古文献整理与古汉语研究》，江苏古籍出版社，2001。

106. 陈寅恪：《金明馆丛稿初编》，三联出版社，2001。

107. 冯春田：《近代汉语语法研究》，山东教育出版社，2001。

108. 任继愈：《佛教大辞典》，江苏古籍出版社，2002。

109. 胡敕瑞：《〈论衡〉与东汉佛典词语比较研究》，巴蜀书社，2002。

110. 段业辉：《中古汉语助动词研究》，南京师范大学出版社，2002。

111. 李申：《近代汉语整理与研究》，河北教育出版社，2002。

112. 颜洽茂：《魏晋南北朝佛经词汇研究》，佛光山文教基金会，2002。

113. 颜洽茂：《南北朝佛经复音词研究》，佛光山文教基金会，2002。

114. 《汉语大词典》，汉语大词典出版社，2002。

115. 姚永明：《慧琳〈一切经音义〉研究》，江苏古籍出版社，2003。

116. 管锡华：《汉语古籍校勘学》，巴蜀书社，2003。

117. 李际宁：《佛经版本》，江苏古籍出版社，2003。

118. 李富华、何梅：《汉文佛教大藏经研究》，宗教文化出版社，2003。

119. 徐时仪、陈五云、梁晓虹：《佛经音义概论》，大千出版社，2003。

120. ［日］太田辰夫著，蒋绍愚、徐昌华：《中国历史文法》，北京大学出版社，2003。

121．周祖谟：《广韵校本》，中华书局，2004。

122．向光忠主编：《文字学论丛》（第二辑），崇文书局，2004。

123．李维琦：《佛经词语汇释》，湖南师范大学出版社，2004。

124．陈垣：《校勘学释例》，中华书局，2004。

125．龙国富：《姚秦译经助词研究》，湖南师范大学出版社，2004。

126．潘文国、叶步青、韩洋：《汉语的构词法研究》，华东师范大学出版社，2004。

127．梁晓红：《佛教词语的构造与汉语词汇的发展》，北京语言学院出版社，2004。

128．梁晓红等：《佛经音义与汉语词汇研究》，商务印书馆，2004。

129．王绍峰：《初唐佛典词汇研究》，安徽教育出版社，2004。

130．朱庆之：《中古汉语研究》（二），商务印书馆，2004。

131．郑贤章：《龙龛手镜研究》，湖南师范大学出版社，2004。

132．杨宝忠：《疑难字考释》，中华书局，2005。

133．曹小云：《中古近代汉语语法词汇丛稿》，安徽大学出版社，2005。

134．［日］高田时雄、钟翀：《敦煌·民族·语言》，中华书局，2005。

135．郭在贻：《训诂学》，中华书局，2005。

136．徐时仪：《玄应〈众经音义研究〉》，中华书局，2005。

137. 徐时仪：《慧琳音义研究》，中华书局，2005。

138. 徐时仪：《希麟续一切经音义研究》，中华书局，2005。

139. 商务印书馆编辑部：《21世纪的中国语言学》，商务印书馆2006。

140. 季羡林：《季羡林论佛教》，华艺出版社，2006。

141. 方一新、王云路：《中古汉语读本》，上海教育出版社，2006。

142. 蒋绍愚：《近代汉语研究概括》，北京大学出版社，2006。

143. 王孺童：《比丘尼传校注》，中华书局，2006。

144. 肖武男：《阿弥陀佛经典》，华夏出版社2007。

145. 陈士强：《大藏经总目提要》，上海古籍出版社，2007。

146. 张小艳：《敦煌书仪语言研究》，商务印书馆出版，2007。

147. 张涌泉、傅杰：《校勘学概论》，江苏教育出版社，2007。

148. 张中行：《文言与白话》，中华书局，2007

149. 郑贤章：《新集藏经音义随函录研究》，湖南师范大学出版社，2007。

150. 张涌泉：《敦煌经部文献合集》，第十册、第十一册，中华书局，2008。

151. 高明：《中古史书词汇论稿》，天津古籍出版社，2008。

152. 梁启超：《佛学研究十八篇》，江苏文艺出版社，2008。

153. 梁晓红：《佛教与汉语史研究》，上海古籍出版社，2008。

154. 陈秀兰：《魏晋南北朝文与汉文佛典语言比较研究》，中华书局，2008。

155. 徐时仪：《佛经音义研究通论》，凤凰出版社，2009。

156．郑贤章：《郭𢀛经音研究》，湖南师范大学出版社，2010。

157．中国佛教文化研究所：《妙法莲华经》，宗教文化出版社，2010。

158．黄仁瑄：《唐五代佛经音义研究》，中华书局，2011。

159．方立天：《中国佛教文化》，中国人民大学出版社，2012。

160．储泰松：《佛典语言研究论集》，安徽师范大学出版社，2014。

161．张风雷、金天鹤、［日］竹村牧男：《中国南北朝佛教研究》，宗教文化出版社，2014。

162．郑贤章：《汉文佛典疑难俗字汇释与研究》，巴蜀书社，2016。

163．梁晓虹：《日本汉字资料研究：日本佛经音义》，中国社会科学出版社，2018。

164．释玄应、黄仁瑄：《大唐众经音义校注》，中华书局，2019。

165．孙昌武：《中国佛教文化》，中华书局，2019。

166．韩小荆：《可洪音义研究——以引书考为中心》，中国社会科学出版社，2019。

167．释慧苑、黄仁瑄：《新译大方广佛华严经音义校注》，中华书局，2020。

168．赵家栋：《佛教名物术语词研究》，上海教育出版社，2020。

169．释希麟、黄仁瑄：《续一切经音义校注》，中华书局，2021。

期刊论文

170. 智严：《女子在佛法中的地位》，《佛教评论》，1931年第2期。

171. 周达甫：《怎样研究梵汉对译和对音》，《中国语文》，1957年第4期。

172. 邵荣芬：《敦煌俗文学中的别字异文和唐五代西北方音》，《中国语文》，1963年第3期。

173. 周法高：《佛教东传对中国音韵学之影响》，《中国语文论丛》，香港中文大学，1963年。

174. 成于思：《汉语大字典义项问题初探》，《辞书研究》，1980年第3辑。

175. 徐通锵、叶蜚声：《译音对堪与汉语的音韵研究》，《北京大学学报》，1980年第3期。

176. 严北溟：《谈谈一部古佛教词典——〈一切经音义〉》，《辞书研究》，1980年第3期。

177. 季羡林：《浮屠与佛》，《历史语言研究所集刊》20，《中印文化关系史论文集》，三联书店，1982年。

178. 王力：《玄应〈一切经音义〉反切考》，《语言研究》，1982年第2期。

179. 李明权：《从语言学看佛教对中国文化的影响》，《法音》，1983年第1期。

180. 施向东：《玄奘译著中的梵汉对音和唐初中原方音》，《语言研究》，1983年第1期。

181．梁晓虹：《佛经词语札记》，南京师范大学学报，1984年第2期。

182．余敏：《后汉三国梵汉对音谱》,《中国语文学论文选》，日本东京光生馆，1984年。

183．都兴宙：《敦煌变文韵部研究》,《敦煌学辑刊》，1985年第1期。

184．柳士镇：《〈百喻经〉中若干语法问题的探索》,《中州学刊》，1985年第1期。

185．柳士镇：《〈百喻经〉中被动句式》,《南京大学学报》，1985年第2期。

186．刘叶秋：《略谈汉语辞书的演进》,《辞书研究》，1985年第3期。

187．聂鸿音：《慧琳译音研究》,《中央民族学院学报》，1985年第1期。

188．胡竹安：《〈法显传〉词语札记》,《语文研究》，1986年4月。

189．梁晓虹：《论佛经词语与训诂》,《学术论坛》，1986年第5期。

190．刘广和：《试论唐代长安音重纽——不空译音的讨论》,《中国人民大学学报》，1987年第6期。

191．吴泽顺：《〈百喻经〉复音词研究》,《吉首大学学报》，1987年1月。

192．许理和、蒋绍愚译：《最早的佛经译文中的东汉口语成分》,《语言学论丛》（第十四辑），北京大学中文系，1987年。

193．俞理明：《汉魏六朝佛经在汉语研究中的价值》,《四川大学学报》，1987年第4期。

194．李维琦：《从〈大唐西域记〉汉译梵音看作者的语音》，《古汉语研究》，1988年创刊号。

195．吕叔湘：《南北朝人名与佛教》，《中国语文》，1988年第4期。

196．吴金华《佛经译文中的汉魏六朝词语零拾》，《语言研究辑刊》（二），江苏教育出版社，1988年。

197．张联荣：《汉魏六朝佛经释词》，《北京大学学报》，1988年第5期。

198．蔡镜浩：《魏晋南北朝佛经翻译中的几个俗语词》，《中国语文》，1989年第1期。

199．沈锡伦：《从魏晋以后汉语句式的变化看佛教文化的影响》，《汉语学习》，1989年第3期。

200．［日］太田辰夫、江蓝生：《〈生经·舅甥经〉词语札记》，《语言研究》，1989年第1期。

201．徐时仪：《慧琳〈一切经音义〉版本流传考》，《古籍整理研究学刊》，1989年第6期。

202．徐时仪：《慧琳音义编纂理论和方法初探》，《辞书研究》，1989年第4期。

203．徐时仪：《慧琳〈一切经音义〉评述》，《上海师范大学学报》，1989年第3期。

204．黄征：《魏晋南北朝俗语词考释》，《杭州大学学报》，1990年第3期。

205．季羡林：《再谈"浮屠"与"佛"》，《历史研究》，1990年第

2期。

206．梁晓虹：《汉语佛经与汉语辞书》,《辞书研究》, 1990年第1期。

207．徐时仪：《慧琳〈一切经音义〉的学术文献价值》,《文献》, 1990年第1期。

208．柯蔚南：《义净梵汉对音探讨》,《语言研究》, 1991年第1期。

209．刘广和：《东晋译经对音的晋语声母系统》,《语言研究》, 1991年增刊。

210．赵振铎：《字典论稿：有关释义的几个问题》,《辞书研究》, 1991年。

211．方一新：《汉魏六朝翻译佛经释词》,《语言研究》, 1992年第2期。

212．蒋绍愚：《〈入唐求法巡礼行记〉中的口语词》,《近代汉语研究》, 商务印书馆, 1992年。

213．解冰：《慧琳〈一切经音义〉转注、假借考》,《贵州大学学报》, 1992年第2期。

214．李维琦：《隋以前佛经释词》,《古汉语研究》, 1992年第2期。

215．梁晓虹：《佛经翻译对汉语吸收外来词的启迪》,《语文建设》, 1992年第3期。

216．刘春生：《慧苑〈华严经音义〉的几点考证》,《贵州大学学报》, 1992年第2期。

217．马由：《〈长阿含经〉释词》,《古汉语研究》, 1992年第4期。

218．聂鸿音：《番汉对音简论》,《固原师专学报》, 1992年第2期。

219. 施俊民：《〈慧琳音义〉与〈说文〉的校勘》,《辞书研究》,1992年第6期。

220. ［日］《玄应〈一切经音义〉的西域写本》,《敦煌研究》,1992年第2期。

221. 朱庆之：《试论佛典翻译对中古汉语词汇发展的若干影响》,《中国语文》,1992年第4期。

222. 胡湘荣：《从鸠摩罗什的佛经重译本与原译本的对比看系词"是"的发展》,《湖南师范大学社会科学学报》,1993年第3期。

223. 黄征：《魏晋南北朝词语零扎》,《中国语文》,1993年第3期。

224. 蒋冀聘：《魏晋南北朝汉译佛经语法笺识》,《古汉语研究》,1993年第4期。

225. 江圭华：《佛教文化对中国传统语言学的影响——异质文化对中国传统语言学的影响之一》,《古汉语研究》,1993年增刊。

226. 刘静：《反切源于佛教说辨析》,《陕西师范大学学报》,1993年第2期。

227. 陆锡兴：《梵文对汉字的影响》,《语文建设》,1993年第3期。

228. ［日］《禅宗语录的语言与文体》,《俗语言研究》,1993年第1期。

229. 唐钰明：《利用佛经材料考察汉语词汇语法史》,《中山大学学报》,1993年第4期。

230. 尤俊成：《试论佛教对汉语词汇的影响》,《内蒙古师大学报》,1993年第2期。

231. 周祖谟：《九世纪中叶至十一世纪初的敦煌方音与唐代语

音》,《周祖谟学术论著自选集》, 1993年。

232．周祖谟：《敦煌变文与唐代语音》,《周祖谟学术论著自选集》, 1993年。

233．朱庆之：《汉译佛典语文中原典影响初探》,《中国语文》, 1993年第5期。

234．胡湘荣：《鸠摩罗什同支谦、竺法护译经中语词的比较》,《古汉语研究》, 1994年第2、3期。

235．黄征：《魏晋南北朝俗语词辑释》,《杭州大学学报》, 1994年第3期。

236．蒋冀聘：《隋以前汉译佛经虚词笺识》,《古汉语研究》, 1994年第2期。

237．梁晓虹：《论佛教词语对汉语词汇宝库的扩充》,《杭州大学学报》, 1994年第4期。

238．〔美〕梅维恒：《佛教与东亚口语化的书面语的兴起：国语的产生》, 1994年。

239．〔日〕《略论唐以前的佛经对音》, 1994年。

240.储泰松：《梵汉对音概说》,《古汉语研究》, 1995年第4期。

241．梁晓虹：《汉字与佛教》,《中国汉字文化大观》, 北京大学出版社, 1995年。

242．李维琦：《〈六度集经词语例释〉》,《古汉语研究》, 1995年第1期。

243．邱晓伦：《汉语狮一词来源及其对汉文化的影响》,《语言与翻译》, 1995年2期。

244．申小龙：《佛教文化与中国语文传统的理论与方法》,《汉字文化》，1995年第3期。

245．董琨：《〈正字通〉一书及其作者》，《辞书研究》，1996年第3期。

246．颜洽茂：《魏晋南北朝佛经词释》，《杭州大学学报》，1996年第1期

247．张涌泉：《试论汉语俗字研究的意义》，《中国社会科学》，1996年第2期。

248．陈卫兰：《试论敦煌变文词汇复音化的三个趋势》，《北方论丛》，1997年第5期。

249．陈秀兰：《对许理和教授〈最早的佛经译文中的东汉口语成分〉一文的几点补充》，《古汉语研究》，1997年第2期。

250．郝恩美：《汉译佛经中新造字的启示》，《中国文化研究》，1997年第3期。

251．李新魁：《梵学的传入与汉语音韵学的发展》，《李新魁音韵学论集》，汕头大学出版社，1997年。

252．张金泉：《敦煌佛经音义写卷述要》，《敦煌研究》，1997年第2期。

253．储泰松：《梵汉对音与中古音研究》，《古汉语研究》，1998年第1期。

254．董志翘：《也谈中古汉语词汇研究的推源问题》，《汉语史研究集刊》（一），巴蜀书社，1998年

255．董志翘：《试论〈洛阳伽蓝记〉在中古汉语词汇史上的语料价值》，《古汉语研究》，1998年第2期。

256．何亚南：《汉译佛经与后汉词语例释》，《古汉语研究》，

1998年第1期。

257．遇笑容、曹广顺：《也从语言上看〈六度集经〉与〈杂譬喻经〉的译者问题》,《古汉语研究》，1998年第2期。

258．竺家宁：《佛经语言学的研究现状》,《香光庄严》55，1998年

259．竺家宁：《P.2901敦煌卷子反切研究》，第十六届全国声韵学学术研讨会论文集，1998年。

260．陈文杰：《早期佛典词语杂俎》,《宗教学研究》，1999年第2期。

261．孙良明：《简述汉文佛典对梵文语法介绍及其对中国古代语法学发展的影响》（上），《古汉语研究》，1999年第4期。

262．〔日〕幸嶋静志：《汉译佛典的语言问题》,《古典文献与文化论丛》，杭州大学出版社，1999年。

263．叶键得：《P.2901敦煌卷子反切问题再探》,《台北市立师范学院学报》，1999年。

264．董志翘：《〈高僧传〉词语通释——兼谈汉译佛典口语词向中土文献的扩散》，《汉语史研究集刊》（二），巴蜀书社，2000年。

265．董志翘：《切韵音系性质诸家说之我见》,《中古文献语言论集》，巴蜀书社，2000年。

266．刘曼丽：《竺法护译经数量及时间考》,《西北大学学报》，2000年第2期。

267．孙良明：《简述汉文佛典对梵文语法介绍及其对中国古代语法学发展的影响》（下），《古汉语研究》，2000年第1期。

268．王力：《南北朝诗人用韵考》,《王力语言学论文集》，商务

印书馆，2000年。

269．文亦武：《慧琳〈一切经音义〉成书年代考实及其他》，《古籍整理研究学刊》，2000年第4期。

270．遇笑容、曹广顺：《从语言的角度看某些早期译经的翻译年代问题——以〈旧杂譬喻经〉为例》，《汉语史研究集刊》（第三辑），成都，巴蜀书社，2000年。

271．朱庆之：《佛经翻译中的仿译及其对汉语词汇的影响》，《中古近代汉语研究》第一辑，上海教育出版社，2000年。

272．曹小云：《〈六度集经〉语词札记》，《语言研究》，2001年第4期。

273．方一新：《〈大方便佛报恩经〉词汇研究》，《浙江大学学报》，2001年第5期。

274．傅定淼：《梵文拼音原理传入与反切起源关系新探》，《汉字文化》，2001年第1期。

275．化振红：《从〈洛阳伽蓝记〉看佛教词语的中土化》，《西南民族学院学报》，2001年增刊。

276．孔慧怡：《从安世高的背景看早期佛经汉译》，《中国翻译》，2001年第3期。

277．沈荣森：《敦煌词叠字与佛教关系浅探》，《东岳论丛》，2001年第1期。

278．［日］《〈道行般若经〉和'异译'的对比研究》，四川大学汉语史研究所编《汉语史研究集刊》（第四辑），成都，巴蜀书社，2001年。

279．许理和：《关于初期汉译佛经的新思考》，《汉语史研究集刊》（第四辑），成都，巴蜀书社，2001年。

280．张涌泉：《从语言文字的角度看敦煌文献的价值》,《中国社会科学》，2001年第2期。

281．曹秀华：《三国汉译佛经的特点及其价值研究述评》,《湖南轻工业高等专科学校学报》，2002年第1期。

282．陈开勇：《汉晋佛教译经与晋宋民歌语言》,《敦煌学辑刊》，2002年第2期。

283．陈文杰：《汉语佛源释例》,《古籍整理研究学刊》，2002年第1期。

284．董琨：《"同经异译"与佛经语言特点管窥》,《中国语文》，2002年第6期。

285．段晴：《梵语以及梵语的启示》，于维雅主编《东方语言文字与文化》，北京大学出版社，2002年。

286．方一新：《中古汉语词义求证法论略》,《浙江大学学报》，2002年第5期。

287．高列过：《从被动句式看东汉西域译经者的翻译风格》,《西域研究》，2002年第2期。

288．高庆华：《佛典翻译中的归化和异化》,《绵阳师专学报》，2002年第1期。

289．顾满林：《试论东汉佛经翻译不同译者对音译或意译的偏好》,《汉语史研究集刊》（五），2002年。

290．江蓝生：《处所词的领格标记用法与结构助词'底'的由来》,《著名中年语言学家·江蓝生卷》，安徽教育出版社，2002年。

291．聂鸿音：《西夏佛教术语的来源》,《固原师专学报》，2002

年第2期。

292．施向东：《梵汉对音与古汉语的语流音变问题》，《南开语言学刊》，2002年第1期。

293．徐时仪：《〈希麟音义〉引〈广韵〉考》，《文献》，2002年第1期。

294．张民权：《张自烈〈正字通〉原本考证及其古音注释研究》，《古籍整理研究学刊》，2002年第5期。

295．郑贤章：《从汉文佛典俗字看〈汉语大字典〉的缺漏》，《中国语文》，2002年第3期。

296．竺家宁：《魏晋佛经的三音节构词现象》，北京大学中文系，《纪念王力先生百年诞辰学术论文集》，北京，商务印书馆，2002年。

297．丁锋：《窥基法华音训原型考》，《汉语史学报》（三），上海古籍出版社，2003年。

298．方一新：《〈分别功德论〉翻译年代初探》，《浙江大学学报》，2003年第5期。

299．方一新：《〈兴起行经〉翻译年代初探》，《中国语言学报》，2003年第11期。

300．方一新：《翻译佛经语料年代的语言学考察——以〈大方便佛报恩经〉为例》，《古汉语研究》，2003年第3期。

301．冯天瑜：《汉译佛教词语的确立》，《湖北大学学报》，2003年第2期。

302．顾满林：《东汉译经中半音译半意译外来词简析》，《汉语史研究集刊》六，2003年。

303．何亚南 《从佛经看早期外来音译词汉化》,《南京师范大学学报》，2003年第2期。

304．聂宛忻：《慧琳〈一切经音义〉的借音》,《南阳师院学报》，2003年第11期。

305．徐时仪：《一切经音义引切韵考探》,《中国语言学报》第11期，商务印书馆，2003年。

306．徐时仪 《慧琳改定玄应所释音切考探》,《中国语文通讯》，2003年第68期。

307．徐时仪：《略论玄应音义在文字学研究学术价值》,《中国文字研究》，2003年4辑。

308．徐时仪：《玄应〈一切经音义〉所释方言词考》,《庆祝施蛰存百年诞辰论文集》，上海古籍出版社，2003年。

309．徐时仪：《玄应音义各本异切考》，上海师范大学学报编辑部编《跬步集——上海师范大学古籍研究所成立二十周年纪念集》，上海师范大学学报编辑部，2003年。

310．陈开勇：《佛教广律套语研究》,《河池师专学报》，2004年第1期。

311．陈五云、梁晓虹、徐时仪：《可洪音义字形研究》，赵丽明主编《汉字传播与中越文化交流——2003年汉字传播与中越文化交流国际学术研讨会论文集》，国际文化出版公司，2004年。

312．陈秀兰：《从常用词看魏晋南北朝文与汉文佛典语言的差异》,《古汉语研究》，2004年第1期。

313．储泰松：《唐代音义所见方音考》,《语言研究》，2004年第2期。

314．景盛轩：《试论敦煌佛经异文研究的价值和意义——以〈大般涅槃经〉为例》，《敦煌研究》，2004年第5期。

315．施向东：《北朝译经反映的北方共同汉语音系》，中国音韵学研究会、石家庄师范专科学校主编《音韵论丛》，齐鲁书社，2004年。

316．徐时仪：《玄应音义各本异同考》，《文史》，2004年第4期。

317．徐时仪：《玄应〈众经音义〉所释常用词考》，《语言研究》，2004年第4期。

318．徐时仪：《玄应〈众经音义〉方俗词考》，《上海师范大学学报》，2004年第4期。

319．徐时仪：《佛经音义所引说文考探》，《中华文史论丛》，2004年第74辑。

320．郑贤章：《〈龙龛手镜〉俗字丛考》（一），《古汉语研究》，2004年第1期。

321．陈广恩：《佛教对中国语言的影响》，《中国宗教》，2005年第4期。

322．董志翘：《汉文佛教文献语言研究与训诂学》，《汉语史研究集刊》，巴蜀书社，2005年。

323．方一新：《从疑问句看〈大方便佛报恩经〉翻译年代》，《语言研究》，2005年第3期。

324．高列过：《东汉佛经的特殊语言现象及成因》，《西域研究》，2005年第1期。

325．顾满林：《东汉佛经音译词的同词异形现象》，《汉语史研究集刊》（八），2005年。

326．胡敕瑞：《〈道行般若经〉与其汉文异译的互教》，浙江大学汉语史研究中心编《汉语史学报》，上海教育出版社，2005年。

327．化振红：《〈洛阳伽蓝记〉中所反映的魏晋南北朝时代特色的新词》，《西南民族大学学报》，2005年第2期。

328．黄仁瑄：《慧琳〈一切经音义〉中的转注字》，《古汉语研究》，2005年第1期。

329．黄仁瑄：《慧琳〈一切经音义〉中的转注兼会意字》，《语言研究》，2005年第2期。

330．龙国富：《从中古佛经看事态助词来及其语法化》，《语言科学》，2005年第1期。

331．卢烈红：《佛教文献中'何'系疑问代词的兴替演变》，北京大学中文系编《语言学论丛》（第三十一辑），北京，商务印书馆，2005年。

332．史光辉：《从语言角度判定〈忳真陀罗所问如来三昧经〉非支谶所译》，浙江大学汉语史研究中心编《汉语史学报》（第五辑），上海教育出版社，2005年。

333．汪维辉：《佛经词语考释四则》，《浙江大学学报》，2005年第5期。

334．徐时仪：《玄应〈众经音义〉方言俗语词考》，《汉语学报》，2005年第1期。

335．徐时仪：《玄应〈众经音义〉引〈方言〉考》，《方言》，2005年第1期。

336．徐时仪：《玄应〈众经音义〉所释俗字考》，《文字研究》，2005年第1辑。

337．徐时仪：《玄应〈一切经音义〉注音依据考》，《黔南民族师范学院》，2005年第2期。

338．徐时仪：《玄应〈众经音义〉口语词考》，《南开语言学刊》，2005年第5辑。

339．徐时仪：《慧琳〈一切经音义〉所释俗字考》，《中国文字研究》，2005年第六辑。

340．徐时仪：《〈玄应音义〉版本考》，《中国学术》，2005年第18辑。

341．徐时仪：《佛经音义所释外来词考》，《汉学研究》，2005年第23卷第1期。

342．徐时仪：《玄应〈众经音义〉的成书和版本流传考探》，《古籍整理研究学刊》，2005年第4期。

343．徐时仪、陈五云、梁晓虹：《略论佛经音义编纂的时代背景》，觉醒主编《觉群·学术论文集》第五辑，商务印书馆，2005年。

344．曾绍聪：《中古佛经词义抉要》，《咸阳师范学院学报》，2005年第1期。

345．张涌泉：《汉语俗字新考》，《浙江大学学报》，2005年第1期。

346．张涌泉：《汉语俗字续考二》《中国文字研究》（六），广西教育出版社，2005年。

347．朱惠仙：《〈大正藏〉断句首创与致误条陈——以〈出曜经〉为例》，《江西社会科学》，2005年第5期。

348．白兆麟：《展示佛经文献之瑰宝，填补汉语研究之空白——评〈玄应众经音义研究〉》，《学术界》，2006年第3期。

349. 毕慧玉：《〈六度集经〉音义考校》，徐时仪等编《佛经音义研究——首届佛经音义研究国际学术研讨会论文集》，上海古籍出版社，2006年。

350. 曹广顺：《中古译经与中古汉语语法史研究》，商务印书馆编辑部编《二十一世纪中国语言学（二)》，商务印书馆，2006年。

351. 陈源源：《〈妙法莲华经〉释文所引慧苑〈华严经音义〉考》，《汉语史学报》第六辑，上海教育出版社，2006年。

352. 陈源源：《〈妙法莲华经释文〉所引佛典"音义书"考——以慧苑〈华严经音义〉与行瑫〈大藏经音疏〉为例》，徐时仪等编《佛经音义研究——首届佛经音义研究国际学术研讨会论文集》，上海古籍出版社，2006年。

353. 丁锋：《残存最早佛经音义考——隋释昙捷及其所著〈法华经字释〉》，徐时仪等编《佛经音义研究——首届佛经音义研究国际学术研讨会论文集》，上海古籍出版社，2006年。

354. 方一新：《玄应一切经音义卷一二生经音义劄记》，《古汉语研究》，2006年第3期。

355. 韩小荆：《〈可洪音义〉与佛典整理》，《长江学术》，2006年第2期。

356. 黄坤尧：《玄应音系辨析》，徐时仪、陈五云、梁晓虹等编《佛经音义研究——首届佛经音义研究国际学术研讨会论文集》，上海古籍出版社，2006年。

357. 黄仁瑄：《唐五代佛经音义中的借用》，《南阳师范学院学报》，2006年第7期。

358. 黄仁瑄：《佛经音义研究的新成绩——读徐时仪教授〈玄

应众经音义研究〉》，徐时仪、陈五云、梁晓虹等编《佛经音义研究——首届佛经音义研究国际学术研讨会论文集》，上海古籍出版社，2006年。

359．江傲雪：《从〈维摩诘经〉管窥同经异译在词汇发展中的重要地位》，《上饶师范学院学报》，2006年第6期。

360．姜磊：《玄应〈一切经音义〉校勘大徐本例说》，《宁夏大学学报》，2006年第2期。

361．［韩］李圭甲、金爱英：《构筑五大音义书综合检索系统的校勘方案研究》，徐时仪、陈五云、梁晓虹等编《佛经音义研究——首届佛经音义研究国际学术研讨会论文集》，上海古籍出版社，2006年。

362．李无未、于冬梅：《日本学者汉梵对音译音研究》，《延边大学学报》，2006年第3期。

363．梁晓虹：《日本现存佛经音义及其史料价值》，徐时仪、陈五云、梁晓虹等编《佛经音义研究——首届佛经音义研究国际学术研讨会论文集》，上海古籍出版社，2006年。

364．林光明：《汉文佛典之梵字音义研究》，徐时仪、陈五云、梁晓虹等编《佛经音义研究——首届佛经音义研究国际学术研讨会论文集》，上海古籍出版社，2006年。

365．林源、唐永宝：《佛经音义在语文辞书编纂中的价值——以〈通俗文〉为例》，徐时仪、陈五云、梁晓虹等编《佛经音义研究——首届佛经音义研究国际学术研讨会论文集》，上海古籍出版社，2006年。

366．苗昱：《〈华严音义〉版本考》，徐时仪、陈五云、梁晓虹等编《佛经音义研究——首届佛经音义研究国际学术研讨会论文集》，上海古籍出版社，2006年。

367．史光辉：《东汉汉译佛经词语例释》，《贵州师范大学学报》，2006年第6期。

368．王云路：《试说翻译佛经新词新义的产生理据》，《语言研究》，2006年第2期。

369．肖燕：《〈玄应音义〉不同版本引〈释名〉考》，徐时仪、陈五云、梁晓虹等编《佛经音义研究——首届佛经音义研究国际学术研讨会论文集》，上海古籍出版社，2006年。

370．［日］《〈撰集百缘经〉的译出年代考证——出本冲代博士的研究简介》，浙江大学汉语史研究中心编《汉语史学报》（六），上海，上海教育出版社，2006年。

371．徐时仪：《玄应和慧琳〈一切经音义〉的比较》，徐时仪、陈五云、梁晓虹等编《佛经音义研究——首届佛经音义研究国际学术研讨会论文集》，上海古籍出版社，2006年。

372．徐时仪、陈五云、梁晓虹等编：《佛经音义研究——首届佛经音义研究国际学术研讨会论文集》，上海古籍出版社，2006年。

373．许威汉：《佛经音义研究的新收获》，徐时仪、陈五云、梁晓虹等编《佛经音义研究——首届佛经音义研究国际学术研讨会论文集》，上海古籍出版社，2006年。

374．郑贤章：《〈可洪音义〉与现代大型字典俗字考》，《汉语学报》，2006年第2期。

375．韩小荆：《试析可洪音义对玄应音义的匡补》，《中国典籍与文化》，2007年第4期。

376．韩小荆：《可洪音义与大型字典编纂》,《古汉语研究》，2007年第3期。

377．龙国富：《汉语完成貌句式和佛经翻译》,《民族语文》，2007年第1期。

378．史光辉：《东汉汉译佛经考论》,《阜阳师范学院学报》，2007年第1期。

379．唐贤清：《佛教文献三音节副词特点及其产生衰落原因》,《古汉语研究》，2007年第4期。

380．汪维辉：《从语言角度论一卷本〈般舟三昧经〉非支谶所译》，北京大学中文系编《语言学论丛》（第三十五辑），北京，商务印书馆，2007年。

381．陈文杰《同经异译语言价值新探》,《古汉语研究》，2008年第1期。

382．方一新：《从译名演变看疑、佚佛经的翻译年代》，中国社会科学院历史语言研究所编《历史语言学研究》〔第一辑），北京，商务印书馆，2008年。

383．冯利华：《道书俗字与〈汉语大字典〉补订》,《古汉语研究》，2008年第2期。

384．何梅：《〈赵城金藏〉的几个问题》,《中国典籍与文化》，2008年第3期。

385．季琴：《从词语的角度看〈撰集百缘经〉的译者及成书年代》，《中国典籍与文化》，2008年第1期。

386．罗鸿：《论律经的性质》,《中国藏学》，2008年第1期。

387．谭代龙：《〈生经·舅甥经〉'不制'解》,《古汉语研究》，

2008年第2期。

388．遇笑容：《试说汉译佛经的语言性质》，中国社会科学院历史语言研究所编《历史语言学研究》（第一辑），北京，商务印书馆，2008年。

389．陈祥明：《从语言角度看撰集百缘经译者和翻译年代》，《语言研究》，2009年第1期。

390．季琴：《从语法角度看〈撰集百缘经〉的译者及成书年代》，《语言研究》，2009年第1期。

391．史光辉：《从语言角度看大方便佛报恩经翻译时代》，《古汉语研究》，2009年第3期。

392．汪维辉：《域外借词与汉语词汇史研究》，《江苏大学学报》，2009年第1期。

393．郑贤章《略论新集藏经音义随函录类化字》，《中国语文通讯》，2010第89、90期。

394．李墿华：《正续一切经音义中病症名称义疏举隅》，《北京中医药》，2011年第5期。

395．史光辉：《大方便佛报恩经文献学考察》，《古籍整理研究学刊》，2011年第5期。

396．王华权：《一切经音义所记载佛经用字考略》，《汉语史学报》，2011年。

397．徐时仪：《略论佛经音义的校勘——兼述王国维、邵瑞彭、周祖谟和蒋礼鸿所撰玄应音义校勘》，《杭州师范大学学报》，2011年第3期。

398．徐时仪：《敦煌写卷佛经音义时俗用字初探》，《中国文字研究》，2011年第1期。

399．郑贤章：《汉文佛典与集韵疑难字研究》，《语文研究》，2011年第3期。

400．韩小荆：《慧琳一切经音义注释疏误类析》，《中国典籍与文化》，2012年第2期。

401．韩小荆：《慧琳音义注释疏误举例》，《长江学术》，2012年第2期。

402．黄仁瑄：《慧琳添修之妙法莲花经音义讹倒衍问题》，《语言研究》，2012第2期。

403．史光辉：《信瑞净土三部经音义集在语言研究方面的价值》，《中国社会科学院研究生院学报》，2012年第4期。

404．谭翠：《英藏黑水城文献所见佛经音义残片考》，《文献》，2012年第2期。

405．徐时仪：《慧琳一切经音义考略》，《龟兹学研究》（第五辑），2012年3月。

406．史光辉：《大明度经译者考》，《湖南科技大学学报》，2013年第2期。

407．孙建伟：《也谈玄应音义的近字》，《海南师范大学学报》（社会科学版），2013第5期。

408．郑贤章：《龙龛手镜疑难注音释义札考》，《古汉语研究》，2013年第1期。

409．黄仁瑄：《慧琳一切经音义校勘十例》，《语言研究》，2014年第3期。

410．梁晓虹：《四部日本古写本佛经音义述评》，《域外汉籍研究集刊》，2014年第1期。

411．黄仁瑄：《玄应大唐众经音义校勘举例（续一）》，《语言研究》，2016年第2期。

412．梁晓虹：《日本早期异体字研究——以无穷会本大般若经音义为例》，《中国文字学报》，2016年。

413．聂鸿音：《黑水城出土转女身经音初释》，《北方民族大学学报》，2016年第1期。

414．孙建伟《慧琳音义的作者、成书、流传及版本综论》，《重庆师范大学学报》，2016年第4期。

415．梁晓虹《本金光明最胜王经音义与异体字研究》，《汉字汉语研究》，2018年第1期。

416．辛睿龙：《俄藏黑水城大方广佛华严经音残片再考》，《中国文字研究》，2018第2期。

417．赵洋：《新见旅顺博物馆藏一切经音义研究——兼论玄应音义在吐鲁番的传播》，《西域研究》，2018年第1期。

418．韩小荆：《佛经音义同形字辑释》，《汉字汉语研究》，2019年第4期。

419．孙建伟：《字料库理论在佛经音义类辞书文字整理与研究中的应用》，《民俗典籍文字研究》，2019年第2期。

420．杨宝忠、王亚彬：《龙龛手镜异体认同举正》，《古汉语研究》，2019年第4期。

421．李华斌：《敦煌写卷佛经音义的讹误类型与校勘举例》，《文献语言学》，2020第2期。

422．梁晓虹：《日本早期佛經音義特色考察——以《大乘理趣六波羅蜜經釋文爲例》,《文献语言学》，2020年第2期。

423．廖可佳：《域外汉文佛典文字学价值及研究现状》,《长江师范学院学报》，2020年第2期。

学位论文

424．葛佳才：《东汉佛经副词研究》，四川大学硕士学位论文，2000。

425．时良兵：《支谦译经副词研究》，南京师范大学硕士学位论文，2004。

426．石琳：《三国佛经中的双宾句式》，四川大学硕士学位论文，2004。

427．汪祎：《中古同经异译佛典词汇比较研究——以竺法护和鸠摩罗什译经为例》，南京师范大学硕士学位论文，2005。

428．朱力：《〈太平经〉与东汉佛经判断句比较研究》，四川大学硕士学位论文，2005。

429．沈林林：《魏晋南北朝汉译佛经疑问代词研究》，南京师范大学硕士学位论文，2006。

430．殷殷：《从〈中阿含经〉看东晋佛经代词系统》，山东大学硕士学位论文，2006。

431．刘东：《入唐求法巡礼行记》，助动词研究辽宁师范大学硕士学位论文，2006。

432．吕华：《东汉、三国译经副词系统比较研究》，湖南师范大学硕士学位论文，2006。

433．曹荣芳：《从常用词看竺法护的译经特点》，湖南师范大学硕士学位论文，2006。

434．刘锋：《支谦译经异文研究》，浙江大学硕士学位论文，2007。

435．熊娟：《中古同经异译佛典词汇研究——以〈梵天所问经〉异译三经为例》，浙江大学硕士学位论文，2007。

436．鲁小娟：《〈世说新语〉〈洛阳伽蓝记〉比较句研究》，南京师范大学硕士学位论文，2008。

437．冯廷举：《北凉昙无谶译经词汇研究》，暨南大学硕士学位论文，2008。

438．凌敏：《〈百喻经〉动词研究》，四川师范大学硕士学位论文，2008。

439．孙慧：《慧琳音义佛源外来词汉化研究》，福建师范大学硕士学位论文，2019。

440．史光辉：《东汉佛经词汇研究》，浙江大学博士学位论文，2001。

441．高列过：《东汉佛经被动句疑问句研究》，浙江大学博士学位论文，2003。

442．季琴：《三国支谦译经词汇研究》，浙江大学博士学位论文，2004。

443．王琪：《上古汉语称谓词研究》，浙江大学博士学位论文，2005。

444．杨会永：《〈佛本行集经〉词汇研究》，浙江大学博士学位论文，2005。

445．刘传鸿：《两〈唐书〉列传部分词汇比较研究》，南京师范大学博士学位论文，2006。

446．温翠芳：《唐代外来香药研究》，陕西师范大学博士学位论文，2006。

447．许剑宇：《〈佛本行集经〉定中结构研究》，浙江大学博士学位论文，2006。

448．荆亚玲：《中古汉译佛典文体研究》，浙江大学博士学位论文，2008。

449．张铉：《佛经音义三种引子部书考》，浙江大学博士学位论文，2008。

450．王冰：《北朝汉语复音词研究》，吉林大学博士学位论文，2008。

451．徐朝红：《中古汉译佛经连词研究》，湖南师范大学博士学位论文，2008。

452．卢巧琴：《东汉魏晋南北朝译经语料整理研究》，浙江大学博士学位论文，2009。

453．李翌华：《隋唐五代医书与佛经音义医学词汇比较研究》，北京中医药大学博士学位论文，2017。

后 记

　　自2013年博士毕业至今恍然已趋十载，感慨时间如白驹过隙，亦惭愧博士毕业论文被搁置八载而无任何增减或提升之变化，幸逢研究所助力毕业博士出版论文，故趁此时机努力对其进行修正。

　　回顾博士三年，结婚生子，占用很多学习时间。尤其是怀孕和孩子生产时间几乎与毕业论文书写同时，对一个学业水平与生活能力都不太自信的人而言，确为一种考验。毕业论文写作也成为一个漫长而又艰辛的过程，虽最终于仓促中完成，但不免粗糙。故此次修改，对其删削较大，删除原来不合适之处，增加新的内容使其更完善。对书稿重点部分敦煌佛经音义语言研究语音、文字、训诂重新做了修改整理，增加词汇研究。除此，增加文献研究部分，对敦煌佛经音义所引文献作了详尽梳理与统计。同时，对部分敦煌佛经音义与传世玄应《众经音义》作了对勘校注，补充毕业论文之不足。

　　感谢博士期间给我教导的所有老师，特别要感谢导师张文轩教授和杜斗城教授，他们一直以来都给我学业上的教诲和人生方向的指引。感谢他们在百忙中的教导，使我在懈怠时能够重拾书本，专心致力于学业及后续研究。感谢研究所为大家提供的各种丰富资料和良好环境及学习、研究、深造机会。感谢家人和同学、朋友，大家互相鼓励走过的日子将成为我此生永远美好的回忆。感谢这一过程，让我经历了学业和人生的重要成长，这段经历丰富了我的人生旅途，也必将使我更勇敢坚强地走向新的人生征途。